贾丽萍 / 著

中国养老保障整合

历 程 与 挑 战

PENSION SYSTEM
INTEGRATION IN CHINA
progress and challenge

社会科学文献出版社
SOCIAL SCIENCES ACADEMIC PRESS (CHINA)

前　言

养老保障是我国社会保障建设中重要的一部分，是关系我国经济社会发展、人民生活的大事，新中国成立后我国政府就一直在为建设健全的养老保障制度而努力。养老保障制度建设也经历了从无到有，从覆盖一部分群体到覆盖全民的过程。在此过程中，制度的碎片化问题也不断被提及。我国政府对养老保障制度建设高度关注，十八大报告、《人力资源和社会保障事业"十三五"规划纲要》等重要文件中均明确提出要加快社会保障制度整合，建立更加公平和可持续的社会保障制度。

从实践来看，虽然我国在养老保障制度建设的过程中为了满足不同群体的需求，设立了一些小的、零碎的制度，但是在制度建立之初就开始了整合进程，或者可以说，在碎片化发展过程中，一直蕴含着整合的态势。21世纪初，制度达到全覆盖，此时也是大碎片中存在小碎片的高峰之时，在此过程中，原有的一些小碎片不断整合成几项大制度，相似的、有基础的大制度又整合成更大的制度。有两次整合可以说具有飞跃性意义："城居保"和"新农保"统一，打破了地域上的城乡二元养老保障界限；机关事业单位和城镇企业职工养老保险并轨，破除了体制和身份上的"双轨制"。也就是说，我国养老保障制度发展到一定阶段后，已经进入大幅度整合状态。在此过程中，有些整合进行得很顺利，比如城乡居民养老保险制度的统一，以及不同制度间的转移衔接；有些进行得缓慢，比如机关事业单位养老保险并轨，以及将统筹层次提高到全国统筹等。一些体制、机制障碍，地区间的利益冲突，政策的设计，居民的参保意识等，都在一定程度上影响着整合进程。所以本书认为，如何在整合中将养老保障制度优化，使其最终成为多层次互补、全覆盖、可转换、可连接的整体性体系，将是未来养老保障制度整合的目标之一。目标之二是完成养老保障体系的结构性改造。在经过一系列的调整后，我国养老保障制度已形成两大基本体系：城镇企业职工养老保险体系和城乡居民养老保险体系。这两大体系将不同身份、不同职业人员都覆盖其中，结束了长期以来按城乡、就业状态等多种标准设立的多种养老保障制度并存的局面，打破了城乡养老保障长期分割的状态。但在养老保障结构、层次方面的调整还远远不够。从结构来看，我国养老保障制度已从单一支柱转变为三支柱：社会化的公共养老保险、企业年金、商业储蓄。实际上从效果来看仍是公共养老保险一支独大，另外两个支柱所占份额较小。这种格局会导致风险过度集中，居民养老严重依赖退休金，公共养老保险面临较大支付压力，养老保险基金的可持续性受到挑战。所以本书认为，如何整合相关资源，对我国养老保障制度进行结构上的调整，形成较为平衡的多支柱、多层次结构，分散将来老龄化、长寿、经济危机、出生率下降等方面带来的风险，保证养老保障的可持续发展，将是我国养老保障制度在未来整合方面要面对的重要议题。围绕这两个目标，本书梳理了近年学界对养老保障制度整合的研究成果，从养老保障制度碎片化中的整合态势、整合进程、整合难点等方面进行了深入探讨，并且借鉴了发达国家及经合组织（OECD）成员国最新养老保障制度改革动态、改革趋势，提出我国养老保障制度整合的框架设计、对策建议。

主要研究内容

第一，研究综述。全面评述了学界在这一领域的相关研究，对学界关于养老保障整合的主要观点进行归纳、总结，明晰了"养老保障整合"的内涵、外延、目标、途径，概括出学界不同阶段的不同研究重点。从养老保障整合内涵的变化，养老保障制度碎片化形成的原因、产生的影响，从碎片化到整合的演变、扩散、路径等多个角度解释了行为机理。对学界相关研究的综述可以展现中国养老保障制度发展变迁的理论支撑，也体现了70多年养老保障制度不断改革、不断整合的动力和依据。

第二，我国养老保障制度变迁中的整合态势。根据前期搜集的经验调查材料，通过对理论文献的梳理和概括，界定整合的内涵，从理论和实践两方面明确整合的意义，梳理出新中国成立以来的70多年间中国养老保障制度从无到有，从碎片化到体系化的历程，发现制度变迁中的整合态势，揭示其中的演变规律，总结不断整合后，中国养老保障制度在体系、结构、内容上的变化，从理论和实践上明确整合对中国养老保障制度建设的意义。

第三，我国养老保障制度整合面临的挑战。从企业职工、居民两大保险体系中存在的结构性、体制机制性问题入手，总结出养老保障制度仍存在的整合不彻底的问题，分析了城乡居民养老保险、城镇企业职工养老保险、机关事业单位养老保险在整合中存在的问题，包括在参保覆盖面上应保未保的问题、国家去产能政策对养老保障的影响问题、失地农民参保制度碎片化依然严重的问题、机关事业单位养老保险并轨进展缓慢的问题、养老保险基金全国统筹迟迟不能推进的问题，等等。这些问题导致养老保障制度面临质量不高、不可持续等方面的挑战。这一部分同时分析了养老保障制度整合不彻底的原因，从城乡养老保障制度的身份化、地域化以及各地的经济发展水平、财政投入出发，探讨制度的路径依赖，找出整合过程中面临的体制、机制障碍，揭示出最大的障碍，也就是改革的最终难点，即利益协调。整合涉及城乡间、地区间、群体间、中央和地方间的利益。

第四，国外养老保障整合状况及借鉴。本部分选取了OECD中各具特点的几个成员国，包括加拿大、美国、英国、德国、日本，研究了这几个国家养老保障制度几大支柱的设计、调整、改革状况，力图从中得到一些可供借鉴的经验和教训。

第五，养老保障整合框架设计。根据第四部分的研究，及OECD的总结，揭示出国际养老保障制度的三支柱结构及国际养老保障制度改革趋势，比较中国养老保障制度和OECD成员国的异同，在此基础上，提出未来中国养老保障制度结构和层次上可能的改革方向。研究表明，一些国家建立了全民统一的养老保障制度，也有一些国家根据所从事职业的不同，建立了完全不同的养老保障制度，有城乡差别和群体、职业差别。城乡间有针对农民和城市职工的不同制度，在城里针对一些特殊行业的工作人员，如铁路职工、自由职业者、公务员、飞行员、科学家等也都设立了不同的制度。一些国家养老保障制度同样处于碎片化的状态，另一些国家的养老保障制度则可以做到制度之间互相关联、有层次、可转移、成体系，是一种整合式的不同，不同层次的项目整合到一起，构成较为完整的养老保障制度三支柱结构，每一支柱职责分明、目标清晰，三支柱互为补充，并且替代率均衡，三支柱替代率相加，可以使老年人过上相对体面的生活。了解国外养老保障不同项目之间的分散和整合情况，对我国养老保障制度整合的推进有一定的借鉴意义。欧美国家的第一支柱基本是基础养老金，国家、企业、个人都有投入，这一层次的养老金用来保障居民最低生活，解决的是社会公平问题；第二支柱是社会养老保险，国家和企业是主要创办者，是为了保证员工退休后的生活水平不至于和退休前相差太多；第三支柱是政府或企业提供一定优惠政策的私人养老项目，同样是为了保证老年人能过上体面的生活。第一支柱的主体是国家，第二支柱的主体是企业，第三支柱的主体是个人。从这个层面比较，我国的三支柱主要还是公共养老保险一支独大，其他两个支柱处于较弱状态，为养老保险基金带来较大压力。根据对前文的研究以及对国际养老保障制度改革趋势、改革动态的把握，从养老保障结构调整、制度优化两个层面提出我国养老保障制度整合的框架设计。

第六，优化整合对策建议。针对养老保障制度整合中出现的具体问题和难点，提出可操作的对策建议。本书认为，碎片化的养老保障制度带来了诸多社会问题，亟须进一步整合。整合不是要一体化，而是要弥合碎片间的缝隙，不同小制度之间相互配合，功能互补，形成一个新的有机整体。出现碎片化的主要原因是利益分割，所以利益协调是整合的关键和难点，要从平衡各方利益出发，兼顾当前和长远，满足不同群体的诉求，加强总体规划。

主要研究观点

第一，学界对养老保障整合研究的三个阶段：扩大覆盖面、制度整合、提高质量。第一阶段，扩大覆盖面。针对二元保障格局带来的弊端，学界提出要扩展保障的内容和覆盖面。这一时期整合的主要内容是保障如何从工业延展到农业，从城市延展到农村，在此过程中如何设计"过渡模式"。代表性观点是李迎生提出的"有差别的统一"[①]。第二阶段，制度整合。随着社会政策法规的相继出台，各项制度逐步建立，到 2012 年我国已基本实现保障制度全覆盖。如何形成结构合理、功能互补的完整保障体系成为下阶段的任务。由于制度背景发生了改变，这一阶段学者的研究集中

---

① 李迎生：《社会保障与社会结构转型》，中国人民大学出版社，2001。

在理论提升、制度间的协调发展以及实现整合需跨越的障碍等方面。主要观点有底线公平、基础整合的目标[1]；全覆盖、内部可转换、相互连接的整合思路[2]；综合性、系统性的路径[3]；相关制度的逐步整合，制度内涵的适度延伸[4]等。第三阶段，提高质量。两次具有飞跃性意义整合的完成打破了城乡二元养老保障的地域和体制身份上的"双轨制"，中国养老保障制度已成功整合成两大体系。如何使养老保障制度转向高质量发展成为研究热点。主要观点有：加快顶层设计，尽快解决不平衡不充分问题[5]；优化框架体系，改进制度设计[6]等。

第二，整合贯穿中国养老保障制度变迁全过程。经研究发现，整合的研究集中在2000年以后，但整合的实践从探索阶段即已开始。中国养老保障制度变迁过程，并非单向度的"碎片—整合"，而是在碎片中孕育整合，在整合中暗含新一轮碎片化的动态过程。整合贯穿养老保障建设的全程，2000年以后达到高峰，至今仍未结束。20世纪50~80年代，制度的分散化体现在企业内部，所有制性质不同导致国有、集体企业职工养老间的差别，整合体现在不同性质企业的职工在退休年龄、养老金替代率、养老金提取方式等方面的逐步一致。值得一提的是，这个阶段的一部分基金已以调剂金的形式实现了全国范围内的风险共济，是全国统筹的雏形，走了一段弯路后，全国统筹的问题近些年再次成为改革的重点。20世纪90年代是国家保障走向现代化保障的时期，整合体现在企业职工养老保险制度在结构、管理方面的进一步统一、完善，以及把不同经济发展体纳入其中的大规模扩大覆盖面上。经过一系列调整，在城镇形成了统一的就业关联、企业和职工共担责任、社会化的城镇企业职工养老保险制度。在此阶段，碎片不再是一种体系下的小碎片，而是由于机关事业单位、农村养老保险并未跟上企业的改革步伐，形成了不同就业身份职工养老上的碎片，企业职工、机关事业单位职工、农民这三种就业身份的养老保险在不同的改革进程和方向下形成了完全不同的模式，并逐步固化。21世纪最初十年中国

---

[1] 景天魁主编《基础整合的社会保障制度》，华夏出版社，2001。
[2] 王思斌：《当前我国社会保障制度的断裂与弥合》，《江苏社会科学》2004年第3期。
[3] 杨燕绥：《小康社会与社会目标保障整合发展》，《中国社会保障》2003年第3期。
[4] 丁建定：《中国社会保障制度与体系完善纵论》，《学习与实践》2012年第8期。
[5] 郑秉文：《中国社保制度改革取向与基本原则》，《经济研究参考》2019年第12期。
[6] 何文炯：《中国社会保障：从快速扩展到高质量发展》，《中国人口科学》2019年第1期。

养老保障制度得到极大的发展，为了达到人人享有保障的目标，城镇企业职工养老保险制度最大限度地涵盖所有可能纳进来的群体，针对无法涵盖进来的群体，又建立起几项相应的养老保险制度，碎片化达到峰值，不同制度间的整合及体系的理顺势在必行。经过制度的合并统一及不同制度间的转移接续，到2015年，形成"企业职工+居民"两大体系。由此可见，中国养老保障制度变迁经历了"企业职工养老保险内部参数整合—扩大覆盖面—不同制度的发展—不同制度、体系间整合—老碎片再整合"的过程。

第三，中国养老保障制度变迁的过程是经济、社会结构转型，价值理念不断转换的结果。新中国成立的70多年间，中国的经济、社会结构、价值理念发生了翻天覆地的变化，对养老保障制度变迁构成了极强的推动力。70多年来，中国从计划经济到市场经济的改革过程中，经济制度从单一的公有制（全民和集体）转变成以公有制为主体、多种所有制经济共同发展的格局；分配制度从单一的按劳分配到劳动、资本、技术、管理等生产要素按贡献参与分配；劳动力市场由封闭走向开放。在社会结构上，国企改革，单位职能弱化，由单位所承载的福利传输方式随之改变；家庭小型化使核心家庭增多，传统的养老方式面临挑战；户籍制度放松，流动人口增多；职工队伍内部结构发生了"公有制—非公有制—农民工—共享经济平台职工"的变化。在价值观念上，出现了几次关于公平、效率的讨论。这些转变决定了养老保障制度在发展中面临诸多两难选择：发展理念是补缺型还是普惠型；覆盖范围是整体纳入还是渐进覆盖；实现路径是多重试点还是直接定型；模式选择是待遇确定型还是缴费确定型；目标设计是考虑需求的满足还是经济的可承受。可以说，中国养老保障制度在发展中的两难境地，也是整个社会转型中的两难境地，而养老保障制度的每一次重大改革，无论是碎片化的扩展还是系统化的整合，都是经济、政治、社会、文化变化对养老保障制度提出的新要求，同时，经济、政治、社会、文化变化也是养老保障制度改革的基础和可能。在经济社会转型中，在不断试错和多重试点中，在体系和结构的不断整合中，中国养老保障制度离高质量发展的目标越来越近。

第四，不平衡、不充分的问题是十九大后养老保障亟待整合的问题。经过几十年的整合发展，中国养老保障制度在体系上已形成"企业职工+

居民"两大体系，结构上三支柱框架初见雏形，参数设计上大体形成全国统一的标准，整合成效显著，但整合远未结束，甚至可以说涉及区域、群体利益的关键性整合刚刚开始。养老保障在区域、群体、行业间的不平衡、不充分是未来制度整合要面临的主要挑战。从覆盖面看，仍有1亿多人在制度之外，养老保障制度满足灵活就业人员，尤其是共享平台产生的新业态就业群体的参保需求，将弱势群体纳入其中，完成应保尽保的目标，尚需努力。养老保障的可持续性问题面临挑战：从2016年开始的去产能活动将持续5年，在此之前，一些产能过剩企业上缴养老保险费存在困难，去产能开始后，转岗分流职工养老压力集中。2019年国家下发文件，养老保险综合缴费下调，企业压力减轻，但基金的中长期风险上升，基金出现亏空的省份逐步增多，基金结余的增长速度递减。在这种情况下，一些深层次整合必然要提上日程：实现真正的省级统筹，而不是调剂金制度，最终实现基金在全国范围内的统收统支；解决制度转轨过程中的转制成本问题，消化隐形债务；解决机关事业单位和企业职工养老保险并轨后两套标准的问题；破解经办层面的小碎片；打破信息化系统的"孤岛"现象；解决制度发展过程中出现的吸引力不够、居民参保意识不强、参保年龄"倒挂"等问题；调整养老保障的接纳性，适应经济社会发展出现的新情况、新问题；等等。

第五，国际养老保障改革趋势及借鉴。随着人口老龄化及预期寿命的延长，养老金的支付压力变大，再加上全球经济不景气，从长期看，养老金入不敷出的现象在蔓延。为了使养老保障体系能够可持续发展，养老保障改革已成为全球性发展趋势和热点。从OECD成员国的改革来看，三支柱中公共养老保险层面的改革是重中之重。主要有两大方面的举措：模式和参数。模式方面的改革主要涉及待遇确定型向缴费确定型的转变；参数方面则涉及养老金计算、领取条件的相关参数，比如缴费年龄、退休年龄、缴费率、指数变动的依据，等等。改革的目标很明确：通过加强个人缴费责任、提高缴费比例、延长工作时间，强化待遇和缴费之间的关联性，从而达到减轻支付压力、降低养老金入不敷出的风险、增强养老保障体系可持续性的效果。从对OECD几个成员国养老保障制度的研究中可以看出，制度之间互相关联，构成较为完整的三支柱结构，很值得借鉴。

第六，顺应国际趋势，在整合中实现高质量发展。本书提出养老保障制度未来的两个整合重点。第一，制度建设整合。养老保障体系整合完成后，碎片化主要体现在制度建设上，在统筹、管理、信息化、包容性等方面都存在大量的碎片，碎片的主要特征是细小化，所以未来制度上的整合很关键。第二，结构调整。从结构来看，我国养老保障制度已从单一支柱变为世界银行倡导的三支柱，但与OECD成员国的三支柱无论在形式上还是在目的上都相差甚远，所以如何整合相关资源，形成真正意义上的三支柱，保证养老保障的可持续性，将是我国养老保障制度要面对的重要议题。本书在调整三支柱结构、调整模式和参数、不断扩大制度覆盖面、优化基金统筹方案、解决"空账问题"等方面提出了建议。

研究养老保障各子系统间的协调，使各个方面相互配合，对提高制度运行质量，使保障制度更好地发挥系统性社会效益等方面有一定的意义。本书有针对性地提出调整和完善政策的可行性建议，在为政府提供决策咨询等方面具有重要的参考价值。对养老保障整合的含义和意义、整合所要直面的利益冲突、如何整合等方面的考察，将为这一领域的研究提供学术积累。

本书采用了理论研究和实证研究相结合的方法，以及文献梳理、比较分析等方法，利用问卷调查和个案分析的经验研究，依据各种因果模型和概念，将历时性分析和共时性分析相结合，对城乡养老保障制度整合进行横向和纵向的比较研究，将养老保障作为一个综合性、系统性工程，研究各要素的相互协调和衔接，找出影响碎片化制度整合的因素，在经验研究的基础上，提出整合框架，进行理论解释及概括。

本书属于国家社会科学基金项目[①]，及吉林省社会科学基金重点项目"吉林省养老保险制度可持续发展研究"（2020A04）研究成果。在课题研究过程中，我国养老保障制度整合实践也在快速推进，所以课题组尽量对实践做出总结，将国内外养老保障制度的发展变化、改革潮流体现在研究之中，使研究紧跟时代步伐，体现时代趋势。

---

① 国家社会科学基金项目"城乡养老保障制度整合的难点及框架设计研究"（项目编号：13BSH080）。

目 录

第一章　城乡养老保障整合概况 ················· 001
　一　养老保障整合内涵 ····················· 004
　二　养老保障整合进展 ····················· 008

第二章　中国养老保障变迁中的整合态势 ············· 027
　一　第一阶段：碎片化的开始（20世纪90年代之前）······· 027
　二　第二阶段：企业养老模式整合，职业间养老模式固化
　　　（20世纪90年代）···················· 034
　三　第三阶段：填补制度空白中碎片增多（21世纪最初10年）··· 041
　四　第四阶段：养老保险制度走向整合（2012年至今）······ 045

第三章　中国养老保障整合面临的挑战 ·············· 054
　一　实现养老保险覆盖面应保尽保的挑战············ 054
　二　机关事业单位养老保险制度并轨的挑战··········· 092
　三　养老保险基金提高到全国统筹的挑战············ 113

第四章　国外养老保障整合状况及借鉴 ·············· 141
　一　德国：职业间差异较为明显的多样化养老保障······· 141
　二　英国：内容相对齐全的养老保障·············· 152
　三　美国：不断整合的养老保障················ 167

第五章　中国养老保障整合框架设计 ··············· 185
　一　养老保障整合面临的两个方向··············· 185

二　国际养老保障的框架 …………………………………………… 187
　三　我国养老保障整合框架设计 …………………………………… 209

第六章　优化整合对策建议 ……………………………………………… 225
　一　整合失地农民养老保险 ………………………………………… 225
　二　加强制度对灵活就业人员的接纳度 …………………………… 231
　三　保持去产能地区职工参保的持续性 …………………………… 238
　四　推进机关事业单位养老保险并轨进程 ………………………… 245
　五　提高基金统筹层次，结束碎片化的统筹局面 ………………… 252

附录：中国养老保障 70 年
**　　　——在整合中走向高质量** …………………………………… 261
　一　整合贯穿 70 年中国养老保障制度变迁全过程 ……………… 262
　二　70 年中国养老保障整合发展的逻辑线索 …………………… 265
　三　中国养老保障整合尚未结束 …………………………………… 270
　四　在整合中实现中国养老保障的高质量、可持续发展 ………… 273

参考文献 …………………………………………………………………… 277

后　记 ……………………………………………………………………… 295

第一章　城乡养老保障整合概况

养老保障制度是我国社会保障制度中最重要的一项内容，它直接关系到退休人口的生活保障问题，所以历来受到政府和社会各界的关注。从养老保障建立的历程可以看到，我国养老保障制度是在国家经济困难、又没有经验的情况下逐步试点、逐步摸索建立的，所以在覆盖面积越来越大，所涉人群越来越多的情况下，出现了不同制度间、同一制度内的政策、体制、机制的分割问题，如何将分散的制度整合成内部机理一致、外部可协调可衔接，有层次、成系统的立体体系，引起了学界广泛关注。

国内学界早在20世纪末就展开了对整合问题的讨论，根据内容可以划分为三个阶段。

第一阶段，扩大覆盖面。学界主要针对二元保障格局带来的弊端，提出要扩展保障的内容和覆盖面。这一时期整合的主要内容是保障如何从工业延展到农业，从城市延展到农村，在此过程中如何设计"过渡模式"。代表性观点是李迎生提出的"有差别的统一"[1]。

第二阶段，制度整合。随着社会政策法规的相继出台，各项制度逐步建立，到2012年我国已基本实现保障制度全覆盖。学界认为，下一步面临的最大问题不是出台多少制度，而是进行制度整合。[2] 如何使保障形成结构合理、功能互补的完整体系成为政府和学界关注的热点问题。由于制度背景发生了改变，这一阶段学者研究的整合不再是侧重于制度覆盖面，而是集中在理论提升、制度间的协调发展以及实现整合需要跨越的障碍等方面。主要观点有底线公平、基础整合的目标[3]；全覆盖、内部可转换、相

---

[1] 李迎生：《社会保障与社会结构转型》，中国人民大学出版社，2001。
[2] 唐钧等：《社保走向全国"一盘棋"》，《时事报告》2012年第8期。
[3] 景天魁主编《基础整合的社会保障制度》，华夏出版社，2001。

互连接的整合思路①；综合性、系统性的路径②；相关制度的逐步整合，制度内涵的适度延伸③；等等。

第三阶段，提升质量。两次具有飞跃性意义整合的完成，即城镇居民社会养老保险（简称"城居保"）和新型农村社会养老保险（简称"新农保"）统一，机关事业单位和城镇企业职工养老保险并轨，打破了城乡二元养老保障的地域和体制身份上的"双轨制"，中国养老保障制度已成功整合成为两大体系：企业职工和居民。如何使养老保障制度转向高质量发展成为研究热点，主有观点有：加快顶层设计，尽快解决不平衡不充分问题④；优化框架体系，改进制度设计⑤；等等。

从概念界定的角度，学界强调整合不是划一。整合发展社会保障是一项综合性系统性的社会工程，是社会保障各部分的协调发展⑥；整合是要消除不同制度之间的不一致，甚至相互冲突的内容，实现制度之间的相互协调和功能互补⑦；整合的社会保障制度有全覆盖、内部可转换和保障与服务相互连接等重要特征⑧。

从理论研究的角度，以景天魁为代表，提出底线公平、基础整合的保障体系，制度整合要有统一的、共同的部分，以实现底线公平，统一和多样性并存，原则性和灵活性相结合⑨；关信平提出，制度协调、统一管理、保障水平相近是整合的层次和程度。

从社会政策的角度，学者阐述了整合的原则、改革的关键：顶层设计是解决深层次矛盾的关键，应对诸如制度整合的基本原则、管理职能的归属、经办机构的配置和编制等问题做出统一部署；杨团、唐钧提出，经过

---

① 王思斌：《当前我国社会保障制度的断裂与弥合》，《江苏社会科学》2004年第3期。
② 杨燕绥：《小康社会目标与社会保障整合发展》，《中国社会保障》2003年第3期。
③ 丁建定：《中国社会保障制度整合与体系完善纵论》，《学习与实践》2012年第8期。
④ 郑秉文：《中国社保制度改革取向与基本原则》，《经济研究参考》2019年第12期。
⑤ 何文炯：《中国社会保障：从快速扩展到高质量发展》，《中国人口科学》2019年第1期。
⑥ 杨燕绥：《小康社会目标与社会保障整合发展》，《中国社会保障》2003年第3期。
⑦ 景天魁：《社会福利：从"制度碎片化"到"制度整合"》，《北京日报》2013年7月29日。
⑧ 王思斌：《当前我国社会保障制度的断裂与弥合》，《中国特色社会主义研究》2004年第3期。
⑨ 景天魁：《社会福利：从"制度碎片化"到"制度整合"》，《北京日报》2013年7月29日。

综合治理后，形成跨制度融合①。学者认为社保整合不存在技术性问题，真正的难点在于利益调整②；"碎片化"制度是强势省份受益的制度，在此过程中存在着较强的路径依赖。

从借鉴国外经验的角度，学者对国外社保制度发展轨迹有众多研究：英国的"先碎片后整合"、法国的"碎片式打补丁"、美国的"渐进式大一统"的改革道路③；日本的"新人"整合、"老人"不动的"过渡整合"路径④；加拿大的多层次养老金整合体系⑤。

从国外研究来看，早在1942年，《贝弗里奇报告》就历史性地第一次提出了全民、全面、统一的社会保障理念，指出在规划未来时既要充分利用过去积累的丰富经验，又不能被这些经验积累过程中形成的部门利益所限制。⑥20世纪后期的福利集合主义研究社会保障如何能惠及更多民众。其中，马歇尔认为以公民基本权利为基础的基础收入是对贝弗里奇理论最理想的发展；埃克辛逊认为，一种被改良的社会保障系统，将比现存的系统有更强的社会包容力⑦；布雷顿提出的公共产品层次理论，指出如果公共产品的层次性与提供该公共产品的政府层级不相对应，则会导致公共产品的"供给不足"或"供给闲置"⑧，这一理论对指导社会保障整合过程中各级政府的权责划分具有重要意义；阿马蒂亚·森的能力中心观认为社会保障要通过转移支付制度保证各个地方居民的基本生存条件大致均等⑨；等等。

总的来看，我国学界对养老保障整合研究的基本脉络表现为，在将整合的内涵、外延进行学理性剖析的基础上，逐步达成共识：养老保障的发展目标不是要形成大一统式的统一，而是要形成多层次互补、全覆盖、可转换、可连接的整体性体系。在此基础上，学界对养老保障制度分割或碎

---

① 杨团等：《中国社会保障制度改革：反思与重构》，《社会学研究》2000年第6期。
② 唐钧等：《社保走向全国"一盘棋"》，《时事报告》2012年第8期。
③ 郑秉文：《中国社保"碎片化制度"危害与"碎片化冲动"探源》，《甘肃社会科学》2009年第3期。
④ 唐钧等：《社保走向全国"一盘棋"》，《时事报告》2012年第8期。
⑤ 仇雨临：《加拿大社会保障制度对中国的启示》，《中国人民大学学报》2004年第1期。
⑥ William Beveridge, *Social Insurance and Allied Services* (London: HMSO, 1942).
⑦ Atkinson, *Incomes and the Welfare State* (Cambridge: Cambridge University Press, 1995).
⑧ Belletti, "Is Social Security Really Bad for Growth," *Review of Economic Dynamics* 2 (1999).
⑨ 阿马蒂亚·森：《以自由看待发展》，任赜、于真译，中国人民大学出版社，2012。

片化状况产生的根源、整合进程中需要解决的问题进行了深入研究。在养老保障制度碎片化状况产生的原因上，学者从二元经济结构、国有企业改制、差序格局的社会结构、条块分割的行政系统、中央和地方政府的责权边界等角度进行了全面剖析。学者分析认为，养老保障各制度分割发展会对劳动力市场、收入再分配、社会公平等多方面产生影响，引起社会矛盾，并且整合进行得越晚，转制成本就会越高，基金面临的风险也就越大。在养老保障制度整合需要解决的问题方面，学者主要围绕框架体系、提高统筹层次等方面进行了研究，并在模式选择、实现路径等方面提出了多种解决方案。比如底线公平、基础整合的养老保障模式；"有差别的统一"模式；搭建统一的社保信息平台；匹配中央和地方的财权及事权；将基金进行科学合理的投资，以确保其保值升值；加强社会保障责权的法制化建设，以提升其强制性和执行力；等等。国内学者对碎片化的危害、整合的意义、原则等方面都有详尽的论述，事实性描述和实证研究都较多，为本书的进一步深入研究提供了较多借鉴。

一 养老保障整合内涵

整合是管理学概念，是一种系统论，"整合最简单的含义可以理解为将分散在各个部门或掌握在个人手上的资源、权利等，按新的要求重新进行归类、分配，形成系统工程，确保原有的资源、权利等得到更有效的使用，以增加附加值；其精髓就是将分散的要素组合在一起，最后形成一个有效率的整体"[①]。将整合的概念引入社会保障是20世纪末的事，之前针对城乡二元分割、部分群体养老保障缺失的状态，学界呼吁中国社会养老保障制度应"统筹"或"统一"发展。20世纪末以来，学界开始提出养老保障"整合"的概念，伴随着中国养老保障覆盖面逐渐展开并覆盖城乡各个阶层，建立整合的（或一体化的）社会保障制度体系已成为共识。郑功成认为，"制度整合是推进社会保障城乡统筹发展的重要条件，不同的社保制度有不同的路径依赖，应在适当分类的基础上积极、有序地推进制

---

① 陆亚男、宁国玉：《社会保障项目整合研究》，《重庆科技学院学报》（社会科学版）2009年第1期。

度一体化……在优化社保制度安排的条件下，促使整个社保体系从形式普惠稳步地走向实质公平，最终让全体人民通过这一制度安排合理分享经济社会发展成果"[1]。许多学者提出了现实、理性的设想，随着研究的深入，学界对养老保障整合的内涵、脉络研究也越来越清晰和统一，从最初的宏观判断到后来的价值取向、制度结构、机制机理直至调节建设、完善操作。

对养老保障制度整合进行系统理论阐述的一个重要代表性观点是景天魁的建立底线公平、基础整合的养老保障制度，这一概念是后来许多学者研究养老保障制度整合问题的理念基础。景天魁认为，城乡统筹不是城乡统一，而是整体的社会保险体系、不同的保障水平、灵活的保障方式以及多样化的保障模式。景天魁提出底线公平的概念，这一概念不是就保障水平高低而言的，而是就政府和社会必须保障的、必须承担的责任而言的。"明确划分底线部分和底线以上的非底线部分，底线部分由各级财政承担，非底线部分由社会（企业等用人单位和社会组织）、家庭和个人承担。底线部分实行无差别的公平原则，是刚性的；非底线部分实行有差别的公平原则，是柔性的。底线部分是基础，应该是整合的，养老保障整合也恰恰应以底线公平来推动。"[2] 景天魁在提出建立底线公平的社会保障制度的基础上，进一步阐述其理论内涵，提出"社会政策的重点应是关注大多数人的基本利益，优先满足弱势群体和底层群众的迫切需要……底线部分福利因其具有基础性、确定性和稳定性，而有助于降低和克服福利实践和福利研究中的模糊性和随意性"[3]。对于整合的基本理论依据和理念，丁建定有另外的看法，他认为"中国社会保障制度整合与体系完善的基本理论依据是全面、协调和可持续发展理论、社会公平与正义理论、适度普惠性社会福利理论以及基本公共服务均等化理论"，"基本理念应该是以人为本、公平与效率相结合、法制化、社会保障一般规律与中国基本国情相结合以及可持续发展等"，"基本原则应该是全面覆盖社会问题、合理统筹制度结

---

[1] 郑功成：《优化社保体系的制度安排》，《北京日报》2012年11月5日。
[2] 景天魁：《社会福利：从"制度碎片化"到"制度整合"》，《北京日报》2013年7月29日；《用底线公平来推动社会保障的制度整合》，《中国经济导报》2013年8月17日。
[3] 景天魁：《底线公平概念和指标体系——关于社会保障基础理论的探讨》，《哈尔滨工业大学学报》（社会科学版）2013年第1期。

构、促进责权关系均衡化等","基本思路是部分制度的局部调整、相关制度的逐步整合、制度责任的合理划分以及制度内涵的适度延伸"①。王思斌从机制结构角度来阐述整合内涵,认为"整合的社会保障制度有全覆盖、内部可转换和保障与服务相互连接等重要特征。所谓全覆盖至少包括两个方面:一是面对全体国民,而不只是面对城镇居民;二是这种保障涉及人们正常生活的各个基本方面。所谓可转换性是指不同群体获得社会保障的原则和机制是一致的,当他们在社会结构中的地位发生变化时,并不需要从一种保障制度转为另一种完全不同的制度,即社会保障制度是一元的。这种制度最根本的是它实现了城乡居民在社会保障权利的原则上的统一,而不是排斥和歧视农村居民。这里应该说明的是,城乡居民在社会保障权利原则上的统一并不表示保障标准的同一"②。更多学者从结构调整、体制机制系统化的角度来理解整合,杨燕绥认为整合发展社会保障不是指在目前社会保障体制的基础上扩大覆盖范围,也不是指将政府管理功能向某一部门合并,而是在更高层次上全面认识社会保障的概念,其核心思想是:一要增加政策选择和制度设计的弹性;二要从综合性系统性的社会工程角度看待整合,具体包括政府功能整合、制度设计与立法的整合。③ 陆亚男、宁国玉提出整合社会保障项目,重在各个子项目间的协调与渗透,摆脱各保障项目孤立发展的态势,"将各个社会保障项目结合起来,使之成为一个新的有机整体,从而使社会保障系统各要素发挥最大的效益,整体功能大于各部分独立时的功能之和"④。何平从整合行政管理职能的角度入手,提倡管理部门整合。他认为虽然"国务院在几次大部门制改革探索中,先后将社会保险的行政职能进行了整合","但由于整合不彻底,还有多项应当统一的社会保障事务仍然在不同部门分割管理,或同一事项在不同部门交叉管理,大部门制改革统一、高效的政策预期目标没有实现"⑤。赵建国、杨燕绥归纳全球性社会保障改革的当前发展趋势,认为主要有两大变化要点,呈现对立统一的发展趋势:一是通过多层次的制度设计达到多功

---

① 丁建定:《中国社会保障制度整合与体系完善纵论》,《学习与实践》2012 年第 8 期。
② 王思斌:《当前我国社会保障制度的断裂与弥合》,《江苏社会科学》2004 年第 3 期。
③ 杨燕绥:《小康社会目标与社会保障整合发展》,《中国社会保障》2003 年第 3 期。
④ 陆亚男、宁国玉:《社会保障项目整合研究》,《重庆科技学院学报》(社会科学版)2009 年第 1 期。
⑤ 何平:《深化社会保障管理体制改革问题解析》,《行政管理改革》2013 年第 2 期。

能、广覆盖的效果；二是通过弹性的技术手段实现多层次制度的整合发展。国际实践经验证明其正朝着群体整合和地区整合的方向发展，在这种整合过程中，社会保障制度设计中层次化和系统化特征日益凸显。①郭影帆、高平、郭熙认为统筹城乡养老保障制度不等于制度同一，而是在一定范围内存在保障水平的差距，要实现的公平属于底线公平或适度公平，在逐步缩小城乡差距的基础上，达到动态和谐。②近几年学界对养老保障制度整合的认识深入政府责任边界的问题，林治芬在《中央和地方养老保险事责划分与财力匹配研究》中指出，划分相应的责任并匹配相应的财力，需要以制度完善为前提，而制度完善依赖制度整合，将按不同人群设计的养老保险制度统一整合为纵向分层的养老保险制度，既是我国养老保险制度的根本性完善，也可厘清各级政府责任的边界，为中央把养老保险责任划分和财力匹配提供可操作性。③袁涛、仇雨临认为，新时期基本养老保险制度的融合发展主要应包含三层含义：第一，社会养老保险制度应以统一国民资格为目标，实施全覆盖并优先保证机会均等；第二，社会养老保险制度应与社会分层及其社会流动相适应，在制度分设的现实格局基础上，通过完善的关系转移衔接机制，适应社会流动的需要；第三，基本养老保险的制度融合，要具体落实在公平的筹资机制与对应的待遇保障机制上，根据社会公平和社会正义需要做出理性的选择。④财政部社会保障司提出"十三五"时期，"加大城乡之间、群体之间、不同制度之间的统筹协调力度，加快推进制度整合和资金整合，解决制度碎片化、政策差异化等问题，进一步增强社会保障制度的公平性和统一性"⑤。社会保障制度整合能在决策层引起共鸣，无疑会加大整合的力度，推动整合的进程。

---

① 赵建国、杨燕绥：《中国社会保障体系的整合发展与重构——基于就业方式变革趋势下的分析》，《劳动保障世界》2010 年第 1 期。
② 郭影帆、高平、郭熙：《统筹城乡背景下社会保障问题研究》，《江西社会科学》2009 年第 8 期。
③ 林治芬：《中央和地方养老保险事责划分与财力匹配研究》，《当代财经》2015 年第 10 期。
④ 袁涛、仇雨临：《从城乡统筹到制度融合：中国养老保险实践经验与启示》，《海南大学学报》（人文社会科学版）2016 年第 3 期。
⑤ 财政部社会保障司：《加快建立更加公平更可持续发展的社会保障制度》，《经济研究参考》2016 年第 12 期。

二 养老保障整合进展

在厘清养老保障整合概念内涵、外延的基础上，学界围绕整合触动的制度变迁进行了多方面研究，主要集中在以下几个方面：养老保障制度分割（碎片化）形成的原因、产生的影响，整合养老保障制度框架、体系，整合中的养老保险基金全国统筹，整合实现路径等。

（一）养老保障制度分割形成的原因

对养老保障制度的分割状态，郑秉文提出的"碎片化"做了很好的描述，"碎片化"一词也被学界广泛采用。对于形成这一状态的原因，学界从政策演变、经济结构、社会分层、管理体制等方面进行了总结。郑秉文从政策演变的角度总结了中国养老保障制度"碎片化"出现的原因。郑秉文认为，中国社会保障制度初衷之一是为国企职工下岗做配套措施，所以带有明显的为国企改革配套的特征，当这一制度扩大到别的群体时，制度缺陷很快显现，难以完全适应不同的群体，难以发挥其构建和谐社会的制度保障作用。为满足各地参保群体的意愿和要求，解决其存在的便携性缺陷，地方政府开始采取变通措施，以最大限度地覆盖不同群体。于是，中国社会保障制度就逐渐呈现碎片化发展趋势，形成了城市与农村分割、私人部门与公共部门分立的多种退休制度并存的状况。[①] 孟荣芳从差序格局的社会结构入手来分析整合的障碍，认为基本养老保障制度的设立受两大因素的影响：一是科层制政府，二是差序格局的社会结构。科层制行政体系会影响养老保障制度的运行结构，以自上而下为主的决策模式容易忽略边缘群体利益，更多情况下是对社会问题的被动回应。差序格局社会结构造成了养老保障资源在人群中的级差分布，政策制定者以"己"为中心进行等级、远近身份排序。在差序格局模式下，人群和区域级差分布将成为

---

① 郑秉文：《中国社保"碎片化制度"危害与"碎片化冲动"探源》，《甘肃社会科学》2009年第3期。

制度整合的障碍。① 杨斌、丁建定从二元经济衍生出的体制障碍来看待养老保障城乡分割状况的起源。他们认为，"养老保险制度属于二元社会管理体制的重要内容"，"二元经济体制的运行催生出二元化的社会管理体制和二元化的政治管理体制，二元社会管理体制和政治管理体制又进一步强化二元经济体制"。"孝文化是农村家庭养老实现的文化基础，孝文化的继承和发展使得农村养老问题没有因缺乏正式制度安排而凸显，使得养老保险制度城乡分立长期存在。""多子多福导致农村子女数量增加，这为实现家庭养老提供了充分条件"，直接导致政府在考虑社会化养老问题时搁置农村。② 安华从社会分层的角度，认为"由于社会分层的存在，导致了不同分层的养老保险待遇差异，另一方面，养老保险的待遇差异又会进一步强化已有的社会分层，甚至促成新的社会分层的产生，造成收入分配差距和贫富差距，引发社会矛盾。养老保险制度的碎片化是社会分层碎片化的结果，是社会分层流动的最大障碍"③。郑文换从行政体系的角度，认为"中国社会政策决策权是弥散并局限于'条块分割'的行政系统内，很多层级和系统具有政策决策权，这些决策的产生及推行往往又有独特的行动性方法，比如'大众动员'、'政策试点'等方法，这些方法同科层体制上传下达的行政执行方式有很大区别。同时，政策又表现出很强的固化性，即使一个省份内部也可能同时存在一种政策的三种不同版本，各种版本最终……形成'制度叠加'"④。汪泽英从工业化发展及世界社会保障制度发展历程的角度出发，认为社会保障制度是经济发展到一定阶段，与职业相关联建立的，后来逐步拓展到非职业人群，拓展到农民。"世界上城乡社会保障制度的建立几乎都不同步，有先有后是正常现象，这是社会发展过程中必然要出现的事物。"⑤ 从学界总结可以看到，中国养老保障制度碎片化局面出现的原因主要有这样几种：政策设计、经济发展、社会结构、管

---

① 孟荣芳：《"碎片化"：社会基本养老保障制度发展中的迷思》，《社会科学研究》2014年第5期。
② 杨斌、丁建定：《从城乡分立到城乡统筹：中国养老保险制度结构体系发展研究》，《社会保障研究》2014年第1期。
③ 安华：《社会分层与养老保险制度整合研究》，《保险研究》2012年第3期。
④ 郑文换：《资源结构与制度叠加：从老农保到新农保》，《云南民族大学学报》（哲学社会科学版）2015年第2期。
⑤ 唐钧等：《社保走向全国"一盘棋"》，《时事报告》2012年第8期。

理体制、工业化等。制度之初是针对某一群体设计的,当把这一制度推及别的群体时便会出现问题,为了弥补这一问题,就出现了各种变通方式,由此形成了各种碎片;差序格局的社会结构,科层制行政体系,直接决定了在设置养老保障制度时按中心、边缘人群划分;工业化发展有先有后,导致养老保障制度先从工业化中心开始,与工业化密切相关的职业最先享受到社会化养老保障制度,之后再不断拓展,在此过程中,出现了养老保障制度的差异;在条块分割的行政体系下所形成的养老保障制度必然是具有分割性的;等等。

(二)养老保障制度分割产生的影响

学界认为,养老保障制度分割或碎片化的状态对劳动力市场、自雇群体、转轨成本及收入再分配、社会风险等都会产生影响,最终会造成社会不公,影响经济社会发展。

1. 对劳动力市场的影响

程杰、高文书提出在制度分割的状态下,"地区之间的经济发展水平、基金收支平衡、人口结构以及制度赡养率等差异直接反映到养老金待遇上"。经济发展水平低的地区,统筹层次也低,这些地区会选择更高的缴费率,更低的养老金替代率,加重企业经营负担,影响地方经济活力和增长动力。同时养老保险制度因职业差异而不同,会造成人才流动性差,加大人口迁移成本,阻碍劳动力跨地区流动。养老保险制度不适应人口与劳动力流动形势,会造成越来越严重的劳动力资源错配。提出建立与劳动力市场相协调、统一多层次的养老保险体系是养老保险制度改革的基本方向。养老保险体系要包含三个支柱:第一支柱是非缴费、保基本、全国统筹的国民养老金;第二支柱包含职工养老金和居民养老金;第三支柱是企业年金,旨在提供更高的保障水平。[1]

---

[1] 程杰、高文书:《"十三五"时期养老保险制度与劳动力市场的适应性》,《改革》2015年第8期。

2. 对自雇群体的影响

肖金萍、胡培兆认为，现行的城镇养老保险制度简单地延伸，从而包含了自雇群体，而自雇群体参加这一保险会形成负向激励机制：在缴费基数上会选择较低缴费档次，在缴费期限上越短越好等。为鼓励自雇者参保，各地自行设置档次较多的缴费基数，自雇者可以自由选择，这些费率和费基的设定并没有与养老金支付之间存在密切联系，而且地区不同，所设费率和费基也各不相同，对养老保险统筹层次的提高造成阻碍，同时降低了自雇者养老保险的便携性。[①] 张力、范春科指出，目前基本养老保险已覆盖全国，但90%的省区市未达到实质性的省级统筹，以致城镇职工养老保险流动性低，存在异地转移接续障碍，职工流动时，基础养老金会损失。[②] 分割的养老保障制度同样对农民的行为，特别是农民是否选择转让土地等行为产生影响。赵光、李放运用 Probit、Tobit 计量模型实证检验了农民的非农就业、社会保障相关变量对其土地转出行为的影响。研究结果显示，具有非农就业经验以及家庭非农劳动力越多的农民，越有可能转让土地，转让的面积也越大；农民参加的社会保障水平越高，对土地保障的依赖就越小，而农民对土地的依赖性越低，转让土地的可能性就越大，转让的面积也越大。[③] 也就是说，农民转让土地和非农就业经验以及对社会养老保险的依赖性存在较强的相关关系。

3. 对转轨成本及收入再分配的影响

范辰辰、陈东计算了农村养老筹资模式从家庭养老转向社会化养老过程中的成本问题，以及从现收现付制转向账户积累制过程中的转轨成本问题。结果表明，转轨成本长期存在，并且随着老年人口不断增多、人口老龄化不断加深而增长。影响转轨成本规模的因素之一是基础养老金的基数，基数庞大并且金额不断上调的情形，直接影响转轨成本的走势，个人账户资金将在2024年左右出现缺口并迅速扩大。影响转轨成本规模的另一

[①] 肖金萍、胡培兆：《城镇非正规自雇者养老保险问题研究》，《经济学家》2004年第12期。
[②] 张力、范春科：《中国城镇职工基本养老保险流动性分析》，《中国人口科学》2015年第5期。
[③] 赵光、李放：《非农就业、社会保障与农户土地转出——基于30镇49村476个农民的实证分析》，《中国人口·资源与环境》2012年第10期。

因素是参保补贴，基础补贴产生了转轨成本，这一成本由中央、地方财政分担，地区补贴成本则由地方政府负责。对于应属中央负责的转轨成本，中央财政有能力负担，地方财政支持能力则各不相同，越到基层压力越大，贫困地区、县级财政压力过大。[①] 王延中等认为，制度分割影响了公平性，在筹资方面，责任分担机制不合理不利于调节收入分配，政府财政投入机制的不完善不利于收入再分配；在待遇方面，以缴费确定型为主，不利于贫困人口提高收入。未来应以居民养老保险制度的城乡统筹为突破口，加强制度整合，缩小群体差距。[②] 肖严华指出在社会人群之间、城乡之间、区域之间的多重分割制度设计导致了中国养老保险制度缺失公平。制度的多重分割、严重碎片化、顶层设计欠缺等，导致其在调节收入再分配方面的作用不能充分发挥，城乡之间、城镇不同群体之间的收入差距也无法因制度作用缩小，从而导致制度的运行效果及公众评价受到了严重影响。[③]

4. 对社会风险的影响

郑功成认为，现行制度存在不公平的一面，会引起一定程度的社会冲突和社会矛盾，从而导致社会风险不断积累。社会风险具体表现为四点：一是养老保险制度承担的压力已超越自身功能，人们将"老有所养"的希望全部寄托在养老保险制度上，这种预期过大，是养老保险制度所不能承受的；二是机关事业单位和企业职工养老保险制度有很明显的不同并且利益差距越来越大，这种长期双轨并存的局面，损害了职业间养老权益的公平性，造成群体间的矛盾加剧，同时养老保险的差异会影响到年青一代的择业偏好；三是职工基本养老保险制度长期存在地区差异，各地缴费率各不相同，弱化了地区之间的互济性，造成在筹资、劳工成本等方面的不公平，对市场经济公平竞争、地区之间协调发展造成损害；四是责任不清与

---

① 范辰辰、陈东：《我国农村养老筹资模式的转轨成本及其财政可负担能力研究——基于2009—2030 年宏观数据的模拟与测算》，《东岳论丛》2015 年第 1 期。
② 王延中等：《中国社会保障收入再分配效应研究——以社会保险为例》，《经济研究》2016 年第 2 期。
③ 肖严华：《中国养老保险制度公平问题研究》，《上海经济研究》2008 年第 8 期。

责任分担机制失衡。① 高君认为，碎片化养老保障导致基金统筹在较低层面上运行，统筹单位庞杂，各统筹单位之间的政策各不相同，不但无法将城乡居民养老保障作为一个整体来进行综合研究、统筹谋划，而且使城乡间、地区间的养老保障制度在资金筹集、标准给付、管理运作等方面的差距逐步扩大。"碎片化养老保障使得城乡制度缺乏统一性、规范性和可持续性，加大了养老保障工作的行政成本，使养老保障体系整体运行不优化，直接导致不同群体无法在空间上和时间上形成制度上的财务互济，造成行政资源浪费，还容易受到短期和长期财务危机的威胁。"② 叶响裙认为，制度分割导致管理上的困境。"从信息沟通看，不同部门建设的社会保障平台各自为政，信息系统各成孤岛，户籍、人员基本信息和业务流程重复采集、重复建设，有些互相联系的保障项目却难以提供一站式服务……社会保险资金分散在不同部门操作，风险节点多，审计、监督部门也必然要'分头出兵'，不利于提高风险监控效率……随着民生事业发展，各个社会保障经办机构都面临着任务加重、力量不足、手段落后、管理风险加大等压力。"③ 信息分散还容易出现重复参保、重复享受补贴的状况，给财政带来一定影响。张国栋、左停通过相关数据指出，现行制度是按就业、户籍来设计的，但人员流动、身份多重，导致个人重复参保，截至2011年底，重复参加城镇职工养老保险与"新农保""城居保"的人数为110.18万人，重复参加"新农保"、"城居保"和城乡居民养老保险的人数为2.24万人，多补贴金额为5423.09万元，重复享受待遇人数为9.27万人。重复参保更多是制度设计和管理不足造成的，当前制度不能适应人员身份多重性和强流动性特征。④

总之，在学界看来，养老保障制度分割会给养老本身以及与养老密切相关的经济社会发展带来诸多障碍，加大社会风险，损害社会公平。

---

① 胡秀荣：《养老保险并轨改革：让养老保险向更公平方向迈进——访全国人大常委会委员、中国人民大学教授郑功成》，《中国党政干部论坛》2015年第2期。
② 高君：《基本养老保障从城乡统筹迈向城乡一体化——基于浙江德清县新农保推广的思考》，《西北农林科技大学学报》（社会科学版）2013年第3期。
③ 叶响裙：《论我国社会保障管理体制的改革与完善》，《中国行政管理》2013年第8期。
④ 张国栋、左停：《福利还是权利：养老保险"重复参保"现象研究》，《社会科学战线》2015年第11期。

（三）养老保障制度整合要重视的两大问题

学界认为，养老保障制度整合要重视两大方面的问题：从宏观上是框架、体系问题，从微观上是养老保险基金的统筹问题。前者影响养老保障制度的走向及系统性建设，后者则事关诸多可操作内容是否现实。学者分析了目前中国养老保障制度的框架、体系，基本共识是基本体系已初步建立，但结构、层次、运行上仍相互割裂，应建立多层次、可衔接的制度。

1. 框架、体系问题

胡鞍钢等提出，"十三五"时期社会保障的基本思路就是要把城乡间、不同职业间的社会保障作为一个整体加以统筹谋划、综合研究，逐步缩小城乡间社会保障水平差距，进一步破除长期以来社会保障机制城乡区隔的体制，在保障待遇上实现不同区域、不同群体之间平权同利，在保障责任承担上实现国家、社会组织与个人等不同主体之间的协调平衡。[1] 鲁全提出应从制度整合的分析框架视角来分析养老保障制度体系建设问题。这一分析框架包括制度目标、制度内部结构（内部各要素间的关系）、制度外部环境（宏观和微观）、制度运行状况（成绩或问题）。通过分析这一框架发现，面对不同对象的养老保障子制度本身不完善，而且各子制度独立运行，没有衔接体制，这样的内部结构未能有效适应制度的外部环境，制度目标因此无法实现。[2] 丁建定将社会保障制度的三体系，即内容、结构与层次体系作为框架来分析中国养老保障制度，认为"中国养老保障制度体系已经初步建立，但内容体系存在缺失、结构体系碎片化严重、层次体系主体责权关系不均衡"。养老保障制度在城乡之间存在显著差异，城镇养老保障制度存在三种不同群体的不同制度，农村与养老保障相关的制度存在四种不同群体的不同制度，导致结构上的割裂。层次体系不合理导致不同养老保障制度间责权关系的差异，造成不同社会群体养老保障制度责权关系不均衡，影响到养老保障制度间的公平性及可持续性。中国养老保障

---

[1] 胡鞍钢、杨竺松、鄢一龙：《"十三五"时期我国社会保障的趋势与任务》，《中共中央党校学报》2015年第1期。

[2] 鲁全：《养老保障制度的整合分析框架及其应用》，《中国人民大学学报》2008年第3期。

制度应通过建立一些应对养老需求的新项目以完善其内容体系，通过制度整合完善其结构体系，通过责权关系的均衡完善其层次体系，进而建立起更加公平可持续的养老保障制度体系。[①] 王春光从机会平等的视角，认为城乡一体化的本质是机会平等，机会是多样的、多层的，并将机会分为三大类：底层机会、中层机会和高层机会。底层机会主要指基本生存机会，中层机会包括保障、社会参与和表达机会，高层机会主要指发展机会。在底层机会的资源配置上，国家是不可推卸的供给者、保障者和配置者，所以在这一层次，国家要做到形式平等和实质平等，确保城乡居民享有同等的基本生存质量和效果。[②] 孙思认为，《贝弗里奇报告》主张统一性原则，社会保障的行政管理、缴费标准和待遇支付都应当实现统一，同时《贝弗里奇报告》强调社会保障制度普遍性与分类性的结合。一方面，社会保障制度应当覆盖每一位公民，满足其基本的社会需求；另一方面，由于社会成员的年龄、性别、收入、职业等客观因素不同，也存在不同层次、不同类型的社会保障需求，这就需要国家在设计社会保障制度时，注重满足不同人群、不同地区、不同企业的多层次的社会保障需求，积极构建多层次、全覆盖的社会保障体系。[③] 中国社会科学院经济研究所社会保障课题组提出要构建三个层次的养老保障体系，第一层次是城乡居民养老保险，覆盖全体国民，给付水平统一，是处在这一架构基层的普惠制公共养老金，体现的是全社会范围内的互助共济和凝聚全体社会成员的一种共同利益。"改进现有的城镇企业职工基本养老保险管理方式，分离现收现付制的统筹基金和积累制的个人账户基金，将统筹基金依然用作与薪酬相关联的正规就业者社会养老保险，将个人账户基金转化为由专业公司管理的个人储蓄投资账户。"在此基础上形成正规就业者社会养老保险和记账式个人账户，形成第二层次和第三层次。这样既能实现正规就业者之间的社会共济，又可通过与薪酬相联系的缴费和给付原则给予企业或机构为雇员多缴多得的激励，还可进一步明晰参保者为自己养老而储蓄和投资的责任和

[①] 丁建定：《中国养老保障制度整合与体系完善》，《中国行政管理》2014年第7期。
[②] 王春光：《建构一个新的城乡一体化分析框架：机会平等视角》，《北京工业大学学报》2014年第6期。
[③] 孙思：《从〈贝弗里奇报告〉看我国社会保障制度一体化》，《中共乐山市委党校学报》2016年第2期。

权利。公共养老金、正规就业者社会养老保险和记账式缴费确定型个人账户，构成梯田式的社会养老保障体系，这种多层次的制度结构可实现社会成员全覆盖的政策目标。①申曙光、魏珍认为要把养老保险制度整合成"城镇职工"和"城乡居民"两大体系，在整合后的两大体系之间，形成完善的衔接机制，最终实现城镇职工基本养老保险与城乡居民基本养老保险的并轨，建立统一的养老保险制度框架。②王婷、李放认为，社会养老保险的公共性特征决定了政府在资源配置中居于主导地位，"其首要作用就是理性化的政策供给，形成制度框架和规则体系。这是保证养老保险制度可持续性的重要前提。但政府如同市场一样不是万能的……因此政府应该有限度地界入养老保险体系，在政府主导下，从资源优化配置的要求出发，更加科学合理地确定政府、市场、社会的作用，建立多层次的养老保险体系……有效区分政府、市场、社会和个人在养老保障方面应承担的责任，从而保持国家自主性与社会支持之间的平衡"③。汤兆云、陈岩提出中国社会养老模式的未来选择应是多层次保险体系，从三支柱向五支柱过渡。建立非缴费型的零支柱，达到"兜底"作用；健全缴费型的第一支柱，体现多劳多得；建立健全职业养老金制度，补充和完善职业养老金；健全自愿性的商业保险储蓄，起到第三支柱的作用；通过家庭、社区等保障，健全非正规社会保障的第四支柱。④从养老保障制度框架、体系的研究来看，学界普遍认为层次不清、运行不畅、权责不明、内容不完整、结构不成体系是主要问题。为此，学者提出要扩大养老保障制度的覆盖面，增加养老项目，明确各个主体在养老保障制度建设中的责权，建立分层次的养老保障制度，尤其要注重发挥最底层次的安全网作用，重视中间层次的激励作用以及最高层次的提高生活水平的作用，最后要达到层次间界限清晰，各层次间能相互转换的整体效果。只是在具体的分层上，出现了二支柱、三支柱、四支柱、五支柱之说。

---

① 中国社会科学院经济研究所社会保障课题组：《多轨制社会养老保障体系的转型路径》，《经济研究》2013年第12期。
② 申曙光、魏珍：《老龄化背景下的中国养老保险制度与体系：挑战与抉择》，《教学与研究》2013年第8期。
③ 王婷、李放：《中国养老保险政策变迁的历史逻辑思考》，《江苏社会科学》2016年第3期。
④ 汤兆云、陈岩：《从三支柱到五支柱：中国社会养老模式的未来选择》，《广东社会科学》2015年第4期。

2. 养老保险基金全国统筹问题

把养老保险基金的统筹层次提高到全国统筹，学界已呼吁许多年。学者从统筹层次提高的阻碍因素、统筹层次低导致的后果、提高统筹层次的路径等方面分析了养老保险基金全国统筹的问题。

在养老保险基金统筹层次提高的阻碍因素方面，学者认为财政补助方式、道德风险、逆向选择等问题都在一定程度上影响了统筹层次的提高。王晓军认为，不同地区的养老保险覆盖率、待遇水平、抚养比、实际缴费率之间存在很大差异，在这种情况下实行全国统筹，必然导致较大的地区间收入重新分配，有些省份会成为收入转出省份，有些省份则会成为收入转入省份，这会造成地区间的利益冲突，从而阻碍统筹层次提高。[1] 陈元刚等认为，在养老保障制度改革之初，把权力下放至各个地区，导致各不相同的改革方案出台，从而出现了低水平的统筹方式。[2] 肖严华、左学金认为，全国统筹进展之所以缓慢，在于面临两大主要障碍，"一是基础养老金的强制缴费率过高，增加了实现全国统筹的难度；二是协调中央与地方政府之间、不同地方政府之间的利益格局难度较大"[3]。何文炯、杨一心剖析了基本养老保险基金全国统筹的学理基础，包括基金统筹平衡说、基金规模效应说、大数定律说、劳动力市场统一说。[4] 养老保险基金全国统筹是整合的前提，统筹层次过低不仅会加剧地区间保障水平的分割，而且会造成其他后果。

在统筹层次低会导致的后果方面，学者在管理、地区分割、放大收支缺口等角度进行了分析。民盟中央调研组通过调研，认为社保统筹层次过低，全国职工养老保险基金总体上依然分散在市、县一级，地区分割统筹的格局并没有较明显的变化，其直接后果至少有三："造成不同地区的养老保险实际缴费负担畸重畸轻；导致不同地区养老保险基金收支余缺分化；放大了现行制度的问题，如虚高的名义缴费率，地区收支缺口被无形

---

[1] 王晓军：《中国基本养老保险的地区差距分析》，《社会保障制度》2006年第4期。
[2] 陈元刚、李雪、李万斌：《基本养老保险实现全国统筹的理论支撑与实践操作》，《重庆社会科学》2012年第7期。
[3] 肖严华、左学金：《全国统筹的国民基础养老金框架构建》，《学术月刊》2015年第5期。
[4] 何文炯、杨一心：《基本养老保险全国统筹学理基础辨析》，《中国社会保障》2015年第7期。

放大，个人账户空账运行，基金积累贬值等。"① 郑秉文认为城乡居民养老保险制度合并后，虽然基金统筹管理层次低下，但目前还未形成地方利益，应一步到位，实现全国统筹，建立统一的基金投资管理体制，实现多元化投资，旨在提高收益率和制度的支付能力。②

在提高统筹层次的路径方面，养老保险基金全国统筹涉及中央和地方管理权责的问题，鲁全将需求者的流动性与差异性作为养老保险管理权责划分的基本依据，提出在全国统筹背景下基本养老保险财政和经办管理的权责在中央、省及省以下三个层次上的分配。③ 李连芬、刘德伟从基本养老保险的角度探讨了基本养老保险由省级统筹上升到全国统筹的成本和收益，指出如果实现全国统筹，那么可以消除各省区市养老金缺口，有效减轻政府财政负担，从根本上解决流动人口养老保险关系转移的难题，推动全国统一劳动力市场的形成和完善，增强抗风险能力。要顺利实行全国统筹，还要化解其中的实施成本和摩擦成本。④ 何文炯、杨一心从公平可持续发展的角度，认为以调剂余缺为主要目标的全国统筹难以解决公平及可持续问题，应全力推进以统收统支式全国统筹为统领的综合性改革，实施统筹基金和个人账户基金分账管理。⑤ 张力、范春科认为中国城镇职工基本养老保险流动性较弱，这和统筹水平低、省际转保存在障碍等因素有关，反映了制度的可持续性和公平性存在缺陷。⑥ 楼继伟提出要实现职工基础养老金全国统筹。"统筹考虑制度设计、中央与地方事权和支出责任划分等相关问题，积极稳妥推进职工基础养老金全国统筹，增强调剂基金余缺能力。三是丰富社会保险基金收入来源渠道。拓宽社会保险基金投资

---

① 刘维涛：《社保改革：亟须理性顶层设计——民盟中央调研深化社会保障制度改革》，《人民日报》2013年9月18日。
② 郑秉文：《"新农保"与"城居保"合并实施带来的深层思考》，《紫光阁》2014年第3期。
③ 鲁全：《全国统筹背景下基本养老保险管理体制中的央地责任划分机制研究》，《苏州大学学报》（哲学社会科学版）2015年第4期。
④ 李连芬、刘德伟：《我国基本养老保险全国统筹的成本——收益分析》，《社会保障研究》2015年第5期。
⑤ 何文炯、杨一心：《职工基本养老保险：要全国统筹更要制度改革》，《学海》2016年第2期。
⑥ 张力、范春科：《中国城镇职工基本养老保险流动性分析》，《中国人口科学》2015年第5期。

渠道，推进基金市场化、多元化、专业化投资运营。"①王美桃认为，未来在全国范围内建立"大一统"的社会养老保险制度是必然的选择。要建立统一的社会养老保险制度，"首先要逐步提高城乡居民的基础养老金替代率和有序调低'职工保险'制度的基础养老金替代率，分步骤在全国范围内建立统一的基础养老金替代率，通过制度优化和合并，最终形成覆盖全民的、养老金替代率统一基准的基本养老保险制度框架……以保障基本养老保险制度于2020年实现全国统筹。二是以多层次制度安排代替单一层次的退休金计划……三是实现基础养老保险制度的全国统筹"②。胡晓义认为，社会保障制度要实现可持续发展，需要实现社会保障基本制度的定型，通过深化改革建立和巩固支持社会保障制度可持续发展的体制机制。为此，要从增强制度的激励性、提高统筹层次、调节抚养比、拓宽筹资渠道、发展多层次的社会保障等方面入手，从体制上打破地域分割的藩篱，增强社会保障资金调剂功能和使用效率。③

总之，学界认为，基金统筹层次过低，会拉大地区间差距，加大地方政府负担，阻碍流动人口养老保险关系转移，弱化整个保障的抗风险能力等。而实现全国统筹也不是易事，要重新划分中央和地方的责权，消解提升统筹层次的各种成本，拓展基金投资运营的能力，改变单一退休金制度，拓宽筹资渠道，调整替代率和抚养比等。

（四）养老保障制度整合实现路径

早在21世纪初就有学者探讨养老保障制度整合实现的路径，继城镇居民养老保险和新型农村养老保险制度整合后，2014年机关事业单位养老保险并轨改革更是为消除小碎片、实现制度整合提供了可操作的路径。郑秉文认为碎片化制度不仅在中国存在，在法国、德国、意大利等主要发达国家也普遍存在，且这些国家的公务员养老保障制度都带有特权色彩。中国机关事业单位养老保险并轨改革意义深远，有利于促进公共部门与私人部

---

① 楼继伟：《建立更加公平更可持续的社会保障制度》，《预算管理与会计》2016年第1期。
② 王美桃：《我国城乡居民基本养老保险制度一体化问题探讨》，《中国财政》2014年第21期。
③ 胡晓义：《建立更加公平可持续的社会保障制度》，《中国发展观察》2014年第4期。

门的劳动力流动,有利于推进国家治理体系和治理能力现代化建设,有利于促进社会公平正义。[①] 整合的着力点是众多学者研究的方向,姜宏大认为,城乡一体化的着力点在于整合和优化细碎化的农村养老保险制度,以综合的整体的思维,实现新型农村养老保险与城镇居民养老保险制度及城镇职工养老保险制度的相容互嵌。[②] 尹徐念从农民工参保比例低的角度探讨了构建统一的城乡社会保障制度的可能性,提出要从推进户籍制度改革入手建立统一的劳动力市场进而构建统一的社会保障制度。[③] 更多学者从整合模式选择、建立接续规范制度、调整管理权责、制定法律法规等多个角度来阐述整合的实现路径。

1. 整合模式选择

李迎生较早提出了养老保障制度的整合模式,将未来我国城乡整合的社会保障模式设计为一种"有差别的统一"模式。按照这一模式,进城务工农民与乡镇企业(小城镇)职工应逐步和城市企业职工实行统一的制度。李迎生近些年又提出整合模式,认为整合模式可以作为普惠型社会福利制度的中国选择,以整合模式构建中国普惠型社会福利制度。"基本公共服务"中的"基本社会福利"内容可以设计为全民共享项目,逐步实现全国统一;超越"基本社会福利"内容的一般项目,或者说在短期内尚难实现统一的社会福利项目,可以在城乡、人群、地域、阶层等之间保持一定的差异。推动中国社会福利制度整合目标的实现,当务之急是合理界定政府角色,完善福利治理结构。[④] 田雪原提出积累补充型模式,认为要破除中国养老保险的双二元体制,不是简单地将一种保险制度并轨到另一种制度,而是应建立起全国统一的积累补充型城乡养老保险新体制,将现在的几大制度全部纳入其中,并逐步接轨。新体制下,要以个人缴费积累为

[①] 郑秉文:《机关事业单位养老金并轨改革:从"碎片化"到"大一统"》,《中国人口科学》2015年第1期。
[②] 姜宏大:《城乡养老保险一体化问题探究》,《前沿》2015年第1期。
[③] 尹徐念:《构建城乡统一的社会保障制度——基于农民工社会保障缺失的视角》,《海派经济学》2015年第2期。
[④] 李迎生:《中国普惠型社会福利制度的模式选择》,《中国人民大学学报》2014年第5期。

主，单位缴费为辅。① 唐钧等提出建立基本和补充养老金模式，认为中国想形成完善统一的社会保障体系，就要更加注重顶层设计和总体规划，应把养老金分成基本养老金和补充养老金两个部分，要在全国建立一个基本的养老保障制度。这个制度由国家负责，现收现支，因为它是一个相对来讲比较低的标准。"在全民性的基本养老金之外，还有与职业相关的补充养老金，也叫职业年金，企业和个人还有余力就可以参加。补充养老金和工资挂钩，和贡献挂钩，和效益挂钩。补充养老金和基本养老金的保值增值运作也不一样。补充养老金不能由政府直接操作，要实行准市场的运作方式。"② 汤兆云提出建立"国民养老金制度"模式，对国家政府机关、事业单位人员养老保险制度进行改革。将确定给付制的财务模式改为确定提拔制，建立共同缴费的"社会统筹＋个人账户"的社会养老保险制度；整合城镇企业职工和有固定劳动关系农民工的社会养老保险制度，建立"城乡职工社会养老保险制度"；整合城镇居民和农村居民的社会养老保险制度，建立"城乡居民社会养老保险制度"；并整合以上三类社会养老保险制度，建立"国民养老金制度"。③ 沈君彬提出"梯次推进的动态整合"模式，即有条件的地区先行，随着财政能力的不断提升在保障项目、覆盖范围、保障水平和保障人群上多层面、逐梯次推进城乡一体化社会保障体系的构建，同时进行动态整合。④ 高和荣认为社会保障制度整合应从三方面入手：在制度方面，要进行城乡间的整合、地区间的整合及阶层间的整合；在管理方面，要进行社会保障各管理机构的整合；在供给方式方面，要针对各社会保障项目开展组合供给和差异化供给，使各种供给类型相互支撑，形成资金、实物以及服务供给方式的有机整合；在监督机构方面，也要进行多种主体的整合。⑤

总的来看，在整合模式方面，学者提出了"有差别的统一"模式、

---

① 田雪原：《中国养老保险体制改革再启程——冲破"双二元体制"藩篱》，《全球化》2014年第10期。
② 唐钧等：《社保走向全国"一盘棋"》，《时事报告》2012年第8期。
③ 汤兆云：《我国社会养老保险制度的改革——基于世界银行"五支柱"模式》，《江苏社会科学》2014年第2期。
④ 沈君彬：《"梯次推进的动态整合模式"：城乡一体化社会保障体系的路径探讨——以晋江市经验为评估个案》，《甘肃行政学院学报》2010年第5期。
⑤ 高和荣：《论整合型社会保障制度的建设》，《上海行政学院学报》2013年第3期。

"积累补充型"模式、"基本+补充养老金"模式、"国民养老金制度"模式、"梯次推进的动态整合"模式等。整合模式虽各不相同,但在一些方面有共识:逐步推进,先从相似的项目入手,基本养老保险制度尝试统一,其他项目保持差别性。之前提出的个别模式,如今有一些已经部分完成,比如"新农保"和"城居保"整合成"城乡居民养老保险制度",针对城镇职工、个体工商户、农民工的养老保险制度已统一整合成"城镇企业职工养老保险制度",可以说学界的研究为实践提供了理论支撑。

2. 建立接续规范制度

整合并不是统一,不同层次的养老保障制度可满足不同群体的需求,而建立多层次养老保障制度的重点在于打破制度间的封闭状态,使不同群体可在不同制度间转换,这样多层次的养老保障制度才能体现多层次的作用和活力。学界经过多年的探讨也在这一点上达成共识,研究制度的接续成为热点,多位学者研究了制度接续的内涵及操作。景天魁认为积极的整合策略有两种选择:技术整合与制度整合。"所谓技术整合,就是在基本不改变现有制度的前提下,运用技术手段,例如缴费办法和缴费数额的折算,实现不同制度下的接续和转移。"所谓制度整合,是把相近的制度尽可能地整合起来,通过适当地、有步骤地推动制度整合,促进收入差距和各种经济社会差距的缩小,差距缩小了,就有利于再进一步推进制度整合。"制度整合可以有多种方案,底线公平方案可能是最积极稳妥、切实可行的方案。"[1] 陈雷、江海霞、张秀贤提出"新农保"与相关养老保障制度之间的衔接可以分三步进行:新老农保制度间的整合,"新农保"与失地农民养老、计生家庭养老等其他社保制度间的整合,城乡间养老保险制度的整合。在实施过程中需优化配套措施,包括户籍制度改革、推进信息建设、加强劳动就业制度改革等。[2] 陈俊梁、张雅文认为,"城乡社会保障一体化程度在很大程度上受地方经济发展水平制约;社会保障制度设计要体现城乡居民在政策选择上的公平性;制定合理可行的城乡社会保障接续规范是推进城乡社会保障一体化的必要条件;社会保障一体化要遵循先易

---

[1] 景天魁:《社会福利发展路径:从制度覆盖到体系整合》,《探索与争鸣》2013年第2期。
[2] 陈雷、江海霞、张秀贤:《城乡统筹下新农保与相关养老保障制度整合衔接战略研究》,《管理现代化》2011年第6期。

后难，循序渐进的原则"[1]。辜毅认为，"城乡养老保险制度整合的近期目标主要在于如何在完善现有单列的各个养老保险制度的基础上，打通制度间的转移接续关口，为下一步统一制度基础，建立城乡一体化的养老保险制度奠定基础……城乡养老保险制度整合的最终目标是完成养老保险体系的结构性改造……对基本养老保险的制度结构进行改革优化，将统筹账户演变为普惠制的国民年金，个人账户部分与补充养老保险进行合并……真正发挥多层次、多支柱的养老保险体系在老年保护中的重要作用"[2]。王晓东、雷晓康认为，"城乡养老保险制度一体化运行的核心在于搭建城乡一体的基础性制度结构和财务模式平台。世界多数国家的社会保障发展实践证明，任何结构松散、项目衔接性差和体系分离度大的养老保险制度，其公平性和可持续性都相对不足……因此，我国社会养老保险制度要整合、衔接同质性较强的保障项目，加快'城居保'和'新农保'的整合归并，构建城乡一体化的体系结构，重点建设城乡统一的养老保险筹资机制和给付模式，统一政策标准和缴费规则，缴费档次或基数的设定可根据经济状况在政策范围内自由选择，尽快实现基础养老金全国统筹和老年津贴制度"[3]。李艳荣认为，"改革开放以后，我国社会养老保险制度经历了从无到有、从城市到农村、从职工到居民、从'碎片化'到逐步精简、从制度隔绝到相互接续的发展整合过程，初步建立了一个覆盖全民的社会养老保险制度体系。今后，应将被征地农民养老保险制度整合归集，提高养老保险统筹层次，完善统一的社保信息系统建设"。信息平台要实现不同统筹区域的数据传送、汇总和监管功能，及参保人员不同制度下多账户之间的数据传递、账户归集和余额转换功能，方便快捷地完成制度间的账户接续。[4] 林闽钢认为，应整合社会保障项目的业务管理流程，把原来相互独立的各个险种的服务系统合并成一个，建立城乡一体化的信息平台，实现

---

[1] 陈俊梁、张雅文：《城乡社会保障一体化实践研究——以苏州为例》，《改革与战略》2015年第1期。
[2] 辜毅：《城乡养老保险制度整合的可持续性发展研究》，《经济体制改革》2015年第4期。
[3] 王晓东、雷晓康：《城乡统筹养老保险制度顶层设计：目标、结构与实现路径》，《西北大学学报》（哲学社会科学版）2015年第9期。
[4] 李艳荣：《碎片整合、制度衔接和统一框架的建立——我国社会养老保险制度改革发展路径》，《江苏行政学院学报》2016年第3期。

资源的有效共享。① 可以说，学界对制度转移衔接进行了多方面探讨，从搭建统一的财务平台、信息平台、政策平台、项目平台，整合业务流程等不同方面探讨了整合过程中建立接续规范制度的可能途径，以期通过这些途径，最终构建整体性体系结构。

3. 调整管理权责

条块分割的属地管理、中央和地方财事权责不匹配、各险种管理的各自为政等问题，不仅影响基金安全，而且会直接影响劳动者在不同养老保障制度间流动的便捷性问题。郑秉文认为中国基本养老保险多年来始终存在诸多问题，其症结之一就在于其事权和财权的分离和不匹配，养老保险制度的事权财权均应统一起来归中央政府，这是城乡居民制度建立全国统筹和实行制度统一的前提条件。② 梁静认为，"属地管理体制严重影响了基本养老保险制度的自我平衡和自我发展，不利于制度的健康发展。因此，应该统一各省市级养老保险结算中心管理体制，统一结算，由劳动与社会保障部门进行统一管理……在明确养老保险结算中心管理主体地位的基础上，用统一结算机制替代属地管理结算体制，建立结算中心稽核"③。刘妍、吕雅琴、刘琦提出年检稽核一体化，认为"城镇居民社保与城镇职工社保在管理上的不同之处在于，城乡居民没档案、没工资、居住散、管理难，在养老保险待遇发放环节，基金安全管理面临许多难以避免的风险。在一体化经办管理的条件下，由于两个险种的关联度很高，经办机构能够通过一体化年检稽核，及时发现并堵住养老保险待遇发放和医保重复参保方面的漏洞，年检稽核成本也可以大大降低"④。谢琦、陈亮认为，"政府在社会保障中的角色和功能应该是为社会成员提供基础性社会保障，它不可能也不应该满足社会成员形式各样的、高层次的社会保障需求。针对社会成员的发展性社会保障，政府应该允许市场发挥资源配置的基础性作用……明晰政府在基础性社会保障方面的责任，并通过制度化的方式予以

---

① 林闽钢：《我国进入社会保障城乡一体化推进时期》，《中国社会保障》2011 年第 1 期。
② 郑秉文：《"新农保"与"城居保"合并实施带来的深层思考》，《紫光阁》2014 年第 3 期。
③ 梁静：《建立全国性养老保险结算中心的路径分析》，硕士学位论文，西北大学，2011。
④ 刘妍、吕雅琴、刘琦：《城乡居民社会保险一体化经办管理研究——以西安市为例》，《山西农经》2016 年第 4 期。

确立和固定,与此同时,允许政府通过购买公共服务的形式,将无力做好的基础性社会保障工作转移给社会,在这个过程中社会作为辅助性力量参与进来,政府作为责任主体应该做好验收和监督工作"[1]。张婷认为,在社会保障基金的征收和使用上,要建立专门的监督管理小组,采用问责制的管理办法,制定相关的风险管理制度以确保社会保障基金安全。[2] 王延中认为,"加强养老保险基金的科学管理与投资,实现养老保险基金的保值增值,是未来养老保险制度改革与发展的重要任务。要进一步完善养老保险的管理体制与管理模式,发展一批专业化的基金投资机构,并实现适度、有序竞争,降低投资成本,提高投资收益;严格规范养老保险基金投资机构的准入门槛,尝试建立养老保险基金投资最低收益担保机制。养老保险基金投资的多元化要求进一步拓宽基金投资渠道,完善投资组合策略,积极稳妥地推进养老保险基金进入资本市场"[3]。总之,针对养老保障管理上的问题,学者们从匹配财权事权、破除属地管理体制、经办管理一体化等方面进行了研究并提出了一些办法,如统一结算体制、一体化年检稽核、成立监管小组、制定风险管理制度、发展专业化的基金投资机构、制定相关的风险管理制度、允许市场参与资源配置、允许政府购买服务等,通过这些综合性手段,最终达到理顺管理体制、堵住管理漏洞、提高管理效率、降低管理风险等方面的效果。

4. 制定法律法规

制定法律法规,依法行事,是学者们研究整合养老保障制度中所集中讨论的一个领域。顾静认为,"由于社会保障立法至今仍然缺位,仅有一些法律权威相对较弱的条例规章等作为依据,并且社会保障制度体系依赖于行政干预才能够正常地运行,政府、企业和个人的分工责任并不明显,或者有分工的规定而难以落实,因而,形成了政府主导型的社会保障运行体系。由于政府的强势地位并缺乏必要的法律规范及制衡机制,政府在社

---

[1] 谢琦、陈亮:《国家治理现代化视域下我国社会保障的发展向度与实践路径》,《平顶山学院学报》2015年第6期。
[2] 张婷:《人口老龄化趋势下的养老保险制度研究》,《中国市场》2016年第24期。
[3] 王延中:《中国"十三五"时期社会保障制度建设展望》,《辽宁大学学报》(哲学社会科学版)2016年第1期。

会保障领域失效的状况比较严重……因此，在构建城乡一体化的社会保障制度时，一定要妥善协调好政府各个相关部门的利益关系，同时要建立起必要的法律规范及制衡机制"[1]。罗志先认为，应加快统筹城乡居民的社会保障法律体系的立法工作。"修改立法法或国务院《行政法规制定程序条例》、《规章制定程序条例》，明确规定有关覆盖城乡社会保障法律制度立法的，由全国人大或国务院制定。第三，由全国人大法工委或国务院法制办牵头制定覆盖城乡社会保障法立法规划……加快制订当前亟须出台的有关覆盖城乡社会保障法法规，待时机成熟后再上升为法律。"[2] 法律法规的不健全，政策的执行力不足，使养老保障制度建设在扩大覆盖面、缴纳养老保险费、制度管理等多方面存在这样那样的问题，所以学界认为，以法律的形式明确养老保障各方权责，形成有效的制衡机制，加大制度执行的强制力，是养老保障制度建设必须要完成的一个目标。

总之，通过学界近三十年的探索，"养老保障整合"这一概念的内涵、外延、目标、途径等方面已渐渐清晰，学界的研究开始深入整合的各个方面，从养老保障制度碎片化形成的原因、导致的结果，到实现整合的途径、提高统筹层次的办法、构架整合的框架体系等。建设一个有同一、有层次、有差异、可转换、可衔接、有法律依据作为支撑的覆盖全民、公平、持续的养老保障体系是学界的共识。为了达成这个目标，学者们又从不同角度进行了从理论到具体对策上的研究。在养老保障整合的大目标、大方向基本一致的前提下，对整合路径、整合模式、制度优化等方面提供了各个层次的设计。学界研究为养老保障制度整合在实践方面的发展提供了理论支撑，是我国养老保障领域不断改革、不断整合的动力和依据。

---

[1] 顾静：《构建城乡一体化社会保障制度之浅见，以比较中西方社会保障的制度基础为角度》，《特区经济》2011年第1期。
[2] 罗志先：《关于统筹推进城乡社会保障体系建设的思考》，《实事求是》2013年第1期。

第二章 中国养老保障变迁中的整合态势

我国养老保障变迁过程,是养老保险制度不断碎片化的过程,也是制度不断扩大覆盖面的过程,在这一过程中,形成了按保障对象身份、职业不同而分门别类设计的制度框架,各个小的制度之间各不相关,无法转移,管理分散,统筹层次低下,从而形成了碎片化的局面。这一局面从新中国成立初开始萌芽,20世纪90年代得到极大发展,21世纪初,当制度达到全覆盖时,也是大碎片中存在小碎片的高峰之时。而在此过程中,原有的一些小碎片也不断整合成几项大制度,相似的、有基础的大制度之间又整合成更大的制度,最后形成了适合我国国情的两大养老保障体系。

一 第一阶段:碎片化的开始(20世纪90年代之前)

(一)所有制间的差别

最初行业间养老保险制度的差距,体现在100人以上的企业和100人以下的企业之间并局限在4类产业中,待养老保险扩大到13类不同的产业后,行业间养老保险的分离就不再明显,所有制间的差别扩大,国营企业和集体所有制企业实行了两套养老保险制度。

1. 参保适用范围行业间有差异

1951年颁布的《中华人民共和国劳动保险条例》(以下简称《劳动保险条例》)及1953年颁布的《中华人民共和国劳动保险条例实施细则修正

草案》被认为是中国养老保障制度的正式开始。① 在这两个条例及草案中，4类性质的企业被纳入其中：有100人以上工人职员的国营、公私合营、私营及合作社经营的工厂、矿场及其附属单位；铁路、航运、邮电的各企业单位与附属单位；工、矿、交通事业的基本建设单位；国营建筑公司。不实行该条例的企业及季节性企业，根据自身情况，订立各不相同的集体合同，集体合同规定了一些保险项目，待遇标准比《劳动保险条例》要低。1953年修订了《劳动保险条例》，虽然以后的养老保险制度在缴费方式、覆盖范围、统筹层次上有了很大变化，但也是在这一条例的基础上不断演化和转变的，这也是中国养老保障制度碎片化的开始。从单位来看，这一制度纳入了一部分企业，排斥了另一部分企业（集体企业、季节性企业）。从群体来看，养老待遇并不是所有员工一视同仁，有些规定只适用于被纳入企业的正式职工（包括学徒），临时工、季节工与试用人员参加的是集体养老保险，有另外的规定。从基金的管理和统筹来看，管理和统筹都落在了基层组织。

2. 养老金提取方式开始在碎片形式下逐步整合

1956年，这种差距有所缩小，因为《劳动保险条例》的实施范围从最初的4类产业扩大到13类产业和部门，包括商业、外贸、粮食、供销合作、金融、民航、石油、地质、水产、国营农牧场、造林等。实行《劳动保险条例》的职工人数大幅增加。1952年11月底，全国实行《劳动保险条例》的企业共有3861个，职工320.2万人；到1956年，参加这一保险的职工达到1600万人。② 但城镇集体经济组织和国营企业间还存在不同体制的养老保险。20世纪50年代，集体经济组织参照国营企业养老保险办法执行；1966年，第二轻工业部、全国手工业合作总社制定了对集体所有制职工退休、退职的暂行办法之后，其他系统的集体所有制企业一般都参照执行；1970年又恢复按国营企业养老保险办法执行。当时养老金的提取办法五花八门，有的用营业外或其他费用项目列支，有的用征收所得税后的盈余解决。针对这一情况，国家在1980年统一了养老金的提取办法和提

---

① 《中华人民共和国劳动保险条例》［政务院1951年2月26日政秘字134号命令、政务院1953年1月2日（53）政财申字11号命令］。
② 邵雷、陈向东编著《中国社会保障制度改革》，经济管理出版社，1991，第38~39页。

取比例。1980年,《财政部、国家劳动总局关于城镇集体所有制企业的工资福利标准和列支问题的通知》将提取办法统一为"在营业外或其他费用项目列支",在收缴标准上,规定"凡是经济条件允许的企业,都可改按工资总额的百分之十一提取。经济条件不允许的,也可以低于这个标准"[①]。对养老金提取方式的统一规定可以说是在养老保障制度碎片化发展过程中最初的整合,为后来整个制度进一步整合打下了基础。

3. 集体所有制参保标准的各不相同

1983年,国家又把城镇集体所有制企业的社会保险权力下放到各地,要求各地可自行探索经验,提出"城镇集体所有制企业要根据自身的经济条件,量力而行,提取一定数额的社会保险基金,逐步建立社会保险制度,解决职工的年老退休、丧失劳动能力的生活保障等问题。社会保险基金在征收所得税前提取,要专项储存,专款专用。集体所有制企业职工的社会保险项目和标准,由各省、市、自治区人民政府总结试点经验,拟定办法试行。区、县以上的集体所有制企业职工的劳动保险福利待遇,已参照国营企业的有关规定执行的,如经济条件允许,可以暂按原有规定办理。其劳动保险支出,仍按营业外列支,不专项提取社会保险基金"[②]。这导致集体经济组织在不同地区、不同行业、不同系统、不同单位都有各不相同的保险制度,并且同一企业由于先后几次政策导向不同,其所执行的养老保险制度也各不相同。

企业间养老保险制度最初的分离状态是根据企业员工数量、行业不同形成了不同的标准,后期便演化成在国营和集体两种所有制性质企业间的不同。原因大致有两点:一是国家财力有限,普遍实行养老保险的话有经济上的压力,100人以上的国营企业生产经营比较稳定,有长期支付保险费的能力,而集体经济组织处于补充的地位,具有一定的灵活性,便于尝试不同的途径;二是缺乏成熟有效的经验,只能采取"重点试行,逐步推广"的方式,即便是国营企业,也是逐步扩大覆盖范围。虽然针对不同的

---

① 《财政部、国家劳动总局关于城镇集体所有制企业的工资福利标准和列支问题的通知》(1980〔80〕财字17号)。
② 《国务院关于颁发〈关于城镇集体所有制经济若干政策问题的暂行规定〉的通知》(国发〔1983〕67号)。

所有制企业形成了两套不同的方案,但其覆盖面却迅速扩大,仅在1956年,签订集体合同的职工就有700万人,加上实行《劳动保险条例》的职工,共有2300多万名职工享受到了保险待遇,相当于当年全部企业职工总数的94%。① 实际上企业间养老保险制度的分离在今后的发展中呈现逐步整合的趋势,在《劳动保险条例》的基础上不断扩大覆盖面,最后把各种性质的企业全部纳入其中,形成城镇企业职工养老保险制度,在这一阶段,养老金提取办法的短暂统一也是整合的开始。

(二)企业和机关事业单位养老保险制度形式上的不同

机关事业单位和企业职工养老保险的最大不同在于筹资方式,企业全面负责员工退休养老金的缴纳,而机关事业单位则由国家全额拨款。20世纪90年代国企改革之前,在全民都是低收入水平的状况下,机关事业单位和企业职工的养老待遇并没有太大的不同。虽然针对机关事业单位或是干部下发了几个专门的关于退休办法的文件,但两者之间退休办法和养老待遇的差距没有加大,而是逐渐一致。在筹资渠道方面,由于企业余留的部分也是国家财政统一规划,其实质也是国家负担,在这方面也可以说是一致的,只是形式上不同而已。

1. 两者养老差距最初并不明显

机关事业单位工作人员在企业实行《劳动保险条例》时并没有被纳入其中,鉴于其工作人员工作年限的计算办法、待遇都与企业职工有所不同,1955年国务院专门下发了文件,对国家机关工作人员退休、退职、病假期间的待遇以及工作年限计算进行详细规定。养老金替代率、退休年限的计算、管理、经费来源等方面都与企业职工有所不同。这是机关事业单位和企业职工养老保险制度分离的开始,不过制度框架及待遇方面的差别并不大,之后干部和工人退休制度的不统一导致在运作中出现了一些问题,所以国务院在1957年又下发了文件②,统一了退休年龄和养老金替代

---

① 邵雷、陈向东编著《中国社会保障制度改革》,经济管理出版社,1991,第38~39页。
② 《国务院关于工人、职员退休处理的暂行规定实施细则》,1957年11月16日全国人民代表大会常务委员会第八十五次会议通过。

率。这一文件不适用于手工业生产合作社、运输合作社和未定息的公私合营企业的人员。这一文件使工人和干部之间的养老差距在实质上进一步缩小。

2. 工人和干部的区分

1978 年国务院针对工人和干部颁布了《国务院关于工人退休、退职的暂行办法》和《国务院关于安置老弱病残干部的暂行办法》，不再区分企业和机关事业单位，而是将这两类单位中的人员分为工人和干部，基层干部适用于工人退休办法。在这两个文件中，工人和干部的退休年龄和退休待遇在实质上是没有区别的，更多考虑的是为革命工作做过贡献的老干部退休后可以适当地再安排一些工作，工人则是退休、退职后可以招收其一名子女参加工作。由此可见，对工人、干部退休办法的区分，区分的不是养老金，而是针对工人、干部之前的经历和实际情况，在工作规定上的区分。

总之这一阶段，学界普遍认为是机关事业单位和企业职工养老保险制度差异的起源，实际上这一时期两者的差别并不大，只是在管理和筹资渠道上确实有了不同。虽然这一时期只是形式上的不同，不过后期企业职工养老保险制度改成社会化的养老制度，国家、企业、职工共同负担缴费，而机关事业单位一直没有改革，仍停留在国家负担的阶段，这时企业和机关事业单位的养老差距才有了实质性的拉大。

（三）养老待遇的微小差异

1. 缴费及统筹方面

从 1953 年到 1984 年，在养老保险制度试点改革之前，企业缴费全部由企业负责，职工个人不需要缴费，1953 年的《劳动保险条例》规定，企业需缴纳全部工人与职员工资总额的 3%。这笔缴费的 30%，存于中华全国总工会户内，作为劳动保险总基金，其作用相当于社会统筹基金，用于全国范围内企业退休金的调剂；70% 存于各企业工会基层委员会户内，作为劳动保险基金，相当于个人账户基金，支付工人与职员应得的养老、抚恤、补助与救济费。这一基金每月结算一次，如有余额，将全部转入省、市总工会户内，作调剂基金。中华全国总工会对各省、市的调剂金有统筹调用的权力。国家机关工作人员的退休金则由政府财政全额拨款。之后经过几次改革，企业和机关事业单位职工的退休条件、待遇等都有不同程度的统一，但这一点始终没变。经过"文革"时期养老保险制度的停顿，到1978年国家下发文件恢复养老保险制度时，这一点仍然没有变化。这一文件规定，"工人的退休费、退职生活费，企业单位，由企业行政支付；党政机关、群众团体和事业单位，由退休、退职工人居住地方的县级民政部门另列预算支付"①。这一阶段在缴费方面存在缴费主体的差异：一种是企业，另一种是国家财政。这一时期个人都不用缴费。在统筹方面，可以说实现了一定程度的国家统筹：企业缴费的30%用于全国范围内的调剂，对存到各省、市的调剂金也可统筹调剂，这样一来可以实现全国范围内的互助共济。

2. 退休年龄方面

1953年《劳动保险条例》规定了企业的退休条件和年龄、工龄相关。一般情况下，男性60岁、女性50岁，工龄25年（女性工龄20年），在本企业工龄满5年即可退休。一些高危企业，如矿工、化工、兵工企业，职工退休年龄会提前5年，男性55岁，女性45岁即可退休。同时，在计算工龄时也会有优惠政策，每工作1年，会按1年3个月或1年6个月计算。1955年下发的文件中规定国家机关工作人员退休年龄和企业职工有所不同，这一文件规定，国家机关工作人员满足下列条件之一的，可以退休，"男子年满六十岁，女子年满五十五岁，工作年限已满五年，加上参加工作以前主要依靠工资生活的劳动年限，男子共满二十五年、女子共满二十年的；男子年满六十岁，女子年满五十五岁，工作年限已满十五年的；工作年限已满十年，因劳致疾丧失工作能力的；因公残废丧失工作能力的"②。对比来看，国家机关工作人员在工龄要求上比较宽松，女性的退休年龄要比企业女职工晚5年。到1957年，则将国营企业、公私合营企业、事业单位和国家机关、人民团体的工人、职员退休年龄统一为1955年的企

---

① 《国务院关于工人退休、退职的暂行办法》（国发〔1978〕104号）。
② 《国务院关于颁发国家机关工作人员退休、退职、病假期间待遇等暂行办法和计算工作年限暂行规定的命令》，1955。

业职工退休年龄。1978年退休年龄再次出现了些差异：企业为男性60岁、女性50岁，连续工龄为10年；机关事业单位干部女性再次调高到55岁，参加革命工作10年。

3. 养老待遇方面

企业职工养老待遇是职工工资的50%~70%，1953年《劳动保险条例实施细则修正草案》中，对工龄和退职养老补助费的支付又有详细规定：本企业工龄已满5年不满10年者，付给本人工资的50%；已满10年不满15年者，付给本人工资的60%；15年及以上的，付给本人工资的70%。支付来源为企业缴纳的70%。在1955年下发的文件中，国家机关工作人员的退休金是工资的50%~80%，略高些，尤其是工作年限在15年以上的，退休金为本人工资的80%。但在1957年下发的文件中，都统一为50%~70%。在1978年下发的文件中，统一提高为60%~90%。

4. 基金管理方面

企业养老保险基金是由劳动部门和工会组织共同管理的。企业70%的缴费交于工会基层委员会户内，由地方工会或产业工会管理，形成劳动保险基金，剩余基金则交于上一级工会组织户内，形成统筹基金。基金有剩余的，由于行业不同，其上交的组织也各不相同。从1953年的《劳动保险条例实施细则修正草案》规定来看，属于铁路、邮电、兵工及海员工会全国委员会的工会基层委员会，劳动保险基金剩余部分，转入各产业工会全国委员会户内；不属于上述产业的，将剩余部分转入直属上级的省、市工会组织户内，作为调剂金。纺织、煤矿及其他产业工会，如具备自行掌管调剂金的条件，经中华全国总工会批准，可自行掌管调剂金。如此形成了行业间、企业间、地区间的分离，是以后条块分割的雏形。企业退职养老补助费由各单位劳动保险基金开支，如果本单位的劳动保险基金不足，可以在本省、自治区、直辖市或者本产业系统内进行调剂，因为企业有30%的缴费充入了调剂账户，不过调剂后依然不足时，差额部分由本单位行政支付。凡在劳动保险基金账下支付的各项费用都由劳动保险委员会来审核、批准，最后发放。国家机关工作人员的退休金用由国家财政支付，所以不存在基金管理的问题，在人事管理上主要以各级人事部门管理为主。1955年国家机关工作人员退休手续由各级人事部门办理，其中国家机关由国务院人事局办理，地方国家机关由县级以上人事部门办理。退休金先由办理退休的机关核定，再由其退休后居住地点的县、市、市辖区的民政部门发放，其档案也转到发放退休金的民政部门保存。1957年的文件规定，退休事宜由工人、职员所在单位的人事部门会同同级工会办理。

20世纪90年代之前是中国养老保险制度形成的时期，受经济、经验所限，这一制度一开始就是从某一部分人群、行业不断推广开来的。在这一过程中有一部分人群、一部分行业先纳入制度，另一部分随后纳入，农民在这一时期始终没有被纳入社会化的养老保险制度。这是中国养老保险制度碎片化开始的时期。但在这一时期，碎片化体现在被纳入养老保险制度时间的先后，并且以企业为主，群体间的界限并不很清晰，群体或行业的利益也没有固化，群体、行业间养老待遇、管理方式有些微差异，但差距不大，而且这种差距在不断调整中越来越小，比如退休年龄、养老替代率、养老金提取方式等，都在发展过程中慢慢统一。在基金统筹方面，则是最初的统筹层次较高，一部分基金由全国统筹，可以实现统筹基金在全国范围内的调剂使用、风险共济，这恰恰是我国养老保险制度发展几十年后所追求的。总的来说，这一时期是国家保障的时期，只是形式不同，有的是以财政直接拨款的形式，有的则是以企业预留的形式，在实质利益方面没有大的区别。

二 第二阶段：企业养老模式整合，职业间养老模式固化（20世纪90年代）

在20世纪90年代之前，职工就业基本是以不同类型的企业就业为主，并且这一时期养老保险制度的建立也是以企业为主，所以在第一阶段养老保险的碎片化主要体现为不同企业之间、企业内部的碎片化。在第二阶段，配合市场经济改革，不同企业之间、企业内部大大小小、不同种类的养老保险开始向一种形式发展，或者说，第一阶段的碎片化，到了第二阶段经过不断整合已达到统一，即不同行业间、所有制间的养老保险逐步统一为城镇企业职工养老保险制度。第二阶段的碎片化主要体现在身份间，不同就业身份间的养老保险差别拉大，主要表现为企业职工、机关事业单位职工、农民这三种就业身份的养老保险在不同改革进程和方向下形成了不同模式,并且这三种模式泾渭分明,逐步固化。

(一)企业职工养老保险制度:企业和个人共同缴费、统账结合的部分积累模式

在企业职工养老保险发展的第一阶段,企业负担全部分缴费责任,个人不需要缴费。在传统企业向现代化企业转变的过程中,养老和各种福利已经成为企业发展的包袱,随着到达退休年龄、需要领取养老金的职工越来越多,企业也越来越无力独自承担职工的养老负担。在这种情况下,为了配合国企改革,养老保险制度也开始了改革。这一时期最重大的改革是将养老模式由企业完全负责转变为国家、企业、个人共同分担,个人和企业分别缴纳费用,职工退休时从企业和个人缴纳的费用中支付养老金,当这两项费用还不够支付时,国家负责托底。这一模式没有经验可供借鉴,所以在早期是以各地区自行制订缴费标准、自行试点来完成的,因而早期出了不同地区、不同企业间养老规定的差别,随着改革的深入,这种差别呈缩小、整合的态势。

1. 差别拉大

从 20 世纪 80 年代开始,减轻企业负担、在更大范围内分散风险的改革就已经展开,但都是地方试点。经过地方的不断试错,到 20 世纪 90 年代已积累了不少经验,改革的思路也逐步清晰起来。中央开始针对企业大范围地进行养老保险制度改革,几乎每两年就有新的改革政策出台。1991 年《国务院关于企业职工养老保险制度改革的决定》发布,适用于全民所有制企业。这一文件引入了个人缴费机制,规定个人缴费不超过本人标准工资的 3%,由企业代扣,改变了养老完全由企业或国家负责的状态,首次提出企业职工养老保险由国家、企业、个人三方共同负担的策略。同时,强化了地区间、企业间养老保险差别。这一文件明确提出,"考虑到各地区和企业的情况不同,各省、自治区、直辖市人民政府可以根据国家的统一政策,对职工养老保险作出具体规定,允许不同地区、企业之间存

在一定的差别"①。差别主要体现在养老保险基金提取比例和积累率由各地根据实际情况自行确定，这就使同一体制下企业间、地区间养老保险的缴费率各不相同，直接影响到未来养老保险基金的统筹、异地支付等问题。

2. 管理步入规范化

1993年，劳动部发布了《企业职工养老保险基金管理规定》，对养老保险基金管理进行了规范，由劳动部社会保险管理机构负责全国基金管理工作，地方基金管理工作由地方各级社会保险管理机构负责，改变了过去以一个基层工会为管理机构的局面。基金分别存入两个账户：企业、职工个人缴纳的以及国家财政补贴存入养老保险基金专户，企业补充养老保险费和个人储蓄性养老保险费存入补充养老保险基金专户。1993年党的十四届中央委员会第三次全体会议讨论了国有企业改革的问题，颁布了《中共中央关于建立社会主义市场经济体制若干问题的决定》，明确提出"城镇职工养老和医疗保险金由单位和个人共同负担，实行社会统筹和个人账户相结合……农民养老以家庭保障为主，与社区扶持相结合。有条件的地方，根据农民自愿，也可以实行个人储蓄积累养老保险"②。这也是中央首次明确提出关于农民养老的办法，可以看到这一时期中央对社会化养老保险制度的关注重点是企业职工，如何建立一个完善的城镇企业职工养老保险制度是重中之重。

3. 扩大覆盖面，内部开始整合

根据十四届三中全会的精神，1995年国务院颁布了《关于深化企业职工养老保险制度改革的通知》，强调养老保险制度"适用城镇各类企业职工和个体劳动者"。也就是从这个时候开始，仅限于全民所有制企业的养老保险制度开始扩大覆盖面，开始覆盖各种类型的企业和个体。这一文件还提出"基本养老保险应逐步做到对各类企业和劳动者统一制度、统一标准、统一管理和统一调剂使用基金"的目标，意味着企业养老保险制度内部开始了整合的进程。经过两年的实践，1997年，《国务院关于建立统一

---

① 《国务院关于企业职工养老保险制度改革的决定》（国发〔1991〕33号）。
② 《中共中央关于建立社会主义市场经济体制若干问题的决定》，1993。

的企业职工基本养老保险制度的决定》统一了缴费比例，规定"企业缴纳基本养老保险费的比例，一般不得超过企业工资总额的20%（包括划入个人账户的部分），具体比例由省、自治区、直辖市人民政府确定……个人缴纳基本养老保险费的比例，1997年不得低于本人缴费工资的4%，1998年起每两年提高1个百分点，最终达到本人缴费工资的8%……按本人缴费工资11%的数额为职工建立基本养老保险个人账户，个人缴费全部记入个人账户，其余部分从企业缴费中划入。随着个人缴费比例的提高，企业划入的部分要逐步降至3%"[①]。这一文件颁布后各省区市纷纷颁布了建立统一的企业职工养老保险制度的具体办法，将私营企业、个体工商户及雇员、灵活就业人员都纳入企业职工养老保险体系，只是缴费比例与企业职工有所不同。1998年，《国务院关于实行企业职工养老保险省级统筹和行业统筹移交地方管理有关问题的通知》将原来铁道部、交通部、信息产业部等行业基本养老保险统筹移交地方管理，以便提高统筹层次，将统筹层次提高到省级，省级统筹的范围包括了国有企业、集体企业、外商投资企业、私营企业等城镇各类企业及其职工。至此，统账结合的现代养老保险制度正式建立起来。

从城镇企业职工养老保险制度改革的历程可以看出，在企业职工养老保险制度改革初期，存在地区间、企业间差别不断拉大的过程，但随着市场经济的发展和国有企业改革的深入，碎片化的养老保险制度无法满足各类经济发展体的需要，企业职工养老保险制度改革便朝着在扩大覆盖面中不断整合的方向发展：先是把各类性质企业职工养老保险统一，接着把个体、灵活就业人员也纳入其中，然后把行业统筹移交地方管理，将原来较低的统筹提升到省级统筹，统一了缴费比例。企业职工养老保险体系内的碎片逐步消解，在城镇形成了统一的就业关联、企业和职工共担责任、社会化的城镇企业职工养老保险制度。

（二）机关事业单位养老保险制度：财政完全负担的传统型退休模式

企业进行养老保险制度现代化改革的同时，机关事业单位的改革重心

[①] 《国务院关于建立统一的企业职工基本养老保障制度的决定》（国发〔1997〕26号）。

放在机构改革和职能转变上，"政事分开、事企分开、管办分离、提高行政效率、降低行政成本"是机关事业单位长期以来的一个改革目标，所以20世纪90年代养老保险制度改革并不是机关事业单位改革的重点。1991年，《国务院关于企业职工养老保险制度改革的决定》中仅提到"国家机关、事业单位和农村（含乡镇企业）的养老保险制度改革，分别由人事部、民政部负责，具体办法另行制定"。1992年针对一些省市机关事业单位如何进行养老保险制度改革的询问，人事部专门下发了一个通知，提出了方向性的原则，指出要"在总结我国现行干部退休制度的基础上，建立国家统一的、具有中国特色的机关、事业单位社会养老保险制度"[①]。这一文件的颁布，相当于继1955年国务院颁布国家机关工作人员退休办法之后，明确提出机关事业单位要建立起不同于企业的单独的养老保险制度，而且这一时期机关事业单位养老保险制度的改革限于各地方自行实践，没有全国统一的行动，待企业不断深化改革，形成统账结合、企业和个人共同承担缴费责任的现代养老保险制度，机关事业单位也形成了由财政供养的、待遇和企业不断拉大的传统型养老保险制度。特别是20世纪90年代国企改革，出现了企业职工下岗潮，企业职工养老保险替代率大幅度下降，但机关事业单位养老保险替代率一直在90%以上，两者的待遇已从1978年的统一状态变为差距逐步明显。

（三）农村养老保险制度：个人缴费为主、集体缴费为辅的完全积累模式

1. "老农保"的相关规定

与机关事业单位养老保险制度改革的迟缓不同，同样是依据1991年《国务院关于企业职工养老保险制度改革的决定》，以及《关于城镇和农村社会养老保险分工的通知》[②]，民政部在1992年出台了《县级农村社会养老保险基本方案（试行）》，指导思想和基本原则是"坚持资金个人交纳为

---

① 《人事部关于机关、事业单位养老保险制度改革有关问题的通知》（人退发〔1992〕2号）。
② 1991年国务院体改委、民政部、劳动部发布的《关于城镇和农村社会养老保险分工的通知》提出，劳动部负责城镇户口并由国家供应商品粮的职工及其他劳动者的养老保险，民政部负责非城镇户口且不由国家供应商品粮的公民的社会养老险。

主,集体补助为辅,国家予以政策扶持;坚持自助为主、互济为辅;坚持社会养老保险与家庭养老相结合;坚持农村务农、务工、经商等各类人员社会养老保险制度一体化的方向"。保障对象为非城镇户口、不由国家供应商品粮的农村人口。除了以土地为生的农民外,乡镇企业职工、民办教师、乡镇招聘的干部等都被纳入这一养老保险范围。资金筹集方式是"个人交纳要占一定比例;集体补助主要从乡镇企业利润和集体积累中支付;国家予以政策扶持,主要是通过对乡镇企业支付集体补助予以税前列支体现"。缴费标准是设立 10 个档次:可以每月缴纳 2 元、4 元、6 元、8 元、10 元、12 元、14 元、16 元、18 元、20 元,也可以年缴,县(市)政府可以决定采用月缴还是年缴的方式。可以提前缴纳不超过 3 年的费用,也可以补缴不超过 40 年的费用。60 周岁以后可以领取,有 10 年的保证期,如果超过 10 年,则可一直领取到死亡,如果没到 10 年死亡,则 10 年内的余款可继承。养老金发放标准主要取决于个人缴费的多少、积累时间的长短和基金投资国家债券后的收益。养老金可迁走,也可在本人流动后返还本息。管理方式是由县(市)农村社会养老保险机构统一管理,建立农村社会养老保险基金专户,个人缴费以及集体补助全部存入个人专户,属个人所有。[①] 该方案下达后,迅速启动,几千个县开始组织动员农民参加养老保险。

2. "老农保"存在的问题

"老农保"政策规定的是个人、集体、国家共同承担缴费义务,但从实际操作来看,全国大部分集体经济组织并不发达,积累很少,给予补助的能力较差,一部分做得较好,有能力的乡镇、村集体经济组织,可以给予个人补助,不过个人补助所覆盖的范围十分有限,在村一级仅村干部能得到一定数量的补助,还有一些集体经济组织不愿意给农民补助。只有集体经济组织补助了,国家才能补助,所以在集体经济组织不补助的情况下,国家补助也无从谈起。省级财政有扶持政策,但大多针对的是社会保险经办机构,对个人没有直接的补贴。这样一来,国家和集体对农村养老保险仅承担了有限责任,个人几乎承担全部缴费责任,所以这一时期的农

---

① 《县级农村社会养老保险基本方案(试行)》(民办发〔1992〕2 号)。

村养老保险制度可以说是完全积累模式的制度尝试。1998年国务院整顿保险业工作小组调研后提出，农村养老保险问题较多。1999年国务院要求对"农保"进行清理整顿、停止接受新业务。2006年国家审计部门对30个省（区、市）农村社会养老保险基金进行了审计，结果表明，"老农保"业务拓展的范围较广，但保障水平不足，农民到达年龄后领取的养老金较低，甚至低于当地最低生活保障标准，无法起到养老作用。1992年到2006年，有2113个县（市、区）开展了"农保"工作。1999年后已有166个县（市、区）停办了"农保"业务，其余1947个县（市、区）仍保留了"农保"业务。截至2006年底，全国"农保"基金累计收入512.78亿元，支出171.39亿元，结余341.39亿元。审计发现，2006年，1947个保留业务的县（市、区）中，有1484个县（市、区）的参保农民人均领取的养老金低于当地农村最低生活保障标准；领取"农保"养老金的331万名农民中，领取额低于当地农村最低生活保障标准的占88%，有120万人月领取额在10元以下，占36%。[①] 缴费完全由个人负担，缴费水平低，投资渠道单一，且"农保"基金还要扣除3%的管理费，导致收益低，农民领取的养老金达不到养老的目标，最终1999~2009年，农村养老再次回归土地和家庭养老模式。

20世纪90年代我国养老保险制度主要分为三大部分：城镇企业职工养老保险制度、机关事业单位职工养老保险制度、农村养老保险制度。城镇企业职工养老保险制度在模式上趋于整合，将各类企业职工养老保险都整合到一个框架下；农村养老保险制度由于权力下放到各县（市、区），所以在大框架一致的情况下，各县（市、区）在具体的规定上有所不同；机关事业单位也是各地区自行改革，总的框架仍是沿用了以往的退休体制。可以说这一时期的碎片化不再是一种体系下的小碎片，而是表现在企业、机关事业单位、农村完全不同的模式上：企业是统账结合的部分积累制；机关事业单位是财政全包制；农民是个人缴费的完全积累制，也可以说是一种养老储蓄，具有部分商业保险的性质。三种模式的不同导致缴费、管理、运作上截然不同，而且各自封闭发展，不同的体制之间没有转

[①] 《旧农村养老保险审计结束，全国新农保推出倒计时》，搜狐财经，2008年9月16日，http://money.sohu.com/20080916/n259572520.shtml。

换衔接的途径，从而导致三类群体间或者是城乡间、职业间养老保险制度的分离。

三 第三阶段：填补制度空白中碎片增多
（21 世纪最初 10 年）

进入 21 世纪后，中国养老保障制度受到空前关注，发展的主要目标之一就是人人享有养老保障，所以 21 世纪最初 10 年是中国养老保障制度极大发展的时期。为了达到人人享有保障的目标，政府采取了两种方案：一是扩大现有制度的覆盖面，覆盖一切可以覆盖的群体；二是针对原有制度不能覆盖的群体建立新制度。20 世纪 90 年代以来形成的相对稳定的三类养老保险制度中，最有可能扩大覆盖面的就是城镇企业职工养老保险制度，所以在这一时期，城镇企业职工养老保险制度最大限度地去涵盖所有可能容纳的群体。不过由于其本身是与就业或收入关联性非常高的制度，将其推广到全体居民有些困难，比如农民，农民土地保障的特殊性以及收入水平都不适合城镇企业职工养老保险制度。同时，在社会发展过程中，出现了几类特色鲜明的群体，将其纳入原有的几项养老保险制度中都有困难。因此，国家针对群体特征，又建立起几项相应的养老保险制度，包括农民、城市居民、失地农民。再加上原有的企业和机关事业单位职工，这一时期主要的社会养老保险制度就达到五种。碎片化也主要体现在这五种养老保险制度间的分隔。这一时期中国养老保障制度的发展呈现历史学家钱穆所提出的"钱穆制度陷阱"。钱穆在分析中国历史时发现中国政治制度演绎的一个规律，即一个制度在运行的过程中发现了漏洞，为了补上这个漏洞，再制定一个制度来修补，日积月累，出现了制度的繁密化，繁密的制度往往会出现重复、前后矛盾、歧义，在制度执行过程中不知该按哪一个去执行从而影响效率。我国养老保障制度的建设在这一阶段，为了使单一的城镇企业职工养老保险制度适应其他不同的群体，不断出台新政策以便容纳新加入的群体，不断修补前一个政策以便使不同的群体都可适应新制度，从而使制度呈现繁密化和碎片化。

（一）城镇企业职工养老保险制度：不断扩大覆盖面

城镇企业职工养老保险制度这一时期的主要目标就是扩大覆盖面，把一切可以吸纳的群体都吸纳进来。扩大覆盖面的过程如下。2001年，将农村信用社正式在编职工纳入地方企业职工基本养老保险社会统筹。① 2003年，将农垦企业及其职工纳入当地企业职工基本养老保险范围，包括"实行独立核算的工商企业及其职工、改制前参加工作的农业职工，以及原农垦企业的离退休人员"。这里面有一部分职工仍可实行机关事业单位养老保险制度，文件规定"已经实行撤场建区、乡、镇的农垦企业，改制后属于机关事业单位的在职职工和离退休人员，执行机关事业单位的退休制度，所需经费由同级财政按规定负担"②。2005年，监狱企业工人（包括已参加机关事业单位养老保险制度改革试点的监狱企业及其工人）被纳入当地企业职工养老保险体系。③ 2008年，将社会组织专职人员纳入进来。《劳动和社会保障部、民政部关于社会组织专职工作人员参加养老保险有关问题的通知》发布，组织专职工作人员参加企业职工养老保险，这些专职工作人员包括"依法在各级民政部门登记的社会团体（包括社会团体分支机构和代表机构）、基金会（包括基金会分支机构和代表机构）、民办非企业单位、境外非政府组织驻华代表机构及其签订聘用合同或劳动合同的专职工作人员"④。2006年一部分稳定就业的农民工被纳入城镇职工养老保险制度，这一年《国务院关于解决农民工问题的若干意见》提出，"有条件的地方，可直接将稳定就业的农民工纳入城镇职工基本养老保险。已经参加城镇职工基本养老保险的农民工，用人单位要继续为其缴费"⑤。到2009年随着新型农村养老保险制度的建立，农民工有选择的自由，可以参

---

① 《劳动和社会保障部、财政部、人民银行关于农村信用社参加基本养老保险社会统筹有关问题的通知》（劳社部发〔2001〕3号）。
② 《关于农垦企业参加企业职工基本养老保险有关问题的通知》（劳社部发〔2003〕15号）。
③ 《关于监狱企业工人参加企业职工基本养老保险有关问题的通知》（劳社部发〔2005〕25号）。
④ 《劳动和社会保障部、民政部关于社会组织专职工作人员参加养老保险有关问题的通知》（劳社部发〔2008〕11号）。
⑤ 《国务院关于解决农民工问题的若干意见》（国发〔2006〕5号）。

加城镇企业职工养老保险，也可以参加"新农保"。2010年，将未参加养老保险的集体企业退休或未退休的职工都纳入城镇企业职工养老保险，"具有城镇户籍，曾经与城镇集体企业建立劳动关系或形成事实劳动关系、2010年12月31日前已达到或超过法定退休年龄的人员，因所在集体企业未参加过基本养老保险，且已没有生产经营能力、无力缴纳社会保险费"①的都可以补缴养老费用，以解决生活困难。至此，城镇企业职工养老保险扩大覆盖面的工作已基本完成，在城镇就业的群体，无论是何种类型的企业职工，无论是稳定就业还是临时就业，只要收入足够支撑缴费需求，即可参加城镇企业职工养老保险。

（二）新型农村养老保险制度：个人缴费+政府补贴模式

在"老农保"停滞了十年后，国务院在2009年发布了《国务院关于开展新型农村社会养老保险试点的指导意见》，农村再次建立养老保险制度。1999年停滞的"老农保"，与2009年开始的"新农保"最大的不同在于国家有了投入，摆脱了"老农保"商业储蓄的性质，成为真正意义上社会化的养老保险制度。"新农保"的原则是"保基本、广覆盖、有弹性、可持续"，资金来源有三类：个人缴费、集体补助以及政府补贴。个人缴费标准为每年100元、200元、300元、400元、500元5个档次，各地根据本地情况可以增设缴费档次。在集体补助方面，鼓励有条件的村集体给予补助，鼓励其他经济组织、社会公益组织、个人为参保人缴费提供资助。在政府补贴方面，设基础养老金，标准是每人每月55元，由于东西部地区经济发展水平不同，中央财政对中西部地区按55元基础养老金标准全额补助，对东部地区给予50%的补助。年满60周岁，缴费满15年即可领取养老金。② 国家补助的基础养老金随着经济发展水平的不断提高，2015年由55元提高到70元，各地区根据本地区的承受情况也进行了一定程度的提升，2016年吉林基础养老金提高到80元，北京基础养老金增加到每月510元，天津增加到每月180元。2015年底全国平均基础养老金达到

---

① 《关于解决未参保集体企业退休人员基本养老保障等遗留问题的意见》（人社部发〔2010〕107号）。
② 《国务院关于开展新型农村社会养老保险试点的指导意见》（国发〔2009〕32号）。

117元，比试点初期增长1倍以上。①"新农保"填补了农民一直没有社会化养老保险的空白，起步水平低，但保障水平在逐步提高，所起的作用也在日益增强。

（三）城镇居民养老保险制度：模式与新型农村养老保险相似

农村建立新型养老保险制度，城镇的灵活就业、自雇群体又可以被城镇企业职工养老保险覆盖，还剩下的一个群体就是城镇非就业居民，包括有城镇户口的没有工作的老年人、16岁以上失业人员，以及其他没有被城镇企业职工养老保险覆盖的人群，这里面不包括在读的学生。为了填补这一群体养老方面的空白，在新型农村养老保险制度实施后的第三年即2011年，《国务院关于开展城镇居民社会养老保险试点的指导意见》②发布。城镇居民的养老保险制度简称"城居保"，其框架完全参照了"新农保"的设计，资金筹集方式上由个人缴费和政府补贴构成，鼓励其他社会组织、经济组织、个人提供资助，政府补贴的方式、数额、基础养老金发放标准都与"新农保"一致，只是在缴费档次上多了5个档次，为100~1000元。养老金领取条件、基金管理、基金监督、养老金待遇等方面都与"新农保"相同。至此，社会化的养老保险制度覆盖了城镇正规就业、非正规就业、无就业领域，达到了全覆盖的目的。

（四）失地农民养老保险制度：针对被征地农民的多种模式的保险制度

失地农民这一群体和进城务工的农民、种地的农民高度交叉重合，由于土地被征用，其又和单纯的农民、农民工有所不同，因此这一群体的养老保险十分复杂，针对被征地农民的养老保险全国还没有一个统一的办法，各省（区、市）甚至各县（市）都有各不相同的政策。从路径依赖来看，全国失地农民养老方案有两类：依托其他已有制度、建立独立的制度。从依托其他已有制度来看，这一阶段又分为四种：依托城镇企业职工

---

① 吴斌：《城乡居民养老金"底线"有望再提高》，《南方都市报》2016年2月22日。
② 《国务院关于开展城镇居民社会养老保险试点的指导意见》（国发〔2011〕18号）。

养老保险制度、依托"新农保"制度、依托城镇居民养老保险制度、依托商业保险制度。建立独立的制度包括两种：失地农民社会保险制度、失地农民生活保障制度。从地区来看，将失地农民"纳入城镇社保体系的代表有北京、成都等；纳入小城镇社保体系的代表有上海；纳入商业保险体系的如重庆；纳入农村社会养老保险制度的有青岛；建立被征地农民社会保险制度的有天津与西安等；建立被征地农民基本生活保险制度的有浙江"[①]。而就算在一个省（区、市）的内部，失地农民的年龄、缴纳经费、政府承担的缴费比例、养老金发放的标准等方面也各不相同，可以说失地农民的养老保险制度是这一阶段养老保险制度中碎片化最严重的一项。

四　第四阶段：养老保险制度走向整合（2012年至今）

通过第三阶段扩大覆盖面及一些新保险制度的建立，我国养老保险制度已实现覆盖全民的目标，任何身份的群体都可找到相应的养老保险制度。不过社会流动加剧，多重身份交叉的现象逐渐增多，这一现象集中体现在农民身上，一个农民可以集农村务农居民、被征地农民、在城镇打工农民等多种身份于一身，有的会利用多重身份参加多重保险，给管理造成困扰，也使国家的补贴大幅增加。同时城镇和农村有些养老保险项目高度雷同，存在统一的基础，企业和机关事业单位职工养老金差距拉大，引起争议，不同养老保险制度衔接不畅，对全国劳动力市场的流动造成了阻碍。在这种情形下，养老保险制度开始整合及理顺体系，向形成同一体系下不同层次制度的阶段发展，养老保险制度建设进入第四阶段，即从分散走向整合的阶段。第四阶段进行的整合和调整主要体现在两大方面：一是制度的合并统一，二是不同制度间的转移接续。制度的合并统一主要是把原先独立运行的四大养老保险制度合并成两大制度，即机关事业单位和企业职工养老保险制度并轨，"新农保"和"城居保"合并。通过这四项制度的整合，我国养老保险制度形成了与收入相关联的两大体系：收入达到一定程度的城镇企业职工养老保险制度、收入低于一定程度或无固定收入

---

① 刘迪香：《失地农民养老保险制度的路径依赖与城乡一体化》，《中南林业科技大学学报》（社会科学版）2008年第5期。

的城乡居民养老保险制度。通过转移接续方面的调整，这两大体系之间可以相互衔接，至此，我国养老保险制度形成了"企业职工+居民"的形式。企业职工养老保险制度包含了城乡受雇人员和自雇人员；城乡居民养老保险制度包含了城市非就业人员和农民。当然还存在模式没有固定的失地农民养老保险制度，这一制度或依附于前两个保险制度或商业保险，可以说不是一个正式的制度。在有些省（区、市）失地农民养老保险制度也自成一体，但在全国没有形成大规模的一致性，内部差异较为显著，因为其仅涉及一部分群体，所以还构不成一个体系，只能说是一种特殊的存在。总之，养老保险制度的系统性已出现大致的轮廓：工资关联和非工资关联的制度覆盖了全部人口。到2018年，全国参加基本养老保险的人数达到9.4亿人，占应参保人口的91%。从图2-1可以看到，正是在2011年，当制度可以覆盖到全体国民后，我国养老保险参保规模的增长也达到了峰值，之后增长速度放缓。

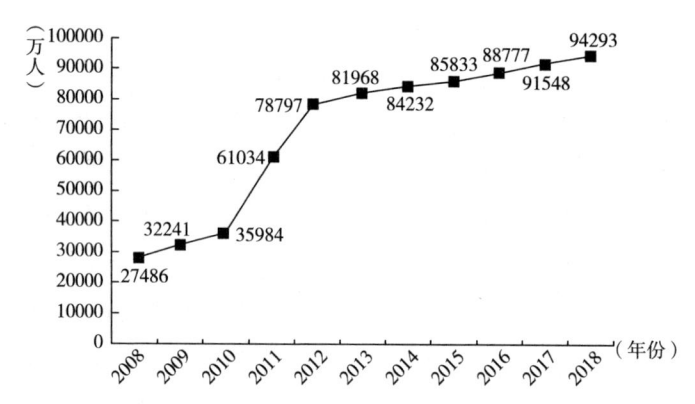

图2-1 2008～2018年全国基本养老保险参保人员规模变化情况

资料来源：2018年中国统计年鉴。

（一）"新农保"和"城居保"的统一

2009年新型农村养老保险制度和2011年城镇居民养老保险制度颁布实施后，经过几年试点，积累了一定的经验。2014年，《国务院关于建立统一的城乡居民基本养老保险制度的意见》（国发〔2014〕8号）决定将两个试点进行统一。由于"城居保"在设计之初就是按照"新农保"的模式进行的，所以两者在筹资方式、待遇构成、管理架构上基本相同，为制度统一创造了条件。同时在"城居保"试点时就提出有条件的地区两者可以合并实施,所以青岛、深圳等地在实行"城居保"时就与"新农保"统一了。2014年,这两项制度实现了全国范围内的统一,这是国家在城乡统筹发展方面的一个重大举措,为其他制度的整合提供了示范。统一后的城乡居民基本养老保险制度在模式上并没有改变,只是对具体的环节有了更加细致的规定。养老金仍由基础养老金和个人账户养老金构成,个人缴费、集体补助及地方政府补助都计入个人账户。缴费档次在原来的100~1000元10个档次的基础上又增加了1500元和2000元,所以合并后的个人缴费档次变为12个。鼓励多缴多得,长缴多得,在政策上体现在地方政府的补贴方面：如果选择最低缴费档次,地方政府补贴按规定不得少于每人每年30元；如果选择500元以上的缴费档次,地方政府补贴要提高到每人每年60元以上。基础养老金的规定没有变,仍是中央财政负责中西部基础养老金的全额及东部的50%。领取养老金的条件是年满60周岁并且缴费达到15年。城乡居民基本养老保险制度破除了劳动力流动上的障碍,在同一养老保险制度下,人员在城乡间流动、地区间流动,养老保险的个人账户都可转移,这对于促进城乡一体化发展意义重大。

（二）机关事业单位与企业职工养老保险制度的并轨

1992年之后各地陆续开始机关事业单位养老保险制度改革的试验,先后有28个省（区、市）开展了局部试点,全国约2100万人参加。一些科研院所以及经营性文化事业单位陆续进行"事业转企业"改革。[①] 由于没有全国统一的改革政策和步骤出台,这一时期的改革五花八门,没能为后来的统一性改革提供有益的经验,不过也提供了一些试错的蓝本,告诉后来的改革者这一改革涉及的复杂问题和利益牵制,有些简单仿制的路径走不通。2008年,国务院印发《事业单位工作人员养老保险制度改革试点方案》[②],提出要在山西省、上海市、浙江省、广东省、重庆市先期开展试

---

① 姜赟：《人民网评：养老金并轨成功,还要迈过多道坎》,人民网,http://opinion.people.com.cn/n/2015/0114/c1003-26385748.html。
② 《国务院关于印发事业单位工作人员养老保险制度改革试点方案的通知》（国发〔2008〕10号）。

点，所涉及的改革对象是公益类事业单位，把这些单位原来财政出钱支持的退休制度改革为社会统筹和个人账户相结合的养老保险制度。其要点和企业职工养老保险制度基本相同，缴费由单位和个人共同负担，缴纳比例也和企业职工养老保险制度所规定的相似：单位负担不超过20%，个人负担8%。如果职工在事业单位和企业间流动，保险关系转移的办法参照2001年出台的政策。① 这一方案推出后，几个试点地方迟迟没有推动，最后以失败收场，其不成功的原因有方方面面，主要可以归纳为几点：一是以前各地自行试点时，机关和事业单位的改革是同时推进的，此次方案单独针对事业单位，把政府机关剔除在外，导致社会上的不满声音渐起，使改革形势更加复杂；二是此次方案针对的主要是公益类事业单位，这类单位本身是财政供养，要让其拿出工资总额的20%为职工缴纳养老保险费，这笔经费无处落实；三是养老保险改革没有与工资制度改革配套进行，虽然方案中提出要建立职业年金制度，但没有具体方案，而且鉴于事业单位工作人员财政供养的性质，即使推行职业年金制度，也是财政拿钱，在没有这些配套方案的情况下将事业单位养老保险制度统一到企业的模式中，养老金预期有大幅度下降，养老保险待遇固有的刚性特征使利益下降的预期成为改革阻力。以上种种原因说到底还是改革缺乏顶层设计，改革成本无处落实，改革方案提出多年后试点地方仍没有回应，由财政供养的总体局面并没有被打破。在总结之前失败教训的基础上，2015年，国务院出台改革方案，提出机关事业单位养老保险改革的方向及内容，破除"双轨制"迈出了实质性的一步。② 此次改革不再采取试点推进的办法，而是在全国同步实施，并且不单独在事业单位实施而是机关和事业单位同步实施，机关事业单位养老保险制度从此和企业并轨，其筹资方式、发放养老金的计算方式与企业完全相同，两者达到了养老保险模式上的一致，即由社会统筹和个人账户相结合，养老金与缴费数量及缴费时间相关，单位和个人共同担负起缴费的责任。从具体规定上看，其缴费方式、缴费比例的规定与2008年出台的政策一致，所不同的是，资金来源有了保障，尤其是个人缴费部分，与工资制度改革同步推进，从后来的操作来看，财政为机

---

① 《关于职工在机关事业单位与企业之间流动时社会保险关系处理意见的通知》（劳社部发印〔2001〕13号）。
② 《国务院关于机关事业单位工作人员养老保险制度改革的决定》（国发〔2015〕2号）。

关事业单位职工大幅度上涨了工资，上涨部分直接扣留当作了个人缴纳的费用。为了防止并轨后机关事业单位职工的养老金下降，方案还规定同步建立职业年金及养老金正常调整机制。此次改革方案被称为"一个统一和五个同步"，"一个统一"即机关事业单位与企业统一养老保险模式，统一实现社会统筹和个人账户相结合的方式，养老待遇与缴费挂钩，结束了机关事业单位职工个人和单位都不缴费，由财政供养的局面，"双轨制"至此并轨。"五个同步"是指"一是机关与事业单位同步改革，避免单独对事业单位退休制度改革引起不平衡。二是职业年金与基本养老保险制度同步建立，在优化保障体系结构的同时保持待遇水平总体不降低。三是养老保险制度改革与完善工资制度同步推进，在增加工资的同时实行个人缴费。四是待遇确定机制与调整机制同步完善，退休待遇计发办法突出体现多缴多得，今后待遇调整要综合考虑经济发展、物价水平、工资增长等因素，并与企业退休人员等群体统筹安排，体现再分配更加注重公平的原则。五是改革在全国范围同步实施，防止地区之间出现先改与后改的矛盾"[1]。为了应对参保人群体的复杂情况，保证改革的平稳着陆，此次改革区分了"老人"、"中人"及"新人"，与历次改革一样，采取了"老人老办法，新人新办法，中人过渡办法"的原则，改革之前退休的仍按以前的退休办法执行，改革办法出台后参加工作的按新办法执行，改革前参加工作改革后退休的"中人"则采用"过渡"的办法，保证待遇水平不降低。财政出钱、改革前后待遇不下降、"一个统一和五个同步"等重大举措保证了改革能平稳着陆，多年的双轨制度终于实现整合，实现了制度并轨，成为中国养老保险制度整合过程中的一大创举，为制度的公平、可持续发展及制度在其他方面的整合奠定了基础。

（三）养老保险关系的转移接续

制度合并是整合的一大要点，另一个要点是打破制度之间孤立的状态，建立不同制度间的转移接续途径。我国养老保险制度最初在转移支付

---

[1] 《养老保险改革破冰社会保障更显公平》，中央政府门户网，www.gov.cn/xinwen/2015-01/14/contet_2804284.htm? &from=androidqq。

上是没有障碍的。早在1960年中华全国总工会就制定了《关于享受长期劳动保险待遇的异地支付试行办法》，1963年修订后，重新发布了《关于享受长期劳动保险待遇的异地支付暂行办法》。根据该办法，退休职工转移居住地点后，可以申请办理异地转移支付手续，在移居地点的工会组织领取相应的待遇，待遇由当地工会支付。也就是说，人走到哪，就由哪的工会组织负责发放相关的费用。此项制度是我国养老保险制度有效转移的开始，不过只实行了短暂的几年。"文化大革命"中，养老保险制度被迫终止。养老保险制度重新恢复以及20世纪90年代改革，都是围绕城镇企业职工养老保险制度模式的转变进行的，制度间养老保险关系转移接续的问题被长时间忽视，在几个大的关于养老保险制度改革的文件中都没有相关方面的内容，直到城镇企业职工养老保险制度模式完善并确定后，其他群体的养老保险问题提上日程，针对不同群体的养老保险制度越建越多，群体间养老保险制度的转移接续问题才受到关注。这时已经进入了21世纪，在为一些特殊群体设立养老保险制度时都要提到这一群体进入其他制度时，养老保险关系的衔接问题。

1. 个人账户的转移办法

最初的转移规定是在企业和机关事业单位之间。2001年劳社部发布了《关于职工在机关事业单位与企业之间流动时社会保险关系处理意见的通知》（劳社部发〔2001〕13号）。这一通知规定，职工在两类不同性质的单位间流动时，原有的工作年限互相认可，由于机关事业单位职工由财政供养，没有个人账户，所以在其调入企业时，还由财政支付一笔保险金，转入企业的个人账户中，保险金支付的标准有个计算公式："本人离开机关上年度月平均基本工资×在机关工作年限×0.3%×120个月。"所需资金由同级财政安排支付。企业职工转到机关事业单位工作时，"已建立的个人账户继续由社会保险经办机构管理，退休时，其个人账户储存额每月按1/120计发，并相应抵减按机关事业单位办法计发的养老金"。之后又有相关的被征地农民流动时养老保险关系和个人账户的转移、"新农保"和"老农保"之间的制度衔接、事业单位人员在事业单位之间流动时的保险关系及基金转移等问题。其中被征地农民参保后跨统筹范围流动的，其养老关系及个人账户本息随同转移，也有另外一个解决办法就是个人账户中的金额一次性退还本人。① 新、老农保的转移规定主要区分为是否领取了养老金，对于参加了"老农保"并已领取养老金的，可直接享受"新农保"的基础养老金，而参加"老农保"未满60岁没有领取养老金的，则将新旧两个个人账户合并，按新标准继续缴费。② 事业单位间发生的流动，对于同一统筹范围而言，只转移养老保险关系，不转移基金；对不同统筹范围而言，个人账户基金随同转移。③

2. 统筹账户的转移办法

从以上这些规定看，各种涉及养老保险的转移接续政策提到的都是个人账户，社会统筹账户的问题被忽略了，这是因为无论是失地农民、农民，还是事业单位职工、企业职工，这些群体都没有发生大规模转移，所以只转移个人账户，企业缴纳的部分不动，这是否会导致个人损失的问题并没有引起足够的重视，而在农民工大量出现，并在地区间频繁流动后，养老保险"便携性损失"问题凸显。21世纪初，农民工参加城镇企业职工养老保险，大批退保的现象屡屡发生，养老保险关系转移接续的问题成为社会热点话题。据郑秉文初步测算，"在2002～2007年的六年间，仅广东省的便携性损失至少高达700亿元，这些损失沉淀在广东，大约占广东省养老保险基金累计余额的三分之一左右"④。之后养老保险关系转移接续中的社会统筹账户转移问题首先在跨地区城镇企业职工养老保险方面取得突破。2009年，国务院讨论通过了《城镇企业职工基本养老保险关系转移接续暂行办法》，提出所有参加城镇企业职工基本养老保险的个人，在跨地区流动时，养老保险关系都可以转移，其中个人账户中的资金可以全部转移，社会统筹账户中的资金可以转移总和的12%，在各地的缴费年限合并计算，养老金领取地分四种情况做了详细规定，养老金基本是在缴费达10年的地区领取，对于不足10年、没有连续缴费的情况如何领取都有相关规定。这一办法主要解决了农民工流动频繁，在流动时养老金不能带走的

---

① 《被征地农民基本养老保险指导意见》，2005。
② 《国务院关于开展新型农村社会养老保险试点的指导意见》（国发〔2009〕32号）。
③ 《国务院关于印发事业单位工作人员养老保险制度改革试点方案的通知》（国发〔2008〕10号）。
④ 郑秉文：《养老保险关系转移接续影响亿万人生活》，《上海证券报》2010年1月30日。

"便携性损失"问题。这一文件也成为我国养老保险关系转移接续方面的两个重要文件之一，打通了养老保险关系衔接的地区隔离。

3. 跨体系的转移办法

我国养老保障制度整合成为企业职工和居民两大体系后，两大体系之间跨制度养老保险关系的转移问题变得格外重要。在"新农保"和"城居保"合并成城乡居民养老保险制度时，对城乡间、地区间的转移做过相关规定，"参加城乡居民养老保险的人员，在缴费期间户籍迁移、需要跨地区转移城乡居民养老保险关系的，可在迁入地申请转移养老保险关系，一次性转移个人账户全部储存额，并按迁入地规定继续参保缴费，缴费年限累计计算；已经按规定领取城乡居民养老保险待遇的，无论户籍是否迁移，其养老保险关系不转移"①。随后，人力资源社会保障部、财政部又发布了《城乡养老保险制度衔接暂行办法》，对城乡居民养老保险和职工养老保险之间的转移接续做了规定。在这一暂行办法中，参保人员若从城乡居民养老保险转到职工养老保险，个人账户可全部转移，缴费年限不能转移，参保人员若从职工养老保险转到城乡居民养老保险，个人账户可转移，缴费年限也可合并计算。参保人员不能同时享受两种制度，只能二者选其一。至此，职工跨地区流动、跨体系流动时养老保险关系的转移接续问题都已有明文规定，这两大文件中涉及的养老保险关系转移接续的核心可以归为"分段计算、权益累积"。在具体实施过程中会面临统筹层次低、隐性成本等带来的操作障碍，但制度框架已搭建，这种地区间、体系间的可流动性将对整个养老保险制度的整合起到促进作用，有利于地区间、制度间的协调发展，促进城乡统筹和社会融合。

从中国养老保险制度的发展历程来看，其经历了同一制度下的小碎片、不同职业间的大碎片、不同群体间的多碎片阶段，但是碎片化的发展也是不断扩大覆盖面，最后覆盖全体国民的过程。当制度覆盖方面已没有空白，所有职工都可以任意选择一种适合自己的养老保险制度时，扩大覆盖面的任务就已完成，碎片化也达到高峰，此后，制度建设开始了下一个主要任务，即制度整合。事实上，在制度分化的过程中，在不断建立新制

---

① 《国务院关于建立统一的城乡居民基本养老保险制度的意见》（国发〔2014〕8号）。

度的过程中，一直就有不同程度的整合存在。先是某个制度内部形成了整合，之后一个个小制度之间、体系之间不断整合，最后实现了完整的层次化和体系化。最明显的就是城镇企业职工养老保险制度，先是不同行业间、不同所有制企业之间实行不同的养老保险制度，养老金的提取办法、管理办法、退休年龄、养老待遇也各不相同。之后为了将不同行业、不同所有制企业的职工纳入同一个养老保险制度下，城镇企业职工养老保险制度本身开始整合，将保障模式统一为企业和个人共同缴费、统账结合的部分积累模式后，逐步统一缴费比例、统一管理方式、统一退休条件，把以前的行业统筹都转移给地方，形成地方统筹，将农垦企业工人、监狱企业工人、社会组织专职人员、民办非企业职工、境外非政府组织驻华代表机构的职工、集体企业职工、灵活就业人员等都纳入进来。在城镇企业职工养老保险制度内部整合之时，针对不同群体的新制度相继建立，两者是同时发生的。新制度建立完成后，制度之间开始了整合："新农保"和"城居保"的合并、机关事业单位职工养老保险和城镇企业职工养老保险的并轨。最后形成针对企业职工和居民或者说针对就业和非就业群体的两大体系，参保人员在不同地区、不同体系之间转移时，养老保险关系都可以转移衔接。所以我国养老保险制度整合不是在某个临界点突然发生的，而是与碎片化同时进行的，是一个不断探索、实践的过程，可以说，整合一直就蕴含在碎片化发展之中，碎片化也是制度不断完善的实践过程。

第三章　中国养老保障整合面临的挑战

一　实现养老保险覆盖面应保尽保的挑战

我国养老保障制度已形成比较清晰的以从业性质为基础的两大体系：城镇企业职工养老保险体系和城乡居民养老保险体系。城镇企业职工养老保险涵盖了企业、机关事业单位、个体以及灵活就业人员中收入较高，可以负担养老费用的群体。剩下的农民、城镇非从业人员以及从业不稳定的人员都涵盖在城乡居民养老保险制度中。从制度建设的角度来看，已经实现了制度全覆盖；从实际运行来看，还有一部分群体没被制度覆盖。根据中国统计年鉴的相关数据计算得出，2015年参加这两项保险的人员达到8.6亿人，其中参加城镇企业职工养老保险的有3.5亿人，参加城乡居民养老保险的有5.1亿人。全国15岁及以上人口有11.5亿人，其中高中及以上在校学生数7524万人，在15岁及以上人口中扣除这部分在校学生数，剩下的10.7亿人就是应该参加养老保险的人数，而实际参加养老保险的人数为8.6亿人，占应参保人口的80.1%，也就是说，应保未保人口占19.9%，达2亿多人。2018年，全国参加基本养老保险的人数增加到9.4亿人，其中参加城镇企业职工养老保险的为4.2亿人，参加城乡居民养老保险的为5.2亿人。2018年15岁及以上人口为11.5亿人，其中高中及以上在校学生数9261.2万人，扣除这部分在校学生数，全国应参保人数为10.5亿人，实际参保率为89.4%，应保未保人口为11176.8万人（见表3-1）。

（一）未纳入养老保险制度的人群

未纳入养老保险制度的人口以中小企业职工、灵活就业人员、农民工、失地农民为主。由于有"老农保"的基础,再加上农民基数较大,因此城乡居民养老保险体系的参保人口以农民为主。1991年开始实行的"老农保"到1999年进入清理期后大面积停滞,但仍有个别市县保留了这一制度,参加该保险的人员数量每年都在缓慢增长,到2008年参加"老农保"的人数仍有5595万人①,这为"新农保"的实行奠定了基础。到2009年"新农保"试点时,"老农保"逐步合并到"新农保"中,当年人数攀升到8691万人②,到2011年实行城镇居民养老保险试点时,"新农保"的参保人数已上升到32643万人③,是2009年刚刚实行试点时的3.8倍。同年参加城镇居民养老保险的有539万人④,城镇居民养老保险的参保人数仅占全部城乡居民养老保险参保总数的1.6%,这两个群体的参保情况一直相差巨大。以吉林省为例,吉林省2015年城乡居民养老保险参保人数是662.7万人,已领取待遇的人数是218万人,正在参保的是444.7万人,城镇居民参加城乡居民养老保险的仅有20多万人,占城乡居民养老保险参保总数的3%左右,而且绝大多数属于已经和将近要领取待遇的。城镇居民仍以参加企业职工养老保险为主。在企业职工养老保险制度发展之初,参保范围还有严格限定,仅对有城镇户口的企业职工开放,不过采取一系列扩大覆盖面的措施后,企业职工养老保险已对所有群体开放,包括各种灵活就业人员和在城镇就业的农民工,所以经济能力允许的城镇居民都已选择了企业职工养老保险。针对没有工作的一批居民,在2010年,人社部、财政部下发了《关于解决未参保集体企业退休人员基本养老保障等遗留问题的意见》(人社部发〔2010〕107号),在集体企业工作过的城镇居民,可以一次性补缴15年的费用,这笔费用并不高,门槛较低。在实行过程中,由于这一部分居民很难提供与集体企业签订劳动合同的原始证据,因此各地放宽了对资格鉴定方面的要求。通过这个政策,把集体企业的劳动者都纳入了企业职工养老保险制度。2011年,参加企业职工养老保险的人口数量比2010年增加12.05%,达到历年增幅的最高点。这个政策实施之后,城镇没有参加养老保险的大龄居民大部分被纳入企业职工养老

---

① 《2008年度人力资源和社会保障事业发展统计公报》。
② 《2009年度人力资源和社会保障事业发展统计公报》。
③ 《2011年度人力资源和社会保障事业发展统计公报》。
④ 《2011年度人力资源和社会保障事业发展统计公报》。

保险中，所以到城镇居民养老保险制度实施时，剩下的非就业没有养老保险的居民并不多，"新农保"和"城居保"合并后，也是以农民为主，城镇居民参保的比例极小，且老年人口比重大。2011年制度刚刚试点之时，参加城镇居民养老保险的539万人中，有235万人是不用缴费直接领取待遇的，占43.6%。近几年领取待遇的人口增长速度远超缴费人员的增长速度，缴费人员无论从增长速度上还是从绝对值上已连续几年下降。总体上看，城乡居民养老保险参保人员年龄偏大，以农村居民为主。近1亿名未参加任何养老保险的居民主要包括城镇中小企业职工、灵活就业人员、农民工、失地农民。

表3-1 2015年、2018年基本养老保险覆盖情况

单位：万人

年份	总人口	15岁及以上人口	高中及以上在校学生数	参加城镇企业职工养老保险人数	参加城乡居民养老保险人数	应保未保人口
2015	137462	114747	7524	35361	50472.2	21389.8
2018	139538	114678	9261.2	41848	52392	11176.8

资料来源：根据2016年、2019年中国统计年鉴计算整理。

（二）针对城乡居民养老保险的调研

城乡居民养老保险的进入门槛不高，缴费也在居民可负担范围内，但实际上没有达到应保尽保的效果。未参加这一保险的群体有哪些特征，未参保的原因有哪些？为了深入了解这一问题，课题组在2013年同吉林省人力资源和社会保障厅做了一次全面摸底调查①，在进行调查时"新农保"和"城居保"还未合并实施，也正因为如此，才能更好地看清楚城镇和农村居民的参保偏好及制度吸引力。本次调研在全省范围内进行，方式以发放问卷、个案访谈、集中座谈为主，个案访谈和典型调查涉及10个乡镇23个社区。共发放问卷1600份，回收1256份，其中有效问卷1185份，有效率为94.3%。问卷回收后课题组运用SPSS统计软件，使用频次、相关、

---

① 贾丽萍：《新型农村养老保险和城市居民养老保险运行情况及制度整合研究——以吉林省为个案的分析》，《社会科学战线》2013年第5期。

长方检验等方法进行统计分析。涉及的样本，年龄上以中青年为主，其中16~44岁占35.4%，45~59岁占46.4%，60岁及以上占18.3%；户籍上，农业户口占比较大，占70.5%，非农业户口占29.5%；家庭结构上，三口之家的核心家庭占49.1%，和老人同住的扩展家庭占28.6%，两口人的家庭占18.5%，单身家庭占3.8%。

1. 基础情况

调研时，全省共有9个市（州）的76个县（市、区）和1个管委会实施了城乡居民养老保险制度，已经实现了制度全覆盖。其中包括630个乡镇9702个村，362个街道1645个社区。在缴费档次方面，有44个县（市、区）增加了新型农村养老保险的缴费档次，其中只有3个既增加了档次也增加了补贴，最高补贴100元，还有的地区对村干部补贴5元。在城乡居民养老保险方面，有18个县（市、区）增加了缴费档次，其中只有3个既增加了档次也增加了补贴，补贴金额从80元到100元不等。在基础养老金方面，有7个县（市、区）增加基础养老金，增加金额从2元到60元不等。与以往相比，两项制度的重要特征是政府财政有了实质性投入，普通民众真正得到实惠，这一举措极大地激发了城乡居民的参保热情，制度实施取得显著效果。2010~2012年，吉林省财政、县（市、区）财政在城乡居民养老保险上的投入达5.33亿元，其中省财政投入3.2亿元，按省、县（市、区）6∶4的分担比例计算，县（市、区）投入2.13亿元，496万名城乡居民参加养老保险，共有176.3万名城乡居民已开始领取养老金。在课题组开始调研时，城乡居民养老保险已经取得一定成就，不过问题也很明显，在农村参加新型农村养老保险人数较多，而在城镇参加居民养老保险的比例过低，且以60周岁以上的老年人为主。

课题组调取了部分县（市、区）的情况，以这些数字为基础对全省的情况进行了测算。2013年全省城镇总人口1468万人，去掉15周岁及以下的人口246万人，去掉正在上学的学生151万人，再去掉已参加企业职工养老保险的人口，16周岁及以上应参保人口165万人，实际参保人口仅有31万人，占应参保数量的18.8%，其中16~59岁参保的人数有10万人，60周岁及以上参保的人数有21万人。

从这些数据可以看出，城乡居民养老保险主要以财政推动为主，因为国家有基础养老金，并且在制度成立之初，60周岁及以上人口无须缴费，自动被纳入保险，所以在已参保的21万人中，有67.7%是自动被纳入的，剩下的32.3%大多将近60岁，在制度之外的多数是年轻人和中年人。

在农村人口1281万人中，16~59周岁的有902万人，主观不愿意参保的人口有225.23万人，其中101.72万人因补贴标准低，33.54万人因经济情况，还有人想参加企业职工养老保险或商业保险。因客观原因不愿意参保的人口有140.77万人，主要是外出打工。已经参加企业职工养老保险的人数有10万人，学生数量123万人。60周岁及以上口共202万人，其中下落不明、死亡未销户的有15万人，领取企业职工养老保险待遇的有10万人，符合新型农村养老保险参保条件的有177万人。16岁及以上符合新型农村养老保险参保条件的有946万人，实际参保的有465万人，参保率达到49.2%，与城乡居民养老保险相比，新型农村养老保险覆盖范围较广，覆盖人口较多，而且由于制度运行的时间长，因此总体情况要好于城乡居民养老保险。

从这些数据可以看出，城乡居民养老保险制度以老年人为主，2013年，领取待遇的老年人占参保人员的68%；新型农村养老保险制度中这种情况要好些，领取待遇的人数占参保人员的38%。这和农村居民集中居住容易动员有关系，同时也和捆绑政策有关。在制度刚刚推行时，一些地区为了让农民都加入，实行了子女和老人捆绑加入的措施，在宣传时强调，如果子女不参加"新农保"，那么老人就无法领取待遇，强制性地将子女纳入了制度，当然在具体发放待遇阶段，子女没参加的老人也发放了待遇。虽然地方的这种做法违反了一些相关规定，但达到了让制度快速推行的效果，同时中年人的加入也使参加养老保险农民的年龄结构没有太大的偏颇。

不参加城乡居民养老保险的比例还是偏大，在应参加新型农村养老保险的人口中有近一半因主观或客观原因不参保。在城镇，制度刚开始实行时甚至一些已经达到60周岁，可以直接领取待遇的居民也没有参加保险。这部分不参保的群体有哪些共同特征、共同因素，从课题组的调查问卷分析中可以找到答案。不参加城乡居民养老保险的原因，课题组在实际调查中总结出13项，并由各县（市、区）的数量推断出全省的情况（见表3-2）。在13项不参保的原因中，占前三位的分别是：流动、补贴低、想参加企业职工养老保险或商业保险。

表3-2 吉林省2013年16~59周岁符合参保条件而未参加城乡居民养老保险原因

单位：万人,%

原因	数量	占比
三年以上外出务工	32	26.0
三年以下外出务工了解政策而不参保	24	19.5
三年以下外出务工不了解政策而不参保	14	11.4
户在人不在	14.6	11.9
因补贴低而不参加	13	10.6
符合职工参保条件而未参保	13.4	10.9
不符合职工参保条件却想参加企业职工养老保险	2.9	2.4
不符合职工参保条件想参加商业保险	1.6	1.3
持观望态度	4.5	3.7
经济承受能力不足	1.4	1.1
拒绝参加	1	0.8
部分残疾人在心理上抗拒	0.4	0.3
其他原因	0.2	0.2
合计	123	100

资料来源：省社保局提供及调查推算。

（1）不参保原因之一：流动。在调查中不参保群体最多的是流动人口，因流动不参保的占应保未保人口的68.8%，达84.6万人。这些人口的共同特征是户在人不在，因为流动而找不到人，或者即使找到人，这些人口还要继续流动不想参加这一保险。课题组进一步以一县（汪清县）一区（南关区）为样本做了深入挖掘。从调查结果来看，人口的实际居住地与户口登记所在地不一致的"人户分离"状况非常普遍，常住人口数量远低于户籍人口：汪清县农村户籍人口比常住人口多27.36%，城镇户籍人口比常住人口多45.67%；南关区农村户籍人口比常住人口多19.94%，城镇户籍人口比常住人口多67.68%。也就是说，无论城乡，"人户分离"人口都很多，而城镇更甚于农村，在城镇，有近五成或六成的居民处于"人户分离"状态。全国"人户分离"人口显示出同样的扩张态势，"五普"和"六普"数据对比表明，10年间全国"人户分离"人口增加1.17亿人，增长81.03%，截至2015年底，全国"人户分离"人口已达 2.61 亿人。[①] 再进行细分，"人户分离"的流动人口又可以分为三种：长期外出打工人口、短期外出打工人口、下落不明人口。从参保情况看，在县城，长期打工者不参保的比例较高，而在市区，下落不明人口明显增多，政策无法落实，严重影响了试点的扩大覆盖面工作。汪清县因"三年以上外出打工"不参加城乡居民养老保险的占第一位，因"短期外出打工"而不参保的占第二位，占第三位的是因"下落不明"；南关区因"下落不明"而无法保的比例高达 79.8%（汪清县这一比例为 16.2%），占不参加"城居保"原因的首位。即使是"新农保"中，南关区因"下落不明"而无法参保的比例也高达 36.8%，将近汪清县的一倍（见表 3-3）。"下落不明"的原因，有经济因素也有非经济因素：农村主要因为务工经商后已在异地居住、婚丧嫁娶、死亡未销户等，而城镇主要由于拆迁搬家、务工经商、工作调动等，尤其是多次搬家。

表 3-3 一县一区流动人口不参加两试点原因占比

单位：%

类别		短期外出打工	三年以上外出打工	下落不明
"新农保"	汪清县	22.7	57.4	19.9
	南关区	19.5	43.6	36.8
"城居保"	汪清县	38.6	45.2	16.2
	南关区	16.7	3.5	79.8

资料来源：表中数据来自调研中对县、区两试点情况统计。

"人户分离"的流动人口是不参加养老保险的首要人口，这一群体成为城乡居民养老保险的"盲点"，在农村因失去联系而参加不了"新农保"，在城镇又因户籍的限制参加不了"城居保"。同时由于制度衔接、经济、家庭等因素的影响，"人户分离"人口参加城镇企业职工养老保险的也不多，全国"人户分离"的流动人口中当年参加养老保险的比例仅为 27.8%。而这一群体进入老年的趋势和全国人口老龄化的进程是同步的，未来这一群体将给政府、家庭带来巨大的养老压力。"人户分离"人口的

[①] 《国家统计局 28 日发布第六次全国人口普查主要数据》，中华人民共和国中央人民政府网，http://www.gov.cn/gzdt/2011-04/28/content_1854048.htm，最后访问日期：2020年4月6日。

较低参与率使城乡居民养老保险年龄结构老化。"人户分离"人口底数模糊造成应保未保人数不清，直接影响到政府的决策。目前政府财政对城乡居民养老保险有实质性的投入，包括基础养老金及相应的缴费补贴，资金的数额由各地上报的应参保人数决定。由于户籍管理制度未随人口新形势的变化而调整，死亡未销户人数、未申报暂住登记数、搬迁未能改变户籍人数都有所增加，因而统计局、公安局、保障部门所掌握的人口数量各不相同，导致政府补贴资金缺乏准确依据，以人口数量和分布为主要决策依据的规划失真，给扩大覆盖面工作带来一定困难。直到2017年，城乡居民养老保险覆盖问题中，流动人口仍是不参保的主体。

（2）不参保原因之二：补贴低。占不参保原因第二位的是补贴情况，也就是政策吸引力不足的问题。从"新农保"的政策来看：如果选择100元的缴费档次，收回本金仅需要1.81年；每年缴纳200元，收回本金需要3.11年；每年缴纳500元，也不过是5年多一点就能收回本金。在这种情况下，居民仍不参保，原因在于补贴的力度太小，达到年龄后能够领到的养老金太少。汪清县和南关区的调查结果均显示，因"补贴标准吸引力小"而不参加两试点的占比较高，排在第二位，仅次于流动原因。其中汪清县因政策问题不参加"新农保"的占27.79%，不参加"城居保"的占31.88%。从当年吉林省"新农保"制度设计来看，缴费和政府补贴不是线性递增关系，100元到500元之间缴费档次的政府补贴、养老金相差不大，每升一个档次，政府多补贴5元钱，15年后每年领取的养老金多100多元钱。从表3-4中可以看到，每年缴纳100元，15年后可每年领取828.35元，缴纳500元，每年可领取1372.23元，两者仅相差543.88元。"新农保"中500元和1000元的政府补贴相同，没体现出明显的"多缴多得"的激励作用，这同时也造成居民多选择低缴费档次。

表3-4 吉林省"新农保"缴费、政府补贴领取养老金及收回本金年限

单位：元，年

缴费	政府补贴	15年后每年领取养老金	收回本金年限
100	30	828.35	1.81
200	35	964.32	3.11
300	40	1100.29	4.09
400	45	1236.26	4.85

续表

缴费	政府补贴	15年后每年领取养老金	收回本金年限
500	50	1372.23	5.47
600	50	1501.73	5.99
700	50	1631.22	6.44
800	50	1760.22	6.82
900	50	1890.22	7.14
1000	50	2019.71	7.43

资料来源：吉林省社会保险乡村服务平台，www.jlsi.gov.cn。

问卷的统计结果同样体现出这一趋势，在"哪些原因促使您参加两试点"的问题中，占前三位的分别是：靠儿女养老不能满足需求、为了年老时能有固定的收入、看亲戚邻居都参加了。仅23.2%的居民选择参加养老保险是因为"国家有补贴"，而69.6%的居民认为，没参保主要是因为"养老金太少，作用不大"。可以看出，一方面，城乡居民希望摆脱一直以来"养儿防老"的单一养老方式，在老年时还能有一份属于自己的收入，经济更有独立性，不用看儿女的脸色生活；另一方面，政策的吸引力不足，单纯因为能得到补贴而参保的太少，可有可无的补贴使许多人觉得不值得麻烦，放弃参加保险。同时，在缴费时居民有一定的从众心理，在选择缴费档次时先参考别人的选择，周围的亲戚邻居都选择低缴费档次会起到示范作用。

从调研结果看，过半城乡居民选择100元的最低缴费档次，这个比例达到58.1%，其次是缴纳500元的，占13.9%，缴纳1000元的仅占5.6%（见图3-1）。在问到"养老保险能否解决您的养老问题"时，47.8%的居民认为"养老保险不能完全解决养老问题"，仅有2.5%的居民认为"肯定能解决"。在问到"您选择此档次的主要因素"时，第一是"自身的经济情况"，占49.5%；第二是"今后发给的养老金数额"，占42.6%；第三是"国家的补贴标准"，占28.6%；第四是"参考别人的选择"，占17.1%。这说明一方面吉林省作为经济欠发达地区，城乡居民的收入水平不高，所以低水平进入的比例较大；另一方面我们在座谈中了解到城乡居民"少缴多得"的心理很普遍，总希望政府补得越多越好，自己缴得越少越好，而地方政府也没有能力去大幅度提高缴费比例。

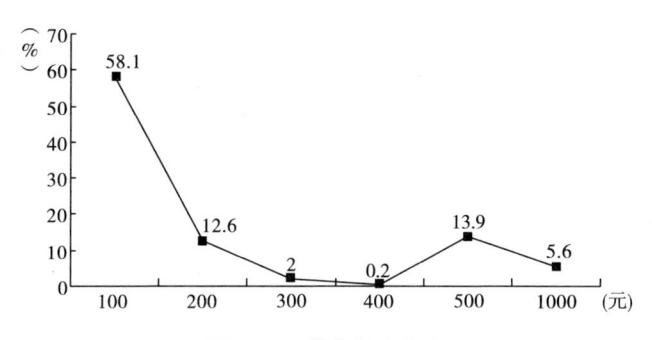

图 3-1 缴费档次占比

选择低缴费档次的根本原因在于收入少，且收入来源有限。调查问卷显示，在吉林省农民主要收入中占第一位的仍然是务农收入，占第二位的是打工收入，占第三位的是经营收入，还有一部分居民要靠子女提供收入，能靠养老保险维持生活的少之又少（见图 3-2、图 3-3）。在收入较少的情况下，自然会选择较低档次缴费。

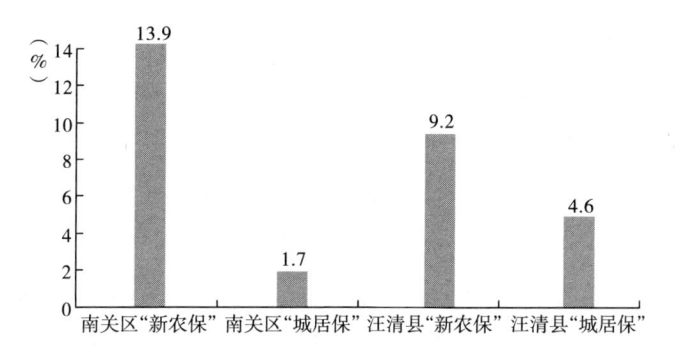

图 3-2 因经济原因不参保的比例

资料来源：根据调查问卷统计分析制作。

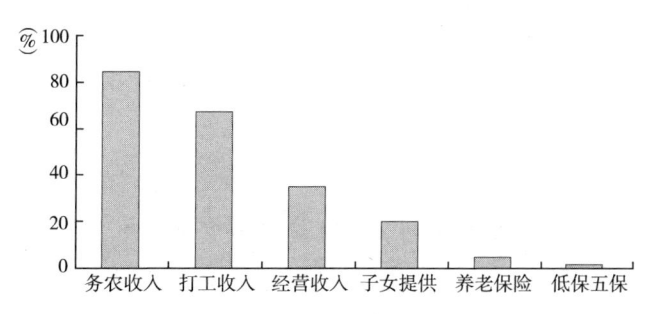

图 3-3 吉林省农民主要收入来源

资料来源：根据调查问卷统计分析制作。

(3) 不参保原因之三：想参加企业职工养老保险或商业保险。调查结果显示，城乡居民不参保的第三个原因是已经或者打算参加其他保险。此次在一县一区的调查表明，部分符合参加两试点的居民已参加了其他种类的保险，这一原因占不参保原因的第三位。其中汪清县符合参加"新农保"的条件而参加了其他保险的比例为17.97%，符合参加"城居保"的条件而参加了其他保险的比例为26.66%；南关区这一比例分别为7.9%和4.7%。这一现象和城乡居民养老保险政策吸引力不足直接相关。正是因为和商业保险及企业职工养老保险相比，每月领取的养老金太少，不足以达到养老的效果，所以一些有经济能力的城乡居民希望参加待遇更丰厚的养老保险。从调查来看，16~59岁城镇居民符合企业职工养老保险参保条件而未参保的占10.9%，不符合企业职工养老保险参保条件而想加入这一保险的占2.4%，想参加商业保险的占1.3%。

(4) 不参保原因之四：年轻，不考虑。居民不参保的第四个原因是年轻。调研结果表明，60岁及以上老年人的参保率最高，因为这个年龄段可以直接享受基础养老金；其次是45~59岁的群体，这一群体参保率较高与制度设计有关。因为两试点都规定只要缴费满15年即可享受养老金，对于缴费超过15年的，仅有个别地区有配套激励措施，这就使大多数人有"缴够15年就行，早缴吃亏"的想法，直接导致年轻人参保率低。从调研地南关区两试点参保和未参保人员年龄分组来看，在"新农保"参保人员中，60岁及以上的占87.1%，45~59岁的占11.2%，16~44岁的仅占1.7%。"城居保"呈现同样的趋势，高达95.8%的参保人员是60岁及以上的老人（见表3-5）。这和城市社会保险选择多样化、就业普遍、流动频繁等原因有关，但这一趋势很明显暴露出城乡居民养老保险的一个较大弱点：出水池远大于蓄水池。这意味着领取养老金的人要多过缴纳养老金的人，制度存在空账运行、支付困难的风险。吉林省2013年60周岁及以上未参加"城居保"的原因见表3-6。

针对吉林省的调查是在2013年进行的，不参加城乡居民养老保险的原因主要有以下几点：人口流动、政策吸引力不足、想参加其他保险、年轻。这不单是吉林省，也是全国类似情况的主要原因。这几年，尤其是2014年以后新型农村养老保险和城镇居民养老保险合并为城乡居民养老保险后，政策有了很大的调整和改善。缴费激励机制得到不同程度的完善，

表 3-5　调研地南关区两试点参保和未参保人员年龄分组

单位:%

比率	年龄	16~29 岁	30~44 岁	45~59 岁	60 岁及以上
"新农保"	参保率	0.3	1.4	11.2	87.1
	未参保率	28.2	45.1	22.2	4.6
"城居保"	参保率	0.03	0.2	3.8	95.8
	未参保率	29	31.3	20.6	19

资料来源：长春市南关区统计数字。

表 3-6　吉林省 2013 年 60 周岁及以上未参加"城居保"的原因

单位：万人,%

原因	数量	占比
领取职工养老保险待遇	108	37.8
死亡未销户	12	4.2
依靠财政支付	155	54.2
户在人不在	7.6	2.7
主观不愿参加	2.4	0.8
其他原因	1	0.3
合计	286	100

资料来源：省社保局提供及调查推算。

各地区分别在"入口"提高补贴标准，并提高缴费档次。在"出口"规定了多缴多得，在缴费 15 年的基础上，每多缴 1 年，补助相应增加一部分。通过修改和完善，政策吸引力有了一定程度的提高。在参保条件方面，城乡居民只要有足够的经济实力，就可以参加企业职工养老保险，不再受户籍、身份的限制。所以在不参加城乡居民养老保险的原因中，"想参加其他保险"不再是一个重要原因，但这个原因还存在，因为它与其他原因密切相关。流动人口因为居无定所、年轻人因为年龄等方面原因，都有等待将来参加企业职工养老保险或商业保险的想法。其他原因则仍旧是居民不参加养老保险的主要原因，而且在发展过程中给城乡居民养老保险制度带来了更大的压力。

2. 城乡居民养老保险整合后影响居民参加养老保险的因素

（1）流动人口、年轻人仍是不参保主体。从各地的政策规定来看，城乡居民养老保险需要在户籍所在地参保，流动后可以转移接续。对于当地的社保机构来说，户在人不在的情况较为普遍，即使想要调动这部分居民的积极性，也找不到人。对于庞大的流动人口来说，想参加城乡居民养老保险就要回到户籍所在地，许多人已经举家搬到城镇，但由于近几年对农村的优惠政策比较多，农业户口含金量较大，拥有农业户口的人不愿意在城里落户。很多人参保的意识较差，不会专门为了办保险而回到户籍所在地，并且有些人口多次多地流动，保险关系迁移起来比较麻烦，希望年纪大了，或钱挣到足够多，直接参加企业职工养老保险或商业保险。所以从户籍来看，流动人口仍是不参保人口的主体；从年龄来看，年轻人是不参保的主体。

（2）政策吸引力不足问题地区间差异显著。"新农保"和"城居保"合并后，政策吸引力不足情况有了明显改善，但地区间差异显著。越是经济发达地区，居民选择的缴费档次就越高，政府补贴力度也就越大；越是经济欠发达地区，居民选择的缴费档次就越低，政府补贴力度也就越小。政府补贴加个人缴费构成了最后的养老金，前期的缴费和补助水平不同，导致后期养老金各地差异显著，各地城乡居民养老保险制度吸引力也就有很大差异。目前全国城乡居民养老保险待遇最高的是上海市，上海市可以代表经济发达地区。本书选取上海市和吉林省做对比，吉林省可以代表经济欠发达地区。

从表3-7可以看到，上海市在缴费标准、补贴标准及基础养老金上都远远突破了国家的相关规定。在缴费标准上，同样是12个缴费档次，但最低缴费档是500元，最高缴费档达到3300元。不同缴费标准相对应的补贴标准也分为12个档次，最低补贴为200元，最高为575元，每增加一个缴费档次，补贴标准增加50元。基础养老金在2014年两项制度合并之初，定为每月540元，2015年上调了标准，每个月增加105元，达到645元。吉林省则是按照国家标准稍有调整。在缴费标准上，从100元到2000元12个标准，完全按国家标准执行。对应缴费标准，补贴标准从30元到170元，100~900元，每上升一个缴费档次，补贴标准增加10元，从1000元开始，每上升一个缴费档次，补贴增加25元。基础养老金最初是国家补贴的55元，后来国家补贴每月增加15元，地方跟进了10元，2015年基础养老金为80元。

表3-7 上海市和吉林省城乡居民养老保险相关规定

单位：元

地区	缴费标准	补贴标准	基础养老金	财政分担	养老金
上海市	500、700、900、1100、1300、1500、1700、1900、2100、2300、2800、3300	200、250、300、350、400、425、450、475、500、525、550、575	每月540元，2015年后多缴1年，增加10元，2015年，调整为每人每月645元	市财政和区县财政按照30%和70%的比例分担	最低：720.5 最高：1063.2
吉林省	100、200、300、400、500、600、700、800、900、1000、1500、2000	30、40、50、60、70、80、90、100、110、120、145、170	每月55元，2015年为80元，多缴1年，月增5元	省、市县政府按6:4分担	最低：94 最高：314.2

资料来源：上海市和吉林省关于城乡居民养老保险的相关规定。

从缴费档次开始上海市、吉林省就拉开了距离。从补贴标准上看，最低补贴标准，上海市是吉林省的6.7倍，最高补贴标准，上海市是吉林省的3.4倍。再加上基础养老金，两个地区养老金就相差很大了，因为上海市基础养老金是吉林省的8.1倍。如果按最低缴费标准计算，上海市居民按500元缴纳，退休后每月可领取720.5元，而吉林省如果按100元的缴费标准来缴费，那么退休后每月只能领取个人账户14.0元，再加上80元基础养老金，每月共可领取94元。如果选择2100元的缴费标准，那么上海市居民15年后个人账户可领取280.6元，再加上基础养老金645元，每月可领取925.6元。吉林省居民按2000元标准缴费（可选择的最高缴费标准），那么15年后个人账户每月可领取234.2元，加上基础养老金80元，每月可领取314.2元。上海市居民按最高档3300元缴费，退休后每月可领取1063.2元。也就是说，按最低缴费标准计算，上海市居民养老金是吉林省的7.7倍，按最高缴费标准计算，上海市居民养老金是吉林省的3.4倍。根据吉林省国民经济和社会发展统计公报上的数据，吉林省2016年城市低生活保障月标准为445元，农村最低生活保障月标准为284元。[①] 按照吉林省目前城乡养老保险的养老金来计算，如果每年选择最高缴费标准2000

---

① 《吉林省2016年国民经济和社会发展统计公报》，中国统计信息网，http://www.tjcn.org/tjgb/07jl/34925_7.html，最后访问日期：2020年4月16日。

元，15年后得到的养老金在农村仅高于最低生活保障标准，在城市还达不到最低生活保障标准。按现在的补贴和基础养老金的标准，城镇居民只有每年缴纳3500元的保险费，退休后才能领取接近最低生活保障标准的养老金。根据统计公报的数据，2016年吉林省城镇常住居民年人均可支配收入为26530元，年人均消费支出为19166元，收入减去支出，城镇常住居民年剩余7364元，还有能力缴纳3500元的养老保险费；农村常住居民人均可支配收入为12123元，人均消费支出为9521元，每年节余2602元，刚够支付2000元的养老保险费。① 根据上海市国民经济和社会发展统计公报，上海市2016年最低生活保障标准是880元，城乡标准统一，城乡居民养老保险金要达到880元，需要按1100元的标准缴纳。2016年上海市城镇常住居民人均可支配收入为57692元，人均消费为39857元，年节余17835元；农村常住居民人均可支配收入为25520元，人均消费支出为17071元，节余8449元。② 要缴纳1100元的养老保险费在可支付能力范围内。城乡居民养老保险的地区差距一直处于拉大态势，到2018年，上海市居民基础养老金部分已上涨到930元，吉林省上涨到103元，制度的吸引力有很大不同。

整体看，经济发达地区无论居民自身还是政府财力都相对较强，城乡居民养老保险养老金可以满足基本生活需要。经济欠发达地区政府补贴力度小，城乡居民养老保险的保障能力不足，居民收入少，靠居民自身力量提高缴费水平有相当大的困难。在收入有限、政府补贴少、激励效果不明显的情况下，会有相当多的居民选择较低档次缴费，缴费水平低只能收到较低的养老金，较低的养老金保障不了生活，会阻碍居民主动参加城乡居民养老保险。越是经济欠发达地区，这种情况就越严重。

3. 城乡居民养老保险中存在的问题导致基金压力

城乡居民养老保险的缴费档次低、年龄结构老化等问题直接导致基金压力。从2015年的统计数据来看，城乡居民养老保险当期结余不超过10

---

① 《吉林省2016年国民经济和社会发展统计公报》，中国统计信息网，http://www.tjcn.org/tjgb/07jl/34925_7.html，最后访问日期：2020年4月16日。
② 《2016年上海市国民经济和社会发展统计公报》，上海市人民政府网，http://www.shanghai.gov.cn/nw2/nw2314/nw2318/nw26434/u21aw1210720.html，最后访问日期：2020年4月16日。

亿元的已有 12 个省区市,累计结余不超过 100 亿元的有 14 个省区市。上海市 2015 年当期结余为负数,当年基金收入 48.1 亿元,支出 48.4 亿元,已经收不抵支。重庆、西藏、宁夏、黑龙江、吉林、内蒙古、浙江当期结余都不超过 5 亿元,分别为:1.4 亿元、2.4 亿元、3.1 亿元、3.8 亿元、4.6 亿元、4.6 亿元、5 亿元(见表 3-8)。2017 年情况有所好转,但部分省区市基金压力仍较大。

表 3-8 2015 年、2017 年部分省区市城乡居民养老保险基金收支情况

单位:亿元

省区市	基金收入		基金支出		当期结余		累计结余	
	2015 年	2017 年	2015 年	2017 年	2015 年	2017 年	2015 年	2017 年
内蒙古	41.4	56.9	36.8	43.8	4.6	13.1	67.3	88.4
辽宁	63.1	61.2	56.3	54.2	6.8	7.0	57.3	69.6
吉林	29.6	38.3	25.0	26.8	4.6	11.5	40.1	54.8
黑龙江	30.8	48.0	27.0	30.4	3.8	17.6	54.2	70.0
上海	48.1	62.5	48.4	63.3	-0.3	-0.8	74.0	76.5
重庆	53.8	66.9	52.4	50.9	1.4	15.9	94.1	116.9
青海	12.8	17.0	7.6	10.7	5.2	6.3	21.6	33.1
宁夏	10.0	12.2	6.9	8.3	3.1	3.9	19.3	27.3
新疆	26.7	29.2	17.1	17.3	9.6	11.9	52.2	74.3
西藏	6.5	12.3	4.1	4.6	2.4	7.7	11.5	22.2
海南	21.8	27.9	13.2	13.7	8.6	14.2	34.9	65.2
浙江	148.3	158.6	143.3	157.5	5	1.1	144.3	151.9

资料来源:2016 年、2018 年中国统计年鉴。

(1)年龄结构老化,退休人口超过缴费人口是基金出现压力的原因之一。制度成立之初,一部分城乡居民参加城乡居民养老保险时已经达到退休年龄,所以在没有任何积累的情况下直接领取待遇。一部分城乡居民补缴了一部分费用,更多的城乡居民是在将近退休年龄才参加了养老保险,所以在这个制度中有些省区市领取待遇的居民偏多,导致基金支付较多。2015 年城镇企业职工养老保险中,退休人数占全体参保人数的 25.9%,参保职工和离退休人员之比为 2.87,而城乡居民养老保险中,退休人数占全体参保人数的 29.3%,参保职工和离退休人员之比为 2.41。也就是说,城乡居民养老保险的老化程度要高于城镇企业职工养老保险,在有些地区更加严重。以上海市为例,2015 年城乡居民养老保险参保人数为 79.5 万人,

实际领取待遇的人数为48.7万人，正在参加这一保险还没领取待遇的仅为30.8万人，在该项制度中高达61.3%的参保人员已开始领取待遇。① 从全国情况来看，无论是参保人数还是没有达到退休年龄的缴费人群在2011年、2012年增长速度都达到高峰。这两年正是新型农村养老保险全面铺开、城乡居民养老保险扩大试点范围的两年。2011年参加城乡居民养老保险的总人数比2010年增加了2.3亿人，达3.3亿人，增幅222.9%；没达到退休的在缴人数为2.4亿人，增幅229.4%。到2012年速度放缓，不过参保人数的增长仍然很可观，总数增加了1.5亿人，达4.8亿人，增幅45.8%，在缴人数3.5亿人，增幅44.5%。不过也就是从2012年开始，领取待遇人数递增率超过了缴费人数。2012年领取待遇人数比2011年增长49.3%，超过在缴人数递增率4.8个百分点，2013年超过3.4个百分点。此后在缴人数一路下滑，到2014年、2015年增长为负数，在绝对值上已从2013年的35982万人减少到2015年的35672万人，下降了310万人。与此同时，领取待遇人数仍在增加，绝对值从2013年的13768万人增加到2015年的14800万人，增加了1032万人。在缴人数不断减少，领取待遇人数不断增加，同时领取的养老金也在不断调整、上涨的情况下，基金支付面临的压力可想而知。2011年、2012年随着"新农保"和城镇居民养老保险覆盖面的扩大，基金支出也大幅度增加；从2013年开始趋于稳定，不过远远超过个人缴费的增长幅度；2015年基金支出比2014年增长34.7%，而当年基金总收入比2014年增加23.6%，两者相差11.1个百分点。参保人员参保时年龄普遍偏大、退休人员增加速度高于参保人员增加速度，是导致城乡居民养老保险制度支出大于收入的一个重要原因。2018年，情况有所好转，在缴人数递增率出现正值（见表3-9）。

表3-9 全国城乡居民养老保险制度参保和领取待遇情况

单位：%

年份	参保人数递增率	领取待遇人数递增率	在缴人数递增率	基金支出递增率
2011	222.9	206.0	229.4	193.3
2012	45.8	49.3	44.5	92.2
2013	2.9	5.3	1.9	17.3

---

① 国家数据网，http://data.stats.gov.cn/index.htm，最后访问日期：2020年4月16日。

续表

年份	参保人数递增率	领取待遇人数递增率	在缴人数递增率	基金支出递增率
2014	0.7	4.0	-0.5	16.5
2015	0.7	3.4	-0.3	34.7
2016	0.7	3.2	-0.3	1.6
2017	0.8	2.1	0.2	10.3
2018	2.2	1.9	2.3	22.5

资料来源：根据2012~2017年人力资源和社会保障事业发展统计公报数据整理。

（2）缴费档次低是基金出现压力的另一重要原因。人力资源和社会保障事业发展统计公报显示，2015年全年城乡居民养老保险基金收入为2855亿元，增幅达到23.6%，其中个人缴费仅有700亿元，占全部基金收入的24.5%，仅增加5.1个百分点。当年参保人数有5亿人，实际领取待遇人数有1.5亿人，参保还未领取待遇的居民平均每人缴纳的费用仅有139元。2017年基金收入为3304亿元，比2016年增长12.6%，其中个人缴费810亿元，占全部基金收入的比例仍为24.5%；基金支出为2372亿元，比2016年增长10.3%。①缴费档次低的问题从制度刚刚实施推广时就已经存在了。2011~2014年，人均缴费额始终处于160~190元；2011~2015年在长达5年之久的时间里，个人缴费总额仅上涨了14.0%，没超过200元；2017年在基础养老金连续上调的情况下，参保居民个人缴费总额比2015年增长了15.7%，人均缴费额刚刚达到227元。最初新型农村养老保险缴费档次仅有100~1000元10个档次，而城镇居民养老保险的最高缴费档次为2000元。2014年两项制度正式合并后，有12个缴费档次，无论城镇还是农村居民都可以有更多、更高的缴费选择，不过个人并没有提高缴费档次。2013年城乡居民个人缴费总额比2012年增长7.2%，为636亿元，到2014年制度合并后递增率反而下降到4.7%，虽然2015年略有增长，也不过是增长了5.1%，没有达到2013年的标准，2017年也有所回升，但缴费水平仍处于低位（见表3-10）。参保人员不少，基金收入不多的现象在各省区市都较为普遍。以吉林省为例，2017年吉林省参加城乡居

---

① 《2015年人力资源和社会保障事业发展统计公报》《2017年度人力资源和社会保障事业发展统计公报》。

民养老保险的人数达到668.4万人,领取待遇人数为245.7万人,但当年基金收入仅有38.3亿元,而且还包括各级政府补贴及基础养老金收入。[①]

表3-10 全国城乡居民养老保险参保和缴费情况

年份	参保人数（万人）	领取待遇人数（万人）	在缴人数（万人）	基金收入（亿元）	增长（%）	个人缴费总额（亿元）	增长（%）	人均缴费额（元）
2006（"老农保"）	5374	355	5019					
2007（"老农保"）	5171	392	4779					
2008（"老农保"）	5595	512	5083					
2009（"新农保"）	8691	1556	7135					
2010（"新农保"）	10277	2863	7414	453	225			
2011	33182 / "新农保" 32643 / "城居保" 539	8760 / "新农保" 8525 / "城居保" 235	24422 / "新农保" / "城居保"	1110 / "新农保" 1070 / "城居保" 40	/ "新农保" / "城居保"	421 / "新农保" 415 / "城居保" 6		172
2012	48370	13075	35295	1829	64.8	594	41.0	168
2013	49750	13768	35982	2052	12.2	636	7.2	177
2014	50107	14313	35794	2310	12.6	666	4.7	186
2015	50472	14800	35672	2855	23.6	700	5.1	196
2017	51255	15598	35657	3304.2	15.7	810	15.7	227

资料来源：根据2006~2017年人力资源和社会保障事业发展统计公报数据整理。

影响城乡居民提高缴费档次的主要原因在于收入水平。从城乡居民收支情况看,2015年城镇居民人均可支配收入为31194.8元,2017年为36396.2元,低收入户、中等偏下户、中等收入户的人均可支配收入都没有达到平均水平,而这三部分居民占全部城镇居民的60%。低收入户人均

[①] 国家数据网,http://data.stats.gov.cn/index.htm,最后访问日期：2020年4月16日。

可支配收入仅约为平均水平的 1/3，2015 年为 12230.9 元，2017 年为 13723.1 元。农村人均收入则更少，2015 年农村居民平均可支配收入为 11421.7 元，2017 年为 13432.4 元，约是城镇居民人均可支配收入的 1/3。同样，农村居民中的低收入户、中等偏下户、中等收入户的人均可支配收入也没有达到平均水平，这三部分居民同样占农村居民的 60%。2015 年农村低收入户人均可支配收入仅有 3085.6 元，每个月平均收入为 257 元，2017 年农村低收入户人均可支配收入为 3301.9 元，每个月平均收入为 275 元，仅够维持温饱。从支出来看，2017 年城镇居民人均支出 24445 元，人均消费支出在 20000 元以下的有 6 个省区市。人均支出在 30000 元以上的有 4 个省市，为北京市、天津市、上海市、浙江省，最高的是上海市，人均支出为 42304.3 元，北京市为 40346.3 元。农村居民人均支出是 10954.5 元，是城镇居民人均支出的 44.8%。低于平均消费水平的有 19 个省份，其中西藏和甘肃最低，分别为 6691.5 元和 8029.7 元。农村居民人均支出较高的是北京市和浙江省，其中北京市农村居民人均支出为 18810.5 元，浙江省为 18093.4 元。从收入减去支出的结余来看，2017 年城镇居民人均结余 1.2 万元，其中北京市、上海市城镇居民人均结余分别为 22060 元、32447 元。农村居民人均结余为 2477.9 元。[①]

从以上对城乡居民收入的分析可以看出，城镇居民提高缴费档次还有很大空间，对于大部分省区市平均值来说都没有问题，不过如果按收入的五等份来看，还是有相当一部分城镇居民并没有提高缴费档次的能力。从统计数据来看，在城镇，占 20% 的低收入户的收入还没有人均支出高，占 20% 的中等偏下户人均可支配收入也刚刚达到全国城镇居民平均支出的水平。这两部分居民共占 40%，也就是说，对全国 40% 的城镇居民来说，提高缴费档次的空间较小。农村居民除经济发达地区外，整体提高缴费档次的空间不大，平均每年结余只有 2000 多元（见表 3-11、表 3-12）。农村居民手里有现金心里会比较踏实，所以让他们把结余的钱用于提高养老保险缴费档次会产生心理抗拒，尤其是在结余并不多的情况下。所以多数城乡居民在生活并不富裕的情况下会选择较低的缴费档次，导致基金收入水平整体不高。

---

① 国家数据网，http://data.stats.gov.cn/index.htm，最后访问日期：2020 年 4 月 16 日。

表 3-11 2015 年、2017 年城乡居民按收入五等份分组的人均可支配收入

单位：元

分组	城镇居民人均可支配收入		农村居民人均可支配收入	
	2015 年	2017 年	2015 年	2017 年
低收入户（20%）	12230.9	13723.1	3085.6	3301.9
中等偏下户（20%）	21446.2	24550.1	7220.9	8348.6
中等收入户（20%）	29105.2	33781.3	10310.6	11978.0
中等偏上户（20%）	38572.4	45163.4	14537.3	16943.6
高收入户（20%）	65082.2	77097.2	26013.9	31299.3

资料来源：2016 年、2018 年中国统计年鉴。

表 3-12 2015~2017 年城乡居民人均收支情况

单位：元

年份	城镇居民人均收入	农村居民人均收入	城镇居民人均支出	农村居民人均支出
2015	31194.8	11421.7	21392.4	9222.6
2016	33616.2	12363.4	23078.9	10129.8
2017	36396.2	13432.4	24445.0	10954.5

资料来源：2016~2018 年中国统计年鉴。

（三）城镇企业职工养老保险扩大覆盖面困难

城镇企业职工养老保险覆盖面不大。从机关事业单位和企业职工养老保险并轨之前的数据，可以看到企业职工养老保险的覆盖情况。2015 年末参加城镇企业职工养老保险的在职人数是 26219.2 万人，城镇就业人员是 40410 万人[①]，如果参加城镇企业职工养老保险的所有在职职工都是城镇就业人员，那么参保率是 64.9%，也就是说，城镇中 35.1% 的从业人员没参加保险，其中既包含正规就业人员，也包含非正规从业人员。

1. 因经济及政策原因不参保

单位参保意愿不足。不愿为正规就业职工缴纳养老保险的以中小企业为主。在一些经济发达地区，企业养老保险的缴费率为 10%，而在一些经济欠发达地区，2019 年之前，企业养老保险的缴费率超过 20%，越是经济

---

① 国家数据网，http://data.stats.gov.cn/index.htm，最后访问日期：2020 年 4 月 16 日。

不发达的省份，企业的负担就越重。企业为了降低成本，有的不给职工缴纳养老保险，或者仅给一部分职工缴纳养老保险。我们在对一些企业的调查中了解到，有些企业只给1/3或1/4的员工缴纳养老保险。还有一些职工在机关事业单位工作，由于没有编制，单位没有为其缴纳养老保险，或属于在编人员，但由于单位改制或者经营等方面的问题，单位为其缴纳了几年的养老保险便中断缴费。据统计，2015年机关事业单位人员全国有4000多万人，参加养老保险的仅有2237.8万人，占机关事业单位职工总数的55.9%。[①] 在正规单位就职的员工也可以选择以灵活就业人员的身份缴纳养老保险，但这部分员工，尤其是单位给缴纳过几年养老保险的员工总是期待单位最终会解决养老的问题，所以大多处于等待的状态。

灵活就业人员参保能力不足。灵活就业人员大多集中于家政服务业、住宿餐饮服务业、建筑业的低端产业链，还有个体、私营部门从业者，还包括流动的小商小贩、小时工等。这一就业群体的特征是不稳定、工作时间长、替代性强、技术性不高。由于劳动组织简单、劳动关系总是处于变化的状态，劳动合同的签订率较低，能承担起缴纳养老保险义务的雇主很少。这部分群体自我参保意识较差，相当多的人不知养老保险是什么，也不想参与。而且这一就业群体工资水平较低且不稳定，参保的能力较差。以吉林省为例，从2015年吉林省统计年鉴来看，去掉国有和城镇单位，其他单位中住宿和餐饮业从业人员的平均工资是32317元，平均每个月2693元。其中住宿业为34122元，平均每个月2843元；餐饮业为29752元，平均每个月2479元。其他类型单位中的水上运输业，从业人员平均工资为18462元，平均每个月1539元，属于各行业中的最低水平。全省城镇居民人均消费支出为24900.86元，平均每个月2075元，也就是说，这类就业所得收入仅够维持基本生活，有些行业的工资还达不到平均生活水准。这类就业群体中的年轻人往往没有自己的住房，需要租房。从吉林省的省会城市长春市来看，1000元以下基本只能租到一间卧室，吃饭和住宿就占用了收入的大部分，没有余力再考虑养老保险。从吉林省个体、灵活就业人员参保缴费标准来看，为了降低门槛，让更多的个体、灵活就业人员参加养老保险，也为了满足不同收入群体的缴费需求，吉林省人社厅制定了5

---

① 2016年中国统计年鉴。

个档次的参保标准：最低档次以上一年在岗职工平均工资的60%为缴费基数，其他档次以上一年在岗职工平均工资的80%、100%、110%、120%为缴费基数。最低缴费档次在2015年每月缴费560.2元，年缴费6722.4元（见表3-13）。2017年随着在岗职工平均工资的增长，个体、灵活就业人员需缴纳的费用也在增加，最低档每月缴纳671.6元，每年缴纳8059.2元。按第二档缴纳（以上年在岗职工平均工资的80%为基数），年缴费就已过万元，如果缴纳最高档（以上年在岗职工平均工资的120%为基数），那么月缴费为1343元，年缴费为1.6万元（见表3-14）。从中可以看出个体、灵活就业人员的缴费相对较高。

表3-13　2015年度吉林省个体参保人员缴费标准

单位：元

基数	在岗职工平均工资的60%（一档）	在岗职工平均工资的80%（二档）	在岗职工平均工资的100%（三档）	在岗职工平均工资的110%（四档）	在岗职工平均工资的120%（五档）
	2801	3734	4668	5135	5602
月缴费	560.2	746.8	933.6	1027	1120.4
年缴费	6722.4	8961.6	11203.2	12324	13444.8

资料来源：吉林省人力资源和社会保障厅。

表3-14　2017年度吉林省个体参保人员缴费标准

单位：元

基数	在岗职工平均工资的60%（一档）	在岗职工平均工资的80%（二档）	在岗职工平均工资的100%（三档）	在岗职工平均工资的110%（四档）	在岗职工平均工资的120%（五档）
	3358	4477	5596	6165	6715
月缴费	671.6	895.4	1119.2	1231.2	1343
年缴费	8059.2	10744.8	13430.4	14774.4	16116

资料来源：吉林省人力资源和社会保障厅。

符合条件的个体、灵活就业人员缴费时还可以选择一次性缴费，可以一次性缴费15年，也可以选择一次性缴费20年，不过一次性缴费只有3个缴费档次，以上一年在岗职工平均工资的60%、80%、100%为基数缴费。以60%为基数缴费，一次性缴费15年，需要缴纳100836元，女性当年达到55周岁，可以每月领取养老金797.44元，男性当年达到60周岁每月可领取 850.36 元。如果以 60% 为基数一次性缴费 20 年，则需要缴纳 134448 元，女性当年达到 55 周岁，可以每月领取 1063.25 元，男性当年达到 60 周岁可以每月领取养老金 1133.8 元。以最高 100% 为基数计算，一次性缴费 15 年，需要缴纳 168048 万元，女性当年达到 55 周岁可以每月领取 1095.6 元，男性当年达到 60 周岁可以每月领取 1183.79 元；一次缴费 20 年，需要缴纳 224064 万元，女性当年达到 55 周岁可以每月领取养老金 1460.81 元，男性当年达到 60 周岁可以每月领取 1578.39 元（见表 3-15）。根据吉林省的相关文件[①]，2015 年最低工资标准为 1280~1480 元/月，从当年一次性缴费个体人员可领取的养老金数额来看，要想达到最低工资标准，在缴费上至少要一次性缴够 20 年，并且缴费基数不能选择 60%，而是要以 80% 或 100% 为基数。

表 3-15　2015 年吉林省女 55 周岁男 60 周岁养老金预算

单位：元

缴费档次及一次性缴费年限	按 100% 为基数一次性缴费 15 年	按 80% 为基数一次性缴费 15 年	按 60% 为基数一次性缴费 15 年	按 100% 为基数一次性缴费 20 年	按 80% 为基数一次性缴费 20 年	按 60% 为基数一次性缴费 20 年
一次性缴费总额	168048	134424	100836	224064	179232	134448
女当年达到 55 周岁养老金预算	1095.6	946.29	797.44	1460.81	1261.96	1063.25
男当年达到 60 周岁养老金预算	1183.79	1016.83	850.36	1578.39	1356.02	1133.8

资料来源：吉林省人力资源和社会保障厅。

从缴费及领取养老保险待遇的数额来看，这一政策针对的是个体、灵活就业人员中收入较高的人员。对于超过一半的个体、灵活就业人员来说，城乡居民养老保险的保障水平太低，他们不愿意进入，城镇企业职工养老保险的水平又略高，加入有些吃力，所以参保的数量不多，而这一部

---

① 《吉林省人民政府关于发布全省最低工资标准的通知》（吉政函〔2015〕102 号）。

分群体的绝对值又不少，按统计年鉴上的数字，私营和个体从业人员2015年有2.8亿人，也不容忽视。为了最大限度地吸收这部分就业人员参加养老保险，有些省区市出台了一些相关政策，比如吉林省为了鼓励大学生创业，也为了能扩大企业职工养老保险的覆盖面，专门出台了《关于促进大学生就业创业养老保险扶持政策有关问题的通知》（吉人社办字〔2016〕40号），鼓励毕业后从事灵活就业或个体经营的大学生参加企业职工养老保险，并且以前没缴费的年份可以一次性补缴。大学毕业生可以说是自雇经营、灵活就业人员中能力比较强、收入比较高、参保意识也比较强的一部分群体，他们最有可能参与养老保险。不过从2016年制度出台到2019年，据课题组调查，效果并不明显，补缴养老保险的大学生寥寥无几。所以出于经济条件、年龄、从业的稳定性、参保意识等方面的原因，要提高这一就业群体的参保率十分困难。

2. 经济下行、去产能影响养老保险成果巩固

受全球经济危机影响，近几年我国经济经济下行压力加大，经济发展速度放缓，对重化工领域的需求整体下降，导致钢铁、煤炭、水泥等产业产能过剩问题突出，生产经营出现困难，出现了一批"僵尸企业"。据统计，2014年，我国工业产能利用率总体为78.7%，但到2015年，一些主要行业的产能利率下降到70%以下，其中，粗钢产能利用率下降为67%，煤炭行业为64.9%，水泥行业为62.9%，玻璃行业为67.99%，电解铝行业为75.4%，曾经红火一时的造船业产能利用率也不足70%。[①] 这些行业一度高速发展，积累的问题复杂、从业人员多、社会影响大，所以需要逐步化解过剩产能，淘汰"僵尸企业"，为有活力的新兴企业腾出发展空间。去产能的过程必然涉及职工的转岗分流问题，一部分转岗分流的职工会从国企工人转为灵活就业人员，养老保险费也要从企业分担一部分转为自己负担全部缴费，在收入减少或不稳定时期会中断养老保险缴费。同样企业经济效益不好，还要负责一部分内退职工或无法转岗又没有工作可做的待岗职工的养老保险缴费，只能欠缴。这些都会对养老保险覆盖面和基金造成压力。

---

① 邹蕴涵：《我国产能过剩现状及去产能政策建议》，《发展研究》2016年第7期。

减产所涉行业多、数量大、时间短。需要化解的过剩产业数量庞大，2016年国务院发文提出目标是"在近年来淘汰落后钢铁产能的基础上，从2016年开始，用5年时间再压减粗钢产能1亿—1.5亿吨"。① 在2016年第十二届全国人民代表大会第四次会议上，李克强总理强调，"近三年淘汰落后钢炼铁产能9000多万吨、水泥2.3亿吨、平板玻璃7600多万重量箱、电解铝100多万吨"②。根据安排，2016年将减少粗钢产能4500万吨，退出煤炭产能2.5亿吨以上。2017年的政府工作报告中明确提出2017年的重点工作任务之一就是要"再压减钢铁产能5000万吨左右，退出煤炭产能1.5亿吨以上。同时，要淘汰、停建、缓建煤电产能5000万千瓦以上，以防范化解煤电产能过剩风险，提高煤电行业效率，优化能源结构为清洁能源发展腾空间"③。在中央的大力敦促和有力保障下，各地去产能效果显著，2016年几乎是超额完成任务（见表3-16）。到2018年，煤炭领域共退出落后产能8.1亿吨，"十三五"去产能目标任务提前两年完成。

涉及职工多。去产能的过程要关停、重组大量的企业，涉及大批职工分流，这也是去产能最艰难的环节，在各需要去产能的产业中，钢铁、煤炭系统涉及的人员最多。根据人力资源和社会保障部统计，煤炭和钢铁系统共有职工180万人需要分流安置，其中煤炭系统职工约130万人，钢铁系统职工约50万人。其他的一些产业虽然需要去产能的规模不大，但也存在过剩产能或者落后产能，而且涉及的行业繁多，要关闭的企业总数有上千家，这些行业包括水泥、电解铝、玻璃、造纸、印染、电石、船舶、铅蓄电池、铜铅冶炼、制革。去产能的行业大多是做了许多年，比较成规模的、基础性的，产业链较长，基础性过剩和落后产能要减压，必然会对下游产业产生影响，比如煤炭行业直接和火电、化工、机械等领域密切相关，此次所涉及需要转岗、安置的职工也绝不会仅仅是钢铁、煤炭行业的180万人，预计会有500万人左右。2016年，据人社部公布的数据，有28个省区市1905家企业进行了去产能，已安置了72.6万名职工。④

---

① 《国务院关于钢铁行业化解过剩产能实现脱困发展的意见》（国发〔2016〕6号）。
② 《三年淘汰落后钢铁产能9000万吨降本增效》，http://news.huishoushang.com/66631.html。
③ 2017年政府工作报告。
④ 《人社部：去产能2016年安置职工72.6万 今年约50万》，央视网，http://news.cctv.com/2017/03/01/ARTIBf1MV5yJH0wxI2r23YMg170301.shtml，最后访问日期：2020年4月16日。

表 3-16 部分地区去产能情况统计

地区	2016 年已压减过剩产能	2017 年减产
北京	退出煤炭产能 180 万吨	2020 年煤矿全部退出
河北	压减钢铁产能 3300 多万吨	钢铁 3186 万吨, 煤炭 742 万吨
天津	压减炼铁 159 万吨、炼钢 370 万吨	减炼钢产能 180 万吨
山西	退出煤炭 2325 万吨, 钢铁 82 万吨	钢铁 170 万吨, 煤炭 2000 万吨
内蒙古	330 万吨煤炭、291 万吨钢铁产能	55 万吨钢铁、120 万吨煤炭产能
吉林	钢铁产能 108 万吨, 关闭退出煤矿 64 处, 去产能 1643 万吨	关停 15 万吨以下煤矿, 压减煤炭产能 314 万吨。推动通钢集团压减炼铁产能 80 万吨
辽宁	钢铁产能 602 万吨、煤炭 1361 万吨	到 2020 年, 煤炭 3040 万吨, 关闭退出煤矿 140 家
黑龙江	炼钢 610 万吨、煤炭 1010 万吨、炼铁 219 万吨	用 3~5 年时间化解煤炭过剩产能 2567 万吨
河南	关闭矿井 100 处、退出煤炭产能 2388 万吨, 压减炼钢产能 240 万吨	煤炭 2000 万吨
湖北	钢铁 338 万吨、炼钢 416 万吨、炼铁 60 万吨、煤炭 1011 万吨	提前两年超额完成与国家签订的三年目标任务
安徽	煤炭 967 万吨、生铁和粗钢 505 万吨, 安置职工 3.8 万人	2016~2020 年, 压减生铁产能 384 万吨、粗钢产能 506 万吨; 分流安置职工约 2.9 万人, 力争 2018 年底前完成
浙江	处置 555 家"僵尸企业", 淘汰改造 2000 家企业落后产能, 整治 3 万家脏乱差小作坊	处置 300 家"僵尸企业", 淘汰 1000 家企业落后产能, 整治 1 万家脏乱差小作坊
山东	钢铁产能 270 万吨	减生铁产能 387 万吨、粗钢 280 万吨、煤炭 351 万吨
重庆	钢铁产能 517 万吨、煤炭 2084 万吨	
贵州	关闭退出煤矿 100 处、产能 1897 万吨/年	关闭煤矿 120 处, 化解过剩产能 1500 万吨
云南	煤炭 1010 万吨、炼钢 610 万吨	
陕西	煤炭 2934 万吨、炼铁 160 万吨、炼钢 70 万吨	淘汰不达标煤矿, 钢铁企业重组, 关停整改无望的水泥企业
甘肃	生铁、粗钢、煤炭产能 160 万吨、144 万吨、427 万吨	煤炭 240 万吨
青海	钢铁 50 万吨	132 万吨煤炭

资料来源: 网上搜集、整理数据, http://www.ccement.com/news/content/8852268388795.html。

对职工安置多种措施并行。中央对去产能涉及的职工安置问题高度重视，专门安排了 1000 亿元专项资金来解决。从这个角度看，此次职工的转岗和 20 世纪 90 年代的下岗有本质不同。为帮助职工转岗主要采取了四方面的措施：内部安置、转岗就业、内部退养、公益性岗位。挖掘企业新的就业岗位，对职工进行内部安置，对转岗的要给予培训，内部退养主要针对大龄再就业困难职工，要求距退休年龄 5 年以内，退养后由企业发放生活费，并且企业负责继续为其缴纳保险金直到退休，最后由公益性岗位进行托底，通过这四个措施确保分流人员都能有工作。从企业实际操作来看，企业将职工分为"临时合同制工人"和"终身合同制工人"，对待临时工基本是给笔补偿金后推向市场，而正式职工则内部退养或在企业内部分流。企业临时工占企业职工的比例较高，达 30%～70%。比如杭钢清理了 3000 余名劳务派遣工，补偿标准是每年工龄 600 元；河北省共有 60 余万钢铁工人，加上周边产业总人数达 100 万人，其中 70%～75% 为民营企业的工人，因与企业签订的为临时合同，这部分人不管因何种原因丢掉工作，只能离开；唐钢有 30% 的工人为"合同工"，其余则与企业签订了"终身合同"。在安置方式上，钢厂可以解雇临时工，"被内退"的国企工人则每月可得到 800 元至 1400 元不等的生活费，直至退休。[①] 可以说虽然国家出台了相关政策，但在实施过程中由于职工身份的复杂性，安置工作也较为困难，而且职工分流转岗必然涉及养老保险的问题。

转岗分流职工养老保险缴费缴纳有较大压力。从中央对要分流职工的安置措施来看，转岗职工养老保险由职工和新订的企业协商，内部退养和内部安置的职工养老保险仍由原企业负责，公益性岗位由当地政府负责。虽然思路比较清晰，但无论是从职工层面还是企业层面，养老保险的缴纳都会产生一定的波动。一是对职工来说，如果继续留在体制内，企业发展没有向好的趋向，那么工资会减少，扣除个人应缴纳的养老保险后工资就更少了，企业如果没有能力为职工缴纳养老保险，也相当于养老保险的缴纳停滞。如果职工选择转岗，或者一些临时工拿到补偿经费后被辞退，转到相应的有五险一金待遇的企业，养老保险还可接续。如果转到灵活就业岗位，则需要按照灵活就业的要求，自己缴纳全部养老保险费，有些人会

---

① 《去产能胶着：分流职工往哪去企业政府拉锯》，《财经杂志》2016 年 5 月 16 日。

因无力承担而中断。二是对企业来说，有些企业长期拖欠职工养老保险，此次关闭、停产需要清算历史欠账，为职工补缴保险，这笔钱从哪支出是个问题。不关闭、不停产的企业，保留职工，但无力缴纳养老保险费，只能拖欠。以上两方面最后都会对养老保险的覆盖范围和基金收缴造成压力，从2012年起，城镇企业职工养老保险参保人数缓慢递增，增长速度本身就开始下降，2012年比2011年递增6.96%，2013年递增5.64%，2014年递增6.06%，2015年递增速度则下降到2.73%。[1] 在这种情况下，去产能所涉及的职工是否还会继续缴纳养老保险，必然会对养老保险参保率产生影响。大批企业关闭、停产也意味着企业缴纳养老费用的中断，这对基金的影响不言而喻。同样是从2012年起，养老保险基金收入的增长速度就已开始落后于基金支出的增长速度，而且这一差距在逐年拉大：2012年落后3.9个百分点，2013年落后5.3个百分点，2014年落后6个百分点，2015年略有好转，收入的增长速度比支出还要落后3.1个百分点。基金结余的增长速度也是一路下滑，从2011年的31.3%下降到2015年的12%。[2] 去产能对养老保险的影响已经显现，近年各地出现了基金征缴困难的情况，个人、企业出现不同程度的断缴、欠缴。这种情况在经济欠发达地区更为严重，比如东北三省，新兴工业发展慢，经济发展一直依赖重化工业，此次去产能在职工分流安置方面的压力可想而知。据官方发布的数据，辽宁省钢铁、煤炭行业涉及需要转岗安置的职工为9.3万人，黑龙江省为7.5万人[3]，吉林省没有公布具体的数字，不过据其去产能的目标来看，钢铁、煤炭行业至少涉及3万人。东北三省从2014年起，经济增长速度就在全国倒数，经济总量占全国的份额一路下滑。养老保险基金承受的压力要大于全国，2015年，三省城镇职工养老保险基金都已收不抵支，而且收不抵支的程度最高。在岗缴费的职工少，退休的职工多，抚养比都在2.0以下，其中辽宁省是1.8个在岗职工缴费供养一个退休职工，吉林省抚养比是1.5，黑龙江省抚养比是1.4。[4] 2016年三省去产能的力度都很大，涉及的

---

[1] 2013~2016年中国统计年鉴。
[2] 根据中国统计年鉴数据计算得出。
[3] 《人往哪里去 信心何处来——各地化产能职工安置情况调查》，中华人民共和国人力资源和社会保障部网，http://www.mohrss.gov.cn/SYrlzyhshbzb/dongtaixinwen/buneiyaowen/201608/t20160822_245835.html。
[4] 根据中国统计年鉴数据计算得出。

转岗职工都较多，但经济发展缓慢，就业岗位少，职工转岗后能找到稳定工作的机会也就少，所以养老保险断缴的更多。课题组在东北三省调研时发现，一些化解产能过剩企业主要采取错峰生产和限产来实现节能减排，能维持生产的去产能企业并没有大幅度裁员，而是在保持不裁减人员或少裁减人员情况下，采取轮岗放假、减少工资的方式来维持现状。这意味着应转岗而未转岗的职工仍由单位供养，单位用地方财政补助的稳岗补贴为职工发放基本生活费。处于半停产状态的企业谈不上经济效益，无力上缴养老保险费。在我们调查的去产能任务较重的一个市，2016年上半年，全市城镇企业职工养老保险覆盖人数有45.44万人，养老保险费征缴额（含清欠）6.2亿元，仅完成年计划（17.78亿元）的35%。[①] 由此可见养老保险的征缴压力较大。

（四）失地农民参保范围小，且存在碎片化问题

失地农民参与养老保险的方式各不相同。2000年以后，随着我国城镇化建设的加速，建设用地不断扩张，越来越多的农民丧失土地，失地农民、被征地农民形成了一个群体。最初的失地农民仅仅是支付征地补偿款，而且在最初几年征地补偿款较低，"北京、上海的补偿标准相对较高，其他地区土地补偿费用每亩2万元左右，安置补偿费用每亩在1万~2万元之间，两者相加每亩为3万~4万元"[②]。2008年的一份调查显示，"多数农民把征地款用于建屋、娶妻、供子女上学等生活性开支，而用于长远生活保障和经营性生产的投资很少"[③]。几年后失地农民把征地补偿款花光后会陷入贫困，再次找政府，在这种情况下，为失地农民提供一份长期保障就提上日程。

1. 失地农民养老保险形成的过程

中央高度重视失地农民的养老保险问题，2003~2007年连续下发了多

---

① 根据中国统计年鉴数据计算得出。
② 殷俊、李晓鹤：《中国失地农民养老保障实践模式的公平性探析》，《经济问题》2009年第8期。
③ 《关于失地农民生活现状的调查与思考》，http://blog.sina.com.cn/s/blog_49e383ab01008 2we.html。

个文件，要求各地保障被征地农民的长远生活。2003 年底中央发布文件，提出要加快土地征用制度方面的改革，"完善土地征用程序和补偿机制，提高补偿标准，改进分配办法，妥善安置失地农民，并为他们提供社会保障"①。2006 年中央进一步对被征地农民的保障问题提出指导意见，明确提出要"采取多种方式保障被征地农民的基本生活和长远生计"，在保障方式上，此次文件提出的思路是将被征地农民纳入当地城镇居民或农村居民养老保障体系中，对于资金来源，强调从"批准提高的安置补助费和用于被征地农户的土地补偿费中统一安排"②。在随即下发的另一份文件中，规定"土地出让总价款必须首先按规定足额安排支付土地补偿费、安置补助费、地上附着物和青苗补偿费、拆迁补偿费以及补助被征地农民社会保障所需资金的不足……社会保障费用不落实的不得批准征地"③。为进一步贯彻落实这一精神，劳动和社会保障部要求各地尽快出台实施办法，将被征地农民纳入社会保障体系。④ 在中央的要求下，各地积极开始行动，据统计，到 2009 年底，全国所有省区市均已颁布被征地农民养老保险的文件，1000 多个县开展了这方面的工作。为被征地农民设立养老保险至此达到高峰。官方也在 2008 年和 2009 年专门公布了失地农民参加养老保障的数据：2008 年末有 27 个区市的 1201 个县市开展了被征地农民社会保障工作，1324 万名被征地农民被纳入基本生活或养老保障制度；2009 年参加被征地农民社会保障人数为 2500 多万人，约增加 1200 万人。⑤ 两年共 3824 万名被征地农民参加养老保险。2009 年以后随着新型农村养老保险制度的实施，被征地农民参加养老保险的情况就再没有统计。这和建设用地逐年减少，补偿费用大笔增加，失地农民数量也不像前几年那样大幅增加有关。从近 5 年全国占用耕地的面积来看，2011 年和 2012 年达到峰值，2011 年全国批准建设用地 61.17 万公顷，比 2010 年同比增长 26.3%，其中批准占用耕地面积 25.3 万公顷；2012 年继续增长，全国批准建设用地

---

① 《中共中央 国务院关于促进农民增加收入若干政策的意见》（中发〔2004〕1 号）。
② 《国务院办公厅转发劳动保障部关于做好被征地农民就业培训和社会保障工作指导意见的通知》（国办发〔2006〕29 号）。
③ 《国务院关于加强土地调控有关问题的通知》（国发〔2006〕31 号）。
④ 《关于切实做好被征地农民社会保障工作有关问题的通知》（劳社部发〔2007〕14 号）。
⑤ 《2008 年度人力资源和社会保障事业发展统计公报》《2019 年度人力资源和社会保障事业发展统计公报》。

61.52万公顷，同比增长0.6%，其中批准占用耕地面积为25.94万公顷。2013年以后无论是批准建设用地面积还是占用耕地面积都大幅缩小。2013年批准建设用地面积53.43万公顷，同比下降了13.1%，其中批准占用耕地面积也减少为21.96万公顷，同比下降15.3%；2014年全国批准建设用地40.38万公顷，下降幅度较大，同比下降24.4%，其中批准占用耕地16.08万公顷，同比下降26.78%；2015年进一步下调，全国批准建设用地缩减到39.48万公顷，同比下降2.2%，其中批准占用耕地15.94万公顷，同比下降0.87%（见表3-17）。

表3-17 占用耕地情况

单位：万公顷，%

年份	批准建设用地	同比增长	批准占用耕地
2011	61.17	26.3	25.3
2012	61.52	0.6	25.94
2013	53.43	-13.1	21.96
2014	40.38	-24.4	16.08
2015	39.48	-2.2	15.94

资料来源：2011~2015年中国国土资源公报。

占用耕地面积下降，被征地人口减少，失地农民的养老保险问题也不再是近几年的社会热点。从这几年社会保障体系的发展方向来看，国家也放弃了为失地农民单独设立一个养老保险制度的计划，看起来这部分人口完全可纳入城镇企业职工养老保险和城乡居民养老保险制度中。不过实际情况是各地针对失地农民的养老保险政策多种多样，而且相当多的失地农民没有参加任何保险，尤其是经济欠发达地区。一些省份在养老保险发展上不再关注这部分人口，虽然在21世纪初也制定了针对这部分人口的养老保险制度，但十多年后在经济社会形势都发生较大变化的情况下政策却没有任何变化，失地农民参不参保也是自愿性质的，和当初国家的不落实社会保障费用就不批准征地的政策有很大不同。对农民来说，如果没有强制措施，不会情愿再用拿到手的补偿款去缴费。近些年也有补偿款异常高的地区，补偿款就足以让失地农民过好后半生，不过对多数农民来说，依靠养老保险来保障老年的生活非常必要。在对待被征地农民养老保险问题上，还有一些地区采取了比较积极的政策，从2000年至今几次修改政策，摸索经验，制定了让失地农民有多种选择、比较满意的制度。

2. 失地农民养老保险的不同阶段

各地从 2003 年开始结合本地情况陆续制定了不同的失地农民养老保险制度。制度模式在不同时期有较大差异，具体可以分为两个阶段：第一阶段从 2003 年到 2009 年，属于探索阶段；第二阶段从 2010 年至今，属于完善阶段。

第一阶段：个人缴费高、养老金低、政府承担的责任较小。第一阶段的模式有学者总结出六大类，"纳入城镇社保体系的代表有北京、成都等；纳入小城镇社保体系的代表有上海；纳入商业保险体系的如重庆；纳入农村社会养老保险制度的有青岛；建立被征地农民社会保险制度，有天津与西安等；建立被征地农民基本生活保障制度的有浙江"①。事实上，这六大类可以简单地分为三类：纳入已有养老保险体系（城镇企业职工、农村养老保险）、建立独立的养老保险、纳入商业保险体系。无论是哪种模式，第一阶段失地农民参加养老保险制度有个共同的特点，就是个人缴费高、养老金低、政府承担的责任少、自愿性强、农民参加养老保险的意愿不强。从缴费基数上看，有以上年度全市职工月平均工资的 60% 为基数，再按照 13%~17% 的比例缴纳的（天津，2004 年），有以上年度农民人均收入为基数，按 15% 的比例缴纳的（青岛，2003 年），有以征地时当地城镇居民年最低生活保障标准为基数，按 35% 的比例缴纳的（苏州，2008 年）。政府补贴为 20%~50%，缴费大多是一次性补缴，也有地区采取按年缴纳的形式。2009 年有学者进行了统计，从补缴的数额来看，一次性补缴 15 年的费用基本在 1 万元以上，部分地区达到了 7 万元。② 但是在给付标准上，却和城镇低保的标准差不多，甚至有些城市还低于低保标准。所以在第一阶段，农民失去土地后有些能和以前的收入持平，有些则出现收入下降。制度没有吸引力，政府也缺乏积极性，所以在第一阶段失地农

---

① 刘迪香：《失地农民养老保险制度的路径依赖与城乡一体化》，《中南林业科技大学学报》（社会科学版）2008 年第 5 期。
② 殷俊、李晓鹤：《中国失地农民养老保障实践模式的公平性探析》，《经济问题》2009 年第 8 期。

民参加养老保险是被动的。随着新型农村养老保险和城镇居民养老保险的建立以及后期两个制度的合并，城镇企业职工养老保险也在不断扩大覆盖面，降低进入门槛，所以2010年以后的失地农民基本可以被纳入这两大保险体系，也因此，第一阶段有些针对失地农民的养老保险政策被相继停止。比如重庆将失地农民纳入商业养老保险，这一政策实行得比较早，从20世纪末就开始了，采取自愿的原则，主要保障对象年龄比较大，男50岁、女40岁以上。农民向保险公司缴纳一笔费用，这笔费用主要从征地补偿款中出，保险公司按月向农民支付生活费用。政府负责向保险公司缴纳管理费，同时还要向参保农民提供一定数额的补贴。截至2006年底，有12.84万名被征地农民获得养老保障，商业保险加政府补贴，每人每月能拿到大约200元。这一保险方式在第一阶段的模式中比较独特，在一定程度上保障了失地农民的生活，但是它和国家后来相继出台的文件有相悖之处，而且政府要向保险公司缴纳5%的管理费，负担并没有减轻，所以2008年重庆出台文件，2008年以后失地农民都不再参加商业保险，而是直接纳入城镇职工养老保险。上海在第一阶段是小城镇模式，和城镇职工养老模式差不多，但在缴费上比城镇职工养老模式少，而在给付上，政府大力补贴，所以给付又比别的省区市多。从表3-18可以看出，2008年杭州失地农民缴费标准是7.5万元，南京是3.8万~4.9万元，只有上海最低，在1万元以下，失地农民仅需缴纳6000多元。而在养老金收入上，上海在这几个城市当中最高，北京、重庆、青岛、南京、杭州、广州的失地农民养老金为100~500元，上海失地农民每月却可以得到866.76元（见表3-19），政府财政给予了大力补贴，所以上海的这一模式在当年也有其独特之处。不过这一政策随着上海城乡一体化进程的发展，在2011年也停止，2011年以后的失地农民统一纳入城镇居民养老保险。

第二阶段：政府承担更多责任，个人负担小，养老金提高。失地农民养老保险在2010年以后进入第二阶段，第二阶段的模式是现有养老保险+政府补贴。第二阶段的总体特点是失地农民被纳入城镇企业职工养老保险和城乡居民养老保险体系中，保障水平提高，政府承担了更多责任，失地农民的养老保险日趋完善。第二阶段各省区市两极化趋势明显，大多数经济欠发达地区，失地农民养老政策停滞在2010年以前，没有任何进展，对失地农民养老问题也不再关心。失地农民可以随意加入城镇企业职工养老保险或城乡居民养老保险，自愿参加。在这种情况下，失地农民主动参加保险的积极性不高。部分省区市则相反，对失地农民养老问题长期关注，并根据经济社会发展出现的新情况不断调整政策，政府承担起应负的责任，提高待遇，失地农民参保积极性提高，养老保险制度覆盖面大幅度扩大。在这方面做得比较好的有江苏江阴和湖北武汉。江苏江阴失地农民养老政策调整了三次，主要特点是将年龄细化，不同年龄段的居民享受不同的待遇。2004年的政策中，政府从土地有偿使用收益中提取一部分资金，为失地农民发放生活补助费和养老金。在四个年龄段中16岁以下的发放三年生活补助费；女性16周岁以上至40周岁，男性16周岁以上至45周岁，发放两年生活补助费，退休后领取；女性40周岁以上至50周岁，男性45周岁以上至60周岁，按月领取生活补助费直至退休，退休后领取失地保养金；女性50周岁以上，男性60周岁以上，直接按月领取养老金。2010年调整了一次政策，将16~60岁的失地农民纳入城镇企业职工养老保险，个人和政府各自负担一部分费用，其中个人负担的比例超过75%，从征地收入中支出，个人负担小部分，政府每年为每个参保的失地农民大约缴费1.46万元，个人缴费部分大约每年每人0.48万元。在此基础上，政府还要加发生活补助费，16岁以下的一次性发放6000元，16~45岁的，发放两年共3840元，46~60岁的，发放两年共4320元。2014年，政策进一步调整，把原先的四个年龄段合并成三个，16岁以下、16~60岁、60岁以上，女性提前5岁，在此基础上加发生活补助费。未参加城镇企业职工养老保险的还可以参加以城乡居民养老保险。由于政府支持力度大，保险+补助的模式回报丰厚，参加城乡居民养老保险的失地农民，2016年每月有960元的收入，参加城镇企业职工养老保险的失地农民，2015年的养老金是1959元。[①] 这种养老保险模式大大提高了失地农民的参保热情。湖北武汉市是第二阶段的另一个典型，其特点是在把失地农民纳入现有的城镇企业职工和城乡居民养老保险的同时，建立了养老保险补偿制度。也可以说是另外一种形式的保险+补助。对失地农民的养老问题武汉市同样经历了

[①] 周建再、代宝珍：《发达地区失地农民养老保障制度建设——基于对江阴市的调研数据》，《现代经济探讨》2016年第8期。

几次调整、探索。2006年武汉市下发了文件①，符合条件的被征地农民享受每人每年800元基本生活保障费待遇。2009年新型农村养老保险开始时，武汉市下发了在"新农保"实行时被征地农民如何参保的文件，被征地农民可选择参加城镇企业职工养老保险、养老保障或新型农村养老保险，个人和村集体经济组织负担70%，市、区人民政府补贴30%。② 通过这一规定可以看到，政府承担的责任较小，失地农民需要自己承担大部分费用，而且"新农保"的给付力度较小，引起失地农民的不满。2012年武汉市再次下发文件，为已到60周岁、参加城乡居民养老保险的失地农民每月加发200元的补助。③ 2015年，武汉市根据湖北省的指导意见，出台被征地农民养老保险新政，规定2015年以后的新失地农民，可以获得养老保险一次性补偿，补偿标准"按不低于被征地时所在市、州上年度农村居民年人均纯收入的3倍确定。对被征地时60周岁以上（含60周岁）的人员，按照一次性养老保险补偿标准给予全额补偿；对被征地时60周岁以下（59周岁至16周岁）的人员，年龄每降低1岁，补偿标准按全额补偿的1%递减"④。这里面不包含已参加城镇企业职工养老保险的人员。养老保险补偿金在征地之前就一次性扣除，放到失地农民的个人账户，失地农民到年龄时，按月发放。不同年龄段的失地农民获得的养老金各不相同，2015年，武汉市"60岁的被征地农民人均补偿待遇每月340元，加上基础养老金225元，其养老金最低可达565元。65岁的被征地农民人均补偿待遇每月480元，加上基础养老金225元，其养老金可突破700元。70岁以上的被征地农民其养老金每月则可达1000元以上"⑤。实际上失地农民养老金收入是由城乡居民养老保险基础养老金+养老补偿金+个人账户中个人缴费组成，所以保障水平较高，再加上先补后缴、即征即保的措施，有力地把失地农民纳入养老保险体系。

---

① 《市人民政府办公厅转发市劳动保障局关于做好我市被征地农民基本生活保障工作意见的通知》（武政办〔2006〕113号）。
② 《武汉市人民政府办公厅转发市人力资源和社会保障局关于做好被征地农民社会保障和就业培训工作意见的通知》（武政办〔2009〕139号）。
③ 《市人民政府办公厅转发市人力资源社会保障局关于对参加城乡居民社会养老保险的被征地农民增加补助养老金意见的通知》（武政办〔2012〕147号）。
④ 《武汉市被征地农民参加基本养老保险实施办法的通知》（武政规〔2015〕13号）。
⑤ 刘洪清、明一先、张鑫、艾晖云：《山重水复探新路——湖北省被征地农民养老保险制度变迁启示》，《中国社会保障》2016年第10期。

表 3-18 部分地区失地农民养老保险补偿政策

地区	养老相关规定
吉林 （2005 年）	人均补偿收入为 1.5 万 ~ 3 万元，长春市的标准最高，郊区菜田人均 4 万 ~ 12 万元，旱田为 1.5 万 ~ 4.5 万元，水田为 2 万 ~ 6 万元。个人和集体承担缴费的 70% ~ 80%，从安置补助费中抵缴，政府补助占 20% ~ 30%，男 60 周岁、女 55 周岁要一次性缴纳，可同时参加城乡居民养老保险。《吉林省被征地农民基本养老保险指导意见》（吉劳社〔2005〕250 号）
广西南宁 （2010 年）	根据不同区片，补偿额为 6 万 ~ 9.3 万元。2010 年出台政策，失地农民纳入城镇企业职工养老保险，养老保险费由政府负担 50%、集体负担 30%、个人负担 20%。《南宁市被征地农民就业培训和社会保障暂行办法》（南府发〔2010〕32 号）
江苏江阴 （2004 年、 2010 年、 2014 年）	2004 年，失地保养金制度，资金由市财政补贴 50%，镇、开发区（含村、组）承担 50%。2010 年纳入城镇企业职工养老保险，个人缴费部分由被征地农民承担，企业缴费部分由开发区、临港新城承担，其余由市、镇（街道）财政按规定比例承担。2014 年以后，重新划分为三个年龄段，分别提供生活补助费、城镇企业职工养老保险、"城居保 + 补助"。
湖北 （2015 年）	2015 年以后被征地农民参加城镇企业职工基本养老保险或城乡居民基本养老保险，年满 60 周岁以上的人员，在享受城乡居民养老保险待遇的基础上，再加发补偿资金。对被征地时 60 周岁以下（59 周岁至 16 周岁）的人员，年龄每降低 1 岁，补偿标准按全额补偿的 1% 递减
重庆 （2006 年、 2008 年）	一次性从失地补贴中扣除费用，向保险公司投保养老保险，2006 年、2007 年进行了调整，建立社会养老保险。2008 年 1 月 1 日后征地的，不再实行储蓄式养老保险办法。直接纳入城镇企业职工养老保险。《重庆市调整征地补偿安置政策有关事项的通知》（渝府发〔2008〕45 号）
苏州 （2008 年、 2016 年）	2008 年，以征地时当地城镇居民年最低生活保障标准为基数，按 35% 的比例一次性缴纳 15 年的养老保险费，政府再按 15% 的比例进行补贴，在征地时统一核准后，从土地补偿费和安置补助费中一次性扣缴。从年满 60 周岁起，按月领取养老保险待遇，养老保险待遇由基础养老金和个人账户养老金构成。基础养老金标准为 120 元；个人账户养老金标准为个人账户累计储存除以 139。2016 年以后调整了标准，养老补助金调整为每月 755 元，已参加城乡居民养老保险的失地农民，可同时享受每月最低标准的基础养老金 115 元。《关于调整苏州市区征地补偿和被征地农民社会保障相关标准的通知》（苏人保规〔2016〕10 号）

资料来源：各地失地农民养老保险政策。

表 3-19　失地农民养老保险缴费及给付情况

单位：元

	北京	上海	重庆	青岛	南京	杭州	广州
一次性补缴	11105.64	6630.68	27600	1899.73	44600	7474.28	16200
月给付	316.36	866.76	230	125.00	320.00	412.46	116.55
低保线	312	252	145	249	182	292	288

资料来源：殷俊、李晓鹤：《中国失地农民养老保障实践模式的公平性探析》，《经济问题》2009年第8期。

从以上分析可以看出，在解决失地农民养老保险的第一阶段，各地有多种模式，有纳入城乡居民养老保险的，有纳入农村养老保险的，有建立独立保险的。无论哪一种模式，普遍存在农民个人缴费多、政府承担少、养老金少的特点，制度吸引力小，虽然中央政府强调不解决失地农民养老保险的问题就不能批准征地，但各地在执行过程中仍存在空头参保的现象。2010年进入第二阶段，在这个阶段，出现了两极分化的现象。有些地区不断完善失地农民的养老保障办法，最后提出了令农民满意的解决措施；有些地区则工作停滞，失地农民养老问题完全推给城镇企业职工养老保险和城乡居民养老保险，这两个制度一个缴费水平太高，一个收入水平太低，都不完全适合失地农民。就城乡居民养老保险制度而言，农民用参保后的养老金再加上土地的产出，可以应对老年生活，可失地农民完全失去了土地，没有就业技能，没有投资方法，所以养老保险很重要。从目前比较成熟的地方经验来看，做得比较好的地区都实行了双重保障，把失地农民纳入现存的企业职工和居民两大保障体系中，同时政府给予大力补贴，"保险+补贴"使失地农民的生活水平较失地之前没有下降。经费基本都从政府土地有偿使用收益中支付。目前能较好地安置失地农民的大多是经济发达地区，经济欠发达地区则大多处于让失地农民自愿选择的状况，所以失地农民养老保险覆盖面较小，且保障不足。

城镇企业职工养老保险和城乡居民养老保险两大体系基本可以覆盖全部应参保人口，也就是说，任何一个居民，不管何种职业、身份都可以参加适合自己的养老保险，而以前仅有一部分人口有参加养老保险的权利，另一部分人口被排除在外。每个人都可以平等地享有参加养老保险的权利，在我国养老保障发展历程中是极大的进步。不过分析实际参保率可以看到，应参保人群并没有全部参保。其中有经济下行、去产能等大环境的影响，又有制度设计不合理、吸引力不够、居民参保意识不强等原因。参保率不能提高，老龄化程度不断加深，制度内部还有些小的碎片需要整合，这些都会给整个养老保障体系建设带来困扰。因而，加大制度内部的整合力度，提高制度的契合度及吸引力在养老保障建设中很有必要。

二 机关事业单位养老保险制度并轨的挑战

2015年初，《国务院关于机关事业单位工作人员养老保险制度改革的决定》（国发〔2015〕2号，以下简称《决定》）下发，从2014年10月1日起将机关事业单位与企业职工养老保险制度并轨，结束了60多年来机关事业单位工作人员养老保险由财政供养的历史，实行统账结合的模式。这对整合养老保险体系、实现不同职业间的养老公平、优化人力资源配置、深化收入分配制度改革等方面具有重大意义。机关事业单位养老保险制度并轨是广受社会各界关注的大事，自改革实施以来，已取得一定进展，但进展缓慢，而养老保险制度并轨是以前期改革为前提和基础来实施的，前期改革不彻底会导致后期养老保险制度并轨无法顺畅实施，会在一定程度上影响社会公正的实现，需要相关改革同步推进。

（一）机关事业单位养老保险制度并轨进展

《决定》颁布以后，并轨启动运行，已在三方面取得了进展。第一，地方出台实施办法，开始启动并轨。各地陆续出台细则，对参保单位及参保人员范围、基金筹集、计发办法、领取条件、转移接续、基金管理等方面做了相应规定。到2016年上半年，全国31个省区市已全部出台实施办法，标志着机关事业单位养老保险制度并轨进入全面启动阶段。由于人力资源社会保障部、财政部之后又下发了专门的文件，就《决定》中一些模糊问题进行了说明，比如对视同缴费年限，不同类型单位、不同编制职工如何参保等比较突出的问题都做了进一步界定，所以各地出台的实施办法相差不大，严格执行了国家层面的相关规定。第二，工资调整，并轨方案开始实施。《决定》出台后不久，国务院就下发了通知①，规定从 2014 年 10 月 1 日起，即机关事业单位养老保险并轨之日起，同步调整机关事业单位工作人员工资标准，规范津贴补贴。到 2016 年下半年，各地全部完成机关事业单位工资调整，此次调整后机关事业单位工作人员工资平均上涨 1000 元左右，从上涨的工资中直接扣除个人应缴纳 8% 的基本养老保险费及 4% 的职业年金，实际工资平均上涨 300 元左右。此次调整工资的意义在于涨工资与扣养老保险费同步进行，相当于财政承担了前期成本，消减了制度并轨带来的阵痛，使并轨能够平稳运行。第三，具体操作。目前进入具体操作阶段，包括建数据库、收录个人信息、梳理参保范围、建立统筹账户、做实个人账户等。总体来看，《决定》下发后，取得了一定进展，尤其是在国家规定执行日期的情况下，比如对各地实施办法备案、工资调整到位、基金入市方案都有明确的日期要求，地方启动实施比较迅速。但总体来看，改革还未完成，到 2017 年上半年距《决定》下发已两年多，大部分地区还仅处于建数据库阶段，其主要原因在于进入具体操作阶段后，一些前期相关制度改革不到位，对并轨形成掣肘。2019 年各地已经开始实施，一些有争议的部分暂时搁置。

机关事业单位养老保险制度与企业职工养老保险制度并轨，是我国养老保险制度整合迈出的一大步。根据国务院的文件，由财政供养的机关事业单位养老保险模式将不复存在，无论是何种单位性质，其职工养老保险都将采纳"社会统筹 + 个人账户"的形式，个人需缴纳工资的一定比例，体现个人责任。企业和机关事业单位养老保险制度并轨，将对提升社会公平，推动劳动力市场流动，完善整个养老保障体系建设等方面起到不可估量的作用。从统计数据可以看出，机关事业单位数量较多，改革过程异常艰难，错综复杂。2011 年中共中央、国务院发布关于事业单位分类改革的指导意见后，机关事业单位数量不仅没有缩减，反而出现了一个快速膨胀的过程：2011 年机关事业单位有 97.5 万个，2014 年扩张到 108.8 万个，其中事业单位从 72.5 万个上升到 82.8 万个，机关单位从 24.99 万个上升到 25.94 万个（见表 3-20）。也就是说，在把经营性事业单位划归企业、

---

① 《国务院办公厅转发人力资源社会保障部财政部关于调整机关事业单位工作人员基本工资标准和增加机关事业单位离退休人员退休费三个实施方案的通知》（国办发〔2015〕3 号）。

把行政属性的事业单位划归为行政机构的改革过程中，无论是机关还是事业单位，数量不仅没有减少，反而增加了。如果加上社会团体中的一些事业单位，那么这个数字还要大。从中可见这是个利益博弈的过程。从 2014 年到 2015 年，机关事业单位的数量略有减少，从 108.8 万个减少到 108.2 万个，减少的幅度远远比不上 2011~2014 年增加的幅度。且职工数并没有明显减少，机关事业单位无论是分类还是管理都处于改革未完成的状态，总体思路仍然不够具体，理论逻辑不够清晰。但从 2015 年起，改革的步伐加快，2015 年到 2017 年，全国法人机关事业单位数量共减少了 1.5 万个，其中事业单位减少 8899 个，机关单位数减少 3034 个，社会团体数量减少 2957 个。2018 年中共中央印发了《深化党和国家机构改革方案》，快速进行了多部门合并、重组改革，在关键领域取得重大进展。在取得上述成就的同时，应看到，我国财政政策和人事制度改革还相对滞后，用工制度和工薪收入制度改革成为改革的难点，进展缓慢。在这种情况下，机关事业单位原有的一些问题在改革中并没有完全消除，养老保险制度在并轨过程中，不可避免地会遇到这些原有的问题。这将成为整合过程中的难点。

表 3-20　全国法人机关事业单位数量

单位：个

年份	事业单位	机关单位	合计	社会团体	合计
2011	725000	249855	974855	209665	1184520
2012	729718	250271	979989	215597	1195586
2014	828440	259357	1087797	294691	1382488
2015	823615	258394	1082009	302205	1384214
2017	814716	255360	1070076	299248	1369324

资料来源：2012~2018 年中国统计年鉴。

（二）影响因素之一：事业单位分类没有完成

事业单位分类没有完成，影响养老保险并轨进展。机关事业单位养老保险制度并轨在操作过程中首先遇到的一个问题就是事业单位分类，因为缴费责任是由单位和个人共同承担，单位缴纳的比例是"本单位工资总额的 20%"，以及 8% 的职业年金，加起来单位共需缴纳 28%。28% 并不是一个小数目，这笔经费是否都由职工所在单位承担，涉及单位的分类。机关单位完全由财政支付，事业单位分为三类，有三种不同的待遇：公益性事业单位应承担的28%由财政支付，账户不做实，而采取记账的办法；半公益事业单位由财政和单位共同承担；自收自支事业单位全部由单位承担。后两类单位须做实账户。所以事业单位分类是机关事业单位养老保险制度并轨能够实行的基础和前提。思路看起来很清晰，可是问题在于从2011年开始启动的事业单位分类改革目前并没有完成。从2011年政府发布的文件来看，国家想要逐步恢复事业单位的公益性质，"按照社会功能将现有事业单位划分为承担行政职能、从事生产经营活动和从事公益服务三个类别。对承担行政职能的，逐步将其行政职能划归行政机构或转为行政机构；对从事生产经营活动的，逐步将其转为企业；对从事公益服务的，继续将其保留在事业单位序列、强化其公益属性。今后，不再批准设立承担行政职能的事业单位和从事生产经营活动的事业单位"①。剥离事业单位的行政属性和市场属性，还原其公益性质，把行政性和经营性的单位剥离后，剩下的公益性事业单位又划分为公益一类和公益二类："承担义务教育、基础性科研、公共文化、公共卫生及基层的基本医疗服务等基本公益服务，不能或不宜由市场配置资源的，划入公益一类；承担高等教育、非营利医疗等公益服务，可部分由市场配置资源的，划入公益二类。"② 在机关事业单位养老保险制度并轨启动之时，对事业单位的第一阶段分类（区分行政机构、事业单位、企业阶段）还未结束，第二阶段分类（区分公益一类、公益二类阶段）仅有大致轮廓。在这种情况下，单位缴纳养老保险的比例无法确定，就成为机关事业单位养老保险制度并轨的第一道难关。

目前来看，对于第一阶段的改革，即让事业单位回归公益性质，属于行政性质的归到行政机构，属于企业性质的归到企业，前者难度不大，因为归到行政机构属于国家财政拿钱，看起来比省级财政拿钱的事业单位更稳固，但将具有生产经营性质的事业单位转成企业就比较难。在经济发达省份，事业单位转成企业后，企业会更有活力，经济效益转好，各项待遇

---

① 《中共中央 国务院关于分类推进事业单位改革的指导意见》（中发〔2011〕5号）。
② 《中共中央 国务院关于分类推进事业单位改革的指导意见》（中发〔2011〕5号）。

不会降低，且会比以前更好，所以职工更有干劲，不会计较身份上的转变，这种转制阻力不大。但对于经济欠发达的省份，事业单位已经习惯于在财政保证其基本生活的情况下再从事一些营利性的活动。事业单位通常是在编办进行登记，由编办进行管理，企业在工商部门注册由工商部门管理，而有些有生产经营性质的事业单位常常除了正常在编办进行登记管理外，还会在工商部门进行注册登记，有两种身份。事业单位的身份也方便其在市场上进行逐利活动，在市场上参与的竞争并不属于完全的公平竞争。如果剥离事业单位的身份将其推向市场，其反而不知该怎么盈利，所以这一部分单位在分类时会反对将其完全划分为企业。属于"事改企"的有以下几种情况。一是各地和政府有一定隶属关系的各级宾馆。二是一些县市、乡镇一级的事业单位。县市、乡镇本身经济就没有发展起来，这一部分事业单位进入市场后更是无从发展，所以阻力相当大。三是属于中直驻省级所属事业单位。中央在20世纪90年代就下发了相关文件，但十多年后并未推动，中直驻省级所属事业单位仍属事业单位。比如勘探业，中央早在1999年就先后出台了两大文件①，对冶金、有色、轻工、化工、建材等部门所属的地质勘查单位，工程勘察设计单位转企改革提出意见，但进展缓慢，到2016年底实行机关事业单位养老保险改革前，有些省份这些单位仍未实现转企改革。第四种情况属于一些科研院所，国家在2000年下发了文件②，提出有面向市场能力的科研院所要向企业转制。这一改革，进展也不理想。在第一阶段的事业单位分类改革中，各省都持着先易后难的原则进行改革，有行政属性的事业单位已经转变为行政机构，属事业单位的也已定性完成，这两类在有些省份占分类改革的80%左右。剩下的20%左右基本是符合生产经营类要转成企业的，在这一层次的改革上，部分事业单位不愿改，地方政府改革动力不足，所以有些省份还处于等待、观望的态势。

第一阶段分类改革存在一定困难，第二阶段分类改革也面临同样的问

---

① 《国务院办公厅关于印发地质勘查队伍管理体制改革方案的通知》（国办发〔1999〕37号）；《国务院办公厅转发建设部等部门关于工程勘察设计单位体制改革的若干意见的通知》（国办发〔1999〕101号）。

② 《国务院办公厅转发科技部等部门关于深化科研机构管理体制改革的实施意见的通知》（国办发〔2000〕38号）。

题。第二阶段主要是把公益类事业单位再进一步划分为公益一类和公益二类。公益一类事业单位由财政全额拨款，公益二类事业单位由财政差额拨款，相当于触动了单位的原有利益，这是第二阶段分类改革的矛盾焦点所在。对于什么性质的单位划分为一类，什么性质的单位划分为二类，国家虽然有规定，但并没有明确的标准，有些可划为一类也可划为二类的，单位自然会往一类靠近。从《中共中央 国务院关于分类推进事业单位改革的指导意见》来看，高校和医院下一步将成为改革的重点，要将这两类单位划分为公益二类事业单位，划入公益二类事业单位后的一系列问题尚无定论。并且在改革中如何区分从事生产经营类的事业单位和公益二类事业单位也没有详细界定，存在将公益二类事业单位当成生产经营性质单位而向企业转制，或该转制的未能转制的风险，最终造成一些单位没有生产经营能力。在单位生存都存在问题的情况下，更别提由单位来负担养老保险费了。已经明确要转为公益二类的高校和医院，转制后要由财政全额拨款变为差额拨款，养老保险也由财政全额支付变为财政和单位共同负担。这就需要单位创收，而高校和医院本身就担负着公共服务这样的使命，改革后为了创收是否会削弱公益性，从而加重民众上学、就医的负担，出现这种状况将如何处理等问题仍没有明确解决办法，这些都成为机关事业单位养老保险并轨的阻碍。对于还没有完成分类的事业单位如何参加养老保险，人力资源社会保障部、财政部在2015年底出台了《关于贯彻落实〈国务院关于机关事业单位工作人员养老保险制度改革的决定〉的通知》（人社部发〔2015〕28号），提出"对于目前划分为生产经营类，但尚未转企改制到位的事业单位，已参加企业职工基本养老保险的仍继续参加；尚未参加的，暂参加机关事业单位基本养老保险，待其转企改制到位后，按有关规定纳入企业职工基本养老保险范围。要根据《决定》要求严格按照机关事业单位编制管理规定确定参保人员范围。编制外人员应依法参加企业职工基本养老保险。对于编制管理不规范的单位，要先按照有关规定进行清理规范，待明确工作人员身份后再纳入相应的养老保险制度"。从各地出台的具体办法中可以看到，对于上述问题的处理大致在28号文件的范围内，有的针对本地区突出情况有所扩展（见表3-21）。从处理的办法来看，主要是维持现状，没有明确分类之前，参加哪种保险还按哪种保险继续参加，比如参加企业职工养老保险的还按企业职工养老保险来经办，参加机关事业单位养老保险的，还按机关事业单位养老保险来经办，等明确分类之后再转换。这样做的优点是可以延缓矛盾，等待机关事业单位配套改革的跟进，缺点是加大了经办的工作量，容易造成重复劳动。在这段时间，一些事业单位会努力使自己划为公益一类事业单位，形成暗中的利益博弈。

表 3-21　各地机关事业单位参加养老保险改革的范围规定

文件	参保范围
《贯彻〈安徽省人民政府关于机关事业单位工作人员养老保险制度改革的实施意见〉若干政策规定》（皖人社发〔2016〕30号）	承担行政职能类的事业单位，参加机关事业单位养老保险；划分为生产经营类，但尚未转企改制到位，且未参加企业职工基本养老保险的事业单位，暂参加机关事业单位养老保险，待其转企改制到位后，按有关规定纳入企业职工基本养老保险范围；已参加企业职工基本养老保险的，仍继续参加；不纳入分类范围的使用事业编制的社会团体，参加机关事业单位养老保险；未参加企业职工基本养老保险的，暂参加机关事业单位养老保险；已参加企业职工基本养老保险的，仍继续参加
《辽宁省人民政府关于机关事业单位工作人员养老保险制度改革的实施意见》（辽政发〔2015〕48号）	对于应转企改制但尚未到位的事业单位，已参加企业职工基本养老保险的仍继续参加；尚未参加的，暂参加机关事业单位基本养老保险，待其转企改制到位后，按有关规定纳入企业职工基本养老保险范围
江苏省《省政府关于机关事业单位工作人员养老保险制度改革的实施意见》（苏政发〔2015〕89号）	对于编制管理不规范的机关事业单位，要按照有关规定进行清理规范，待明确工作人员身份后再纳入相应的养老保险制度
《湖南省人民政府关于机关事业单位工作人员养老保险制度改革的实施意见》（湘政发〔2015〕38号）	范围为按有关规定进行分类改革后的公益一类、二类事业单位。对于目前划为生产经营类，但尚未转企改制到位的事业单位，已参加企业职工基本养老保险的仍继续参加；尚未参加的，暂参加机关事业单位基本养老保险，待其转企改制到位后，按有关规定纳入企业职工基本养老保险的范围。编制外人员应依法参加企业职工基本养老保险。对编制管理不规范的单位，先按照有关规定清理规范，待明确工作人员身份后再纳入相应的养老保险制度

续表

文件	参保范围
《吉林省人民政府关于印发吉林省机关事业单位工作人员养老保险制度改革实施办法的通知》（吉政发〔2015〕39号）	已经划分为承担行政职能或从事公益服务的事业单位。对目前划分为生产经营类，但尚未转企改制到位的事业单位，已参加企业职工基本养老保险的仍继续参加；尚未参加的，暂参加机关事业单位基本养老保险，待其转企改制到位后，按有关规定纳入企业职工基本养老保险范围。符合前述范围的省政府驻外省办事机构，驻我省中央和国家管理机关、所属事业单位适用本办法
《广东省人民政府关于贯彻落实〈国务院关于机关事业单位工作人员养老保险制度改革的决定〉的通知》	按照公务员法管理的单位，参照公务员法管理的机关（单位），行政类和公益一类、二类事业单位及其编制内的工作人员参加机关事业单位养老保险。严格按照机关事业单位编制管理规定确定参保人员范围，编制外人员应依法参加企业职工基本养老保险。对于编制管理不规范的单位，要先按照有关规定进行清理规范，待明确工作人员身份后再纳入相应的养老保险制度

资料来源：根据各地机关事业单位养老保险制度改革文件整理。

（三）影响因素之二：人事制度改革未完成

从事业单位工作人员参加养老保险的范围来看，中央有明确规定，"要根据《决定》要求，严格按照机关事业单位编制管理规定确定参保人员范围。编制外人员应依法参加企业职工基本养老保险。对于编制管理不规范的单位，要先按照有关规定进行清理规范，待明确工作人员身份后再纳入相应的养老保险制度"[1]。也就是说，改革针对的是编制内的职工，编制外的职工被纳入企业职工养老保险制度。同时，为了保证机关事业单位养老保险改革后职工利益不受损，在养老金之外，加上了12%的职业年金。职业年金针对的也同样是编制内的职工，12%的职业年金由单位负担8%，个人负担4%，单位负担了大部分。这对于编制外的人员来说就是一种损失，因为机关事业单位给编外人员交保险是不包括职业年金这一部分的，这将直接导致未来养老金的差别。单就编制而言，编制内外就已经形

---

[1] 《关于贯彻落实〈国务院关于机关事业单位工作人员养老保险制度改革的决定〉的通知》（人社部发〔2015〕28号）。

成了实质上的差别，而对于用工形式复杂的机关事业单位来说，这一条款在操作上还需更加详细的规定。众所周知，编制对事业单位有重大意义，岗位设置、收支核定、财政拨款等涉及事业单位生存和发展的大事都与编制的多少密不可分，编制背后是各种利益的附着，编制人员多意味着财政开支的扩张。由于历年机关事业单位编制内职工养老保险都是由国家财政出钱，所以从这些年全国机关事业单位城镇职工参加基本养老保险的人数可以看到在编人员的数量。从1999年开始，机关事业单位参保人数就不断增加，1999年为642.6万人，到2012年增长到1620.2万人，再加上离退休人员，共2154.9万人，这些都应该是在编人员。从2012年起，国家要求各省区市以2012年底的在编人数为基数，以后不再增长。如果一些事业单位的编制需要增长，比如交通、社会保障、社会组织等近些年快速发展的单位需要编制，也只能从别的事业单位收回一些编制再分配给急需编制的单位，所以可以从表3-22中看到，2012年至2014年，实际在编人员其实是在减少的，2012年为1620.2万人，2013年为1612.6万人，2014年为1598.7万人。

由表3-22可以看到，2004~2014年，机关事业单位职工参保人员递增率较低，个别年份甚至还在递减，这和国家事业单位改革密切相关。随着改革的推进，事业单位编制呈紧缩状态，一些事业单位的编制不仅不再增加，还要不断缩减，导致事业单位编制不够用。在这种情况下，各单位只好采用多种变通办法，一方面"灵活"运用编制，采用超编、借编、储备编制、机动编制等形式，另一方面采取编外用工的形式，所以事业单位内部多种用工形式并存已成为不争的事实。抛开行政类事业单位和生产经营类事业单位，就公益性事业单位来说，其内部用工形式就有多种。包括正式事业编职工、在编的参照公务员管理职工、合同制工人、通过人事代理聘用的人员；还包括前几年改革中有些机关事业单位的机构被撤销，其所涉及的人员编制也被相应取消，但相关人员，比如司机、食堂、打字等相关职工仍在单位继续上班；还有些事业单位具备经营性质，转变成企业后，须分流却未分流的"老人"；提前离岗关系仍保留在单位的人员，关系虽保留，但由于效益不好，单位只给这部分人交了几年的养老保险，同样面临着怎么办的困境。在有些事业单位，比如医院，编外用工甚至已达到一半之多。编制内外同工不同酬的现象较为普遍，近些年事业单位改革也在逐步弱化编制的作用，努力把管理方式从编制管理转向聘用和岗位管理。到 2015 年底，事业单位聘用制度全面推广，合同签订率达到 93%。从表 3-22 可以看出，从 2015 年开始，机关事业单位职工参加养老保险的情况有所好转，呈增长态势，甚至在 2016 年递增率达到 58.5%，而同年，离退休人员的递增率达到 78.3%。不过编制状况并没有发生明显改变，不论是聘用还是岗位管理，并没有动摇编制管理的基础性地位，编制空额决定了新聘人员的数量，聘用后也要按照编制管理的要求进行审批备案，也就是说，聘用管理、岗位管理是在编制范围内实行的，没有编制的职工无法聘任到相应的岗位上，也无法得到相应的岗位工资。而编制管理和公益一类、二类单位的划分同样存在牵制的问题，如果某一事业单位划入公益一类，政府全额拨款，那么就意味着严格按照编制来拨款，但单位还需要一些类似于后勤服务类的职务，所以单位会以临时工的形式来聘用这些人，而财政拨款的使用又会越来越严格，临时工的工资、养老保险费从何而出？只能是单位自筹，而单位如果有自筹的能力，按规定就应该划分为公益二类。前几年事业单位的改制，取消、撤并了一些机构，但职工并没有下岗，而是留在原单位，换了个岗，所以在一个单位中，有享受全额拨款人员，有享受差额拨款人员，有自筹经费人员，同一单位，不同待遇，直接导致养老待遇不同。编制改革还在进行中，所以以编制为基础划分职工是否参加机关事业单位养老保险会在操作中产生一些差异。

表 3-22 历年全国机关事业单位工作人员参加基本养老保险人数

单位：万人，%

年份	参保人数	每年递增率	离退休人员	合计
1999	642.6		119.9	762.5
2000	977.6	52.1	153.4	1131.0
2001	1068.9	9.3	209.3	1278.2
2002	1199.4	12.2	258.6	1458.0
2003	1322.0	10.2	303.3	1625.3
2004	1346.4	1.8	327.6	1674.0
2005	1409.8	4.7	362.3	1772.1
2006	1512.9	7.3	396.8	1909.7
2007	1492.6	-1.3	409.7	1902.3

续表

年份	参保人数	每年递增率	离退休人员	合计
2008	1504.1	0.8	435.6	1939.7
2009	1524.0	1.3	459.0	1983.0
2010	1579.6	3.6	493.3	2072.9
2011	1595.0	1.0	513.0	2108.0
2012	1620.2	1.6	534.7	2154.9
2013	1612.6	-0.5	556.2	2168.9
2014	1598.7	-0.9	579.8	2178.5
2015	1632.5	2.1	605.5	2238.0
2016	2586.7	58.5	1079.5	3666.2
2017	3411.3	31.9	1565.3	4976.6

资料来源：根据中国劳动统计年鉴（2018）计算所得。

人社部在未来的几年将以高校和医院为改革重点，探索逐步取消这两类单位编制的办法。2016年底，财政部、中央编办共同出台了《中央编办关于做好事业单位政府购买服务改革工作的意见》（财综〔2016〕53号），提出到2020年底，事业单位政府购买服务改革工作将全面推开，政府购买服务，主要针对公益二类事业单位，公益一类事业单位由于承担基础的科、教、文、卫等方面的公共服务，还是由财政直接负担。"承担高等教育、非营利医疗等公益服务，可部分由市场配置资源的公益二类事业单位，可以作为政府购买服务的承接主体。承担义务教育、基础性科研、公共文化、公共卫生及基层的基本医疗服务等基本公益服务，不能或不宜由市场配置资源的公益一类事业单位，既不属于政府购买服务的购买主体，也不属于承接主体，不得参与承接政府购买服务。"可以看出此次改革，高校和医院排在首位，由财政直接负担其经费开支转变为政府购买服务，也就是说以前是按编制进行"人头"拨款，现在则是按所需服务进行拨款。这两类单位职工编制是否要取消，文件中并没有体现，只是提到要"探索建立与政府购买服务制度相适应的财政支持和人员编制管理制度。实施政府向事业单位购买服务的行政主管部门，应当将相关经费预算由事业单位调整至部门本级管理。积极探索建立事业单位财政经费与人员编制协调约束机制，创新事业单位财政经费与人员编制管理，推动事业单位改革逐步深入"。教育、卫生和社会工作中，事业单位职工比较集中，从统计数据来看，这两类单位的职工数量在不断增加，2003 年教育部门的职工有 1442.8 万人，2015 年达到 1736.5 万人，卫生和社会工作部门 2003 年是 485.5 万人，2015 年变为 841.6 万人，教育、卫生和社会工作部门 2015 年职工达 2578.1 万人（见表 3-23）。在教育里面如果把高等教育分离出来，2015 年普通高等学校和成人高等学校共有 2852 所，职工达到 242.1 万人。到 2017 年，普通高等学校和成人高等学校增加到 2913 所，职工达到 248.4 万人（见表 3-24）。高校、卫生和社会工作部门的职工超过千万人，根据统计年鉴的界定，其中还不包括临时工、退休人员、退职人员、离开本单位仍保留劳动关系人员以及返聘和临时聘任不足半年人员，如果加上各类在职人员，则所涉及的人员更多。按参保规定，机关事业单位人员编制管理不规范的，要先清理规范，明确人员身份之后才可参保，像高校和医院这种改革方向已定但细则还未出台的，要先按机关事业人员参保，一旦高校和医院变为公益二类事业单位，由政府财政全额托底变为政府购买服务，就意味着有相当一部分养老保险费由单位来承担。这会给单位带来多大负担目前还不可知，而单位在资金压力下会不会扩大有偿服务范畴，挤压公共服务资源，最后将压力转移给普通百姓，造成更加严重的上学难、看病贵，成为百姓担心的问题。如果机关事业单位养老保险并轨的改革初衷是缩小群体间养老金差距，增强社会公平感，最后却造成了另一种形式的不公，那整个改革就背离了本意，对制度并轨造成困扰。所以，机关事业单位养老保险制度改革只有与人事制度改革同步进行，才能破解相关的难题。吉林省法人机关事业单位个数见表 3-25。

表 3-23　全国教育、卫生和社会工作从业人员数量

单位：万人

年份	教育	卫生和社会工作	合计
2003	1442.8	485.5	1928.3
2004	1466.8	494.7	1961.5
2005	1483.2	508.9	1992.1
2006	1504.4	525.4	2029.8
2007	1520.9	542.8	2063.7
2008	1534.0	563.6	2097.6
2009	1550.4	595.8	2146.2

续表

年份	教育	卫生和社会工作	合计
2010	1581.8	632.5	2214.3
2011	1617.8	679.1	2296.9
2012	1653.4	719.3	2372.7
2013	1687.2	770.0	2457.2
2014	1727.3	810.4	2537.7
2015	1736.5	841.6	2578.1

资料来源：2004~2016年中国统计年鉴。

表3-24 2015年、2017年高校教职工人数

单位：所，人

年份	学校数 2015	学校数 2017	教职工人数 2015	教职工人数 2017	专任老师数 2015	专任老师数 2017
普通高等学校	2560	2631	2369326	2442995	1572565	1633248
成人高等学校	292	282	51292	41408	30246	23990
合计	2852	2913	2420618	2484403	1602811	1657238

资料来源：2016年、2018年中国统计年鉴。

表3-25 吉林省法人机关事业单位个数

单位：个

年份	事业单位	机关单位	合计	社会团体	合计
2011	17249	5678	22927	3495	26422
2012	16970	5631	22601	3494	26095
2014	19409	5886	25295	4360	29655
2015	19269	5876	25145	4340	29485
2017	18783	5889	24672	3534	28206

资料来源：2012~2018年中国统计年鉴。

（四）影响因素之三：薪酬差异明显

《国务院关于机关事业单位工作人员养老保险制度改革的决定》提出个人缴费按"缴费工资"的8%收取，其后，人力资源社会保障部、财政部又对"缴费工资"做了详细界定，"机关单位（含参公管理的单位）工作人员的个人缴费工资基数包括：本人上年度工资收入中的基本工资、国

家统一的津贴补贴（艰苦边远地区津贴、西藏特贴、特区津贴、警衔津贴、海关津贴等国家统一规定纳入原退休费基数的项目）、规范后的津贴补贴（地区附加津贴）、年终一次性奖金；事业单位工作人员的个人缴费工资基数包括：本人上年度工资收入中的基本工资、国家统一的津贴补贴（艰苦边远地区津贴、西藏特贴、特区津贴等国家统一规定纳入原退休费计发基数的项目）、绩效工资"[1]。以前机关事业单位工资组成项目繁多，后来经过几轮整治之后，基本由三部分构成：基本工资、津贴补贴、绩效工资。个人缴纳养老保险费也是由这三部分组成，这三部分的比例为：基本工资占30%~40%，和职级、工龄、岗位密切相关；津贴补贴占20%，是根据1999年的清理规范要求制定的，在国家规定的范围和标准之外，各单位不允许在这一项上再私设项目；绩效工资占40%~50%，这一项目是2006年事业单位工资中新设的项目，2006年开始启动，2010年开始全面实施，各地区可自定标准。前两项基本工资和津贴补贴有国家统一的标准，绩效工资体现了差距，和当地经济发展水平、不同事业单位经费来源等因素相关，正是绩效工资使机关事业单位之间、地区之间工资水平有了较大差距。从2015年部分事业单位工作人员平均工资可以看出，行业之间有略微差距，科学研究和技术服务业工作人员平均工资最高，其次是卫生和社会工作、教育领域，最后是公共管理社会保障以及社会组织领域。最高领域是最低领域的1.34倍。不过在地区之间纵向比较，这种差距就十分显著。从2015年的数据来看，最高的上海，科学研究和技术服务业平均工资高达158906元，河南只有56866元，上海科学研究和技术服务业工作人员平均工资是全国这一行业平均工资的1.78倍，是河南的2.79倍。在教育领域，北京最高，为111417元，是全国平均水平的1.67倍，是河南的2.22倍。在卫生和社会工作领域，北京最高，为139176元，是全国平均水平的1.94倍，是山西的2.88倍。在公共管理社会保障组织领域，上海最高，为100767元，是全国平均水平的1.62倍，是河南的2.37倍（见表3-26）。从2017年的数据看，这一形势并没有改变，北京、上海仍遥遥领先，部分领域与全国平均水平及低工资地区差距进一步拉大。科学研究

---

[1]《关于贯彻落实〈国务院关于机关事业单位工作人员养老保险制度改革的决定〉的通知》（人社部发〔2015〕28号）。

和技术服务业事业单位人员平均工资,上海是全国平均水平的1.64倍,是吉林的2.64倍。教育领域,北京是全国平均水平的1.72倍,是河南的2.28倍。卫生和社会工作领域,北京是全国平均水平的1.89倍,是山西的3.0倍。公共管理社会保障社会组织领域,上海是全国平均水平的1.48倍,是河南的1.99倍(见表3-27)。

表3-26 2015年部分事业单位工作人员平均工资

单位:元

地区	科学研究和技术服务业	教育	卫生和社会工作	公共管理社会保障社会组织
全国平均	89410	66592	71624	62323
北京	132339	111417	139176	91030
天津	123312	97847	105452	95834
上海	158906	100865	117092	100767
山西	58390	58974	48349	49859
吉林	59844	58835	53409	48061
河南	56866	50152	53308	42587

资料来源:《中国统计年鉴2016》。

表3-27 2017年部分事业单位工作人员平均工资

单位:元

地区	科学研究和技术服务业	教育	卫生和社会工作	公共管理社会保障社会组织
全国平均	107815	83412	89648	80372
北京	150611	143215	169191	124864
天津	137969	127961	128833	128855
上海	176383	111090	138074	118964
山西	67918	67798	56466	59443
吉林	66857	71526	67048	62216
河南	68353	62807	74914	59783

资料来源:《中国统计年鉴2018》。

由此可以看出,一线城市事业单位工资远远高于中西部城市,不同性质事业单位之间工资存在差距,并且不同层级间事业单位工资也存在差距。以这种差距较大的工资作为养老保险缴费基础,养老金延续了这种收入差距,降低了收入较低地区机关事业单位养老保险制度并轨的积极性。

在缴费上还存在一些需要厘清的问题，比如单位缴费要缴纳工资总额的20%，而工资总额可以进一步界定为"参加机关事业单位养老保险工作人员的个人缴费工资基数之和"。其中有些单位大量编外人员参加企业养老保险，仅计算编内人员就会使缴费工资基数之和大幅减少，出现单位的逆向选择，按较低的基数去为职工缴纳养老保险费，从而降低职工的养老金金额，使职工利益受损。这些都会在客观上对这一制度的运行起到消极作用。

（五）影响因素之四：基金投资运营差异

为了保证机关事业单位养老保险制度改革后职工养老待遇不下降，国家在基础养老金的基础上，为机关事业单位职工设立补充养老金，即职业年金。《国务院办公厅关于印发机关事业单位职业年金办法的通知》（国办发〔2015〕18号）规定"职业年金所需费用由单位和工作人员个人共同承担。单位缴纳职业年金费用的比例为本单位工资总额的8%，个人缴费比例为本人缴费工资的4%，由单位代扣。单位和个人缴费基数与机关事业单位工作人员基本养老保险缴费基数一致"。职业年金基金采用的管理方式是个人账户方式。这个账户包括个人缴费和单位缴费，个人缴费实行的是实账积累，单位缴费是否也是实账则根据单位性质有所差别，或者按财政全额和非全额拨款有所区分。按照《机关事业单位职业年金办法》的规定，"财政全额供款的单位，单位缴费根据单位提供的信息采取记账方式，每年按照国家统一公布的记账利率计算利息，工作人员退休前，本人职业年金账户的累计储存额由同级财政拨付资金记实；对非财政全额供款的单位，单位缴费实行实账积累。实账积累形成的职业年金基金，实行市场化投资运营，按实际收益计息"。"职业年金基金投资运营收益，按规定计入职业年金个人账户。"也就是说，由政府全额供款的公益一类事业单位，单位缴纳的部分实质上是由财政负责的，所涉数量庞大，各级财政无力承担，只好空账运行，而由政府差额供款或自收自支的事业单位则要真金白银地把款下拨到账户，这里就存在两个问题。一是现在还未完成分类的事业单位，尤其是有生产经营性质的应转企而未转的单位，养老保险仍参加机关事业单位养老保险，定性之后再按企业职工养老保险来操作。在事业单位养老保险制度中，建立职业年金是强制性的，而企业建立年金制度则是自愿的，所以这一类事业单位的操作还需要细则进一步明确。有生产经营性质的事业单位中也有经营不善，盈利能力差的，这部分单位恐怕无力拿出工资总额的8%放入职业年金账户。同时，不同性质的事业单位之间的人员调动管理比较严格，人员不能逆向流动，即自收自支人员不能流动到差额拨款事业单位，差额拨款事业单位人员不能向全额拨款单位流动。所以编制的这种管理导致民办高校教师无法调到公办学校。这使不同性质事业单位职业年金产生差异。二是年金账户的虚实不同，对基金的投资运营也各不相同，会直接导致职工收入差异。对于实账年金账户，人社部专门下发了详细的管理运营办法。[①] 从这一文件可以看出，实账年金账户基金参照比较成熟的企业年金运营方法，采用市场化运作，有相对严格的监管。在投资管理人方面，委托专业的投资运营机构负责，托管人选择具有资格的商业银行，投资范围涵盖了银行存款、国债、债券、银行理财产品、信托产品、证券、股票、期货、养老金产品等境内投资产品。取得的收益归职业年金基金，基金财产独立。

全国建立企业年金的企业占全部企业的0.6%（2015年从统计年鉴来看，全国有1260万个企业，建立年金的有7.55万个），数量较少，但从企业年金运行情况来看，相对成熟，投资收益相对较高。2015年有75454个企业建立企业年金计划，建立计划数为1447个，参加职工2316.22万人，累积基金9525.51亿元，之后的三年，这些数据都呈上升趋势。建立企业年金计划的企业数量2016年为76298个，2017年为80429个，2018年增长为87368个；建立计划数2016年为1492个，2017年为1544个，2018年达到1627个；参加职工人数2018年比2015年多71.95万人，达到2388.17万人；累积基金2018年大幅度增长为14770.38亿元。从收益来看，2015年加权平均收益率达到9.88%，此后的2016~2018年趋于平稳，为3.0%~5.0%，投资收益效果显著（见表3-28、表3-29、表3-30、表3-31）。如果非全额拨款事业单位职业年金按市场化投资运营，那么所得收益也会很可观。相较而言，全额拨款事业单位由于单位缴纳部分没有

---

① 《人力资源社会保障部　财政部关于印发职业年金基金管理暂行办法的通知》（人社部发〔2016〕92号）。

做实，是记账，无法市场化投资运营，只能"每年按照国家统一公布的记账利率计算利息"，如果利息是按银行利息计算的话，那么在银行利息持续走低的情况下，就和非全额拨款事业单位的收益有较大差距。2015 年职业年金加权平均收益率达到 9.88%，当年一年期的存款基准利率仅为 1.5%。[①] 而且个人缴纳的部分做的是实账，这一部分基金不进行市场化投资运营对职工也是损失。如果利息按照非全额拨款事业单位职业年金投资回报率来下发的话，在投资成效特别显著的年份，这笔支出将对财政形成压力。这些因素在将来操作过程中会形成一定阻力。

表 3-28 2015~2018 年全国企业年金基金（总体）情况

	2015 年	2016 年	2017 年	2018 年
建立企业（个）	75454	76298	80429	87368
参加职工（万人）	2316.22	2324.75	2331.39	2388.17
积累基金（亿元）	9525.51	11074.62	12879.67	14770.38

资料来源：人力资源和社会保障部网站，http://www.mohrss.gov.cn。

表 3-29 2015~2018 年全国企业年金基金基本（建立计划）情况

单位：个

	2015 年	2016 年	2017 年	2018 年
建立计划数	1447	1492	1544	1627
单一计划	1371	1417	1472	1553
法人受托	1186	1239	1302	1403
理事会	185	178	170	150
集合计划	55	55	55	57
其他计划	21	20	17	17

注：其他计划是指准集合计划和过渡计划。

资料来源：人力资源和社会保障部网站，http://www.mohrss.gov.cn。

表 3-30 2015~2018 年全国企业年金基金基本（投资管理）情况

	2015 年	2016 年	2017 年	2018 年
实际运作资产金额（亿元）	9260.30	10756.22	12537.57	14502.21
建立组合数（个）	2993	3207	3568	3929

---

① 《中国统计年鉴 2016》。

续表

	2015 年	2016 年	2017 年	2018 年
当年投资收益（亿元）	753.91	296.15	560.55	420.46
当年加权平均收益率（％）	9.88	3.03	5.00	3.01

注：本季度加权平均收益率计算的样本为投资运作满本季度的投资组合，计算方法为样本组合收益率的规模加权，以期初和期末平均资产规模为权重；各组合收益率为单位净值增长率。本年以来加权平均收益率以上一年1月1日以前投资运作的组合为样本，以上年末和本年一、二、三季度末平均资产规模为权重。

资料来源：人力资源和社会保障部网站，http://www.mohrss.gov.cn。

表3-31　2015~2018年全国企业年金基金基本（待遇领取）情况

单位：万人，亿元

	2015 年	2016 年	2017 年	2018 年
当年领取人数	89.70	105.48	127.51	156.35
一次性领取	22.47	20.93	17.15	17.74
分期领取	67.23	84.55	110.36	138.61
当年领取金额	260.57	295.95	345.40	438.86
一次性领取	111.31	103.44	108.86	117.23
分期领取	149.26	192.51	236.54	321.63

注：分期领取人数指统计期间符合企业年金待遇领取条件并实行分期领取的人数，这一期间内同一人多次领取的只计为1人，不重复计算。

资料来源：人力资源和社会保障部网站，http://www.mohrss.gov.cn。

目前来看，基金投资运营并不好启动，除账户的问题外，统筹层次低也是一大阻碍。众所周知，统筹层次低会导致基金无法在全国范围内进行余缺调剂，阻碍劳动力在各地的流动，在机关事业单位养老保险制度并轨方面则体现在给基金投资带来一定困难。按照国务院下发的文件，机关事业单位养老保险制度并轨后的基金可以投资，由省级社会保险部门承办投资业务。这项业务能顺利开展的前提条件是省级社会保险部门有基金，现实情况是养老金的征缴、结余基金的管理还散落在县市，分散在2000多个县市级单位，在县市不能建立养老基金的法人治理结构，需要把基金提到省里，也就是需要实行统收统支的省级统筹，才能将基金结余委托给托管人。对于实行调剂金的省份来说，将散落在县市的基金集结起来，有一定难度。所以基金投资政策虽好，却并不容易落实。

（六）影响因素之五：信息化支撑力量不足

机关事业单位养老保险制度并轨需要信息系统的支持，而信息系统还无法实现互联互通，所以支撑力量明显不足，这是并轨进展缓慢的一个重要原因。信息系统对并轨的影响主要体现在两方面。一是在基金投资运营前需要把资金归拢，之后交给商业部门运作，商业部门再把投资情况反馈回社会保障部门，在此过程中信息转换比较复杂，需要统一信息系统的支持。而目前的信息化开展是以统筹地区为单位建设的，不仅省（区、市）和省（区、市）、市和市之间无法做到信息共享，就是县、乡、镇也各不相同。缺少统一信息系统的支持是并轨后基金投资运营迟迟没有启动的原因之一。二是信息系统固有顽疾没有消除，拖慢了机关事业单位并轨中的数据库建设速度。虽然在政府的重视下，各地通过建立统一的"金保工程"在一定程度上使信息化的问题得到缓解，但是由于养老保险涉及的人群复杂，个人变化的信息不能及时更新，不同业务、不同部门之间信息无法共享，各地信息化建设的基础不同，尤其是农村，数据不完整也不规范，有些地区"甚至停留在手写录入，尚未建立系统"[1]，因此在并轨采集数据之时就涉及是要建立一个省级的信息系统，实现横向和纵向的互联互通，还是保持目前分散的状态的问题。要实现互联互通还有很长的一段路要走，在信息系统建设中最关键的就是如何建立统一标准的数据库，统一的数据库才能实现将来的数据分析、处理和服务。由于数据库长期以来都是各级地方政府自行投入资金建设，各自有各自的标准和口径，水平各不相同，要想将这些局域网对接，主要存在三方面的困难。一是录入的信息标准各不相同。各地录入信息的起始年份不同，信息范围各异，有的地区个人信息采集的范围广，有的地区很简单，而且在标准上不同，业务数据和统计数据不一致的情况时有发生，地区间使用的专业术语也有所不同，加大了对接的难度和工作量。二是缺乏专业的技术人才。社保信息化建设人才不仅要懂技术，还要懂业务，各部门技术人员本身就配备不足，复合型人才就更欠缺了。三是技术要求高。目前的信息化运作有的是社保部门

---

[1] 《社保信息化：以技术和理念解决信息孤岛问题》，《经济观察报》2016年12月21日。

运作，有的委托给第三方运作，软件开发上多头开发，要把不同的新老软件对接存在升级、维护等方面的难题。这些因素会对并轨的具体操作形成某种程度的阻碍。

总之，机关事业单位无论是分类还是管理都处于改革未完成的状态，改革的总体思路、理论逻辑等方面仍然不够具体，不够清晰，人事制度、用工制度改革还在进行中。机关事业单位养老保险制度并轨和前期改革息息相关，在前期改革不到位、一些原有问题并没有完全消除的情况下进行并轨改革会遇到多种阻力。此次机关事业单位养老保险制度并轨，虽然在模式上与企业职工养老保险一致，但两者有一个实质性的差别，就是机关事业单位有强制性的职业年金。加上这一年金，会保证机关事业单位职工养老待遇不下降。企业也有企业年金，但是自愿性质的，集中在效益好的大企业，中小企业一般都不设企业年金。所以能否以机关事业单位职工的名义参加养老保险并轨对个人来说十分重要。而衡量机关事业单位职工的标准在于是否"在编"，但是编制体制改革正在进行中，还没有完成，尤其是要分到公益二类单位的学校和医院，如何改革，是否取消编制，取消编制后以何种形式替代，这部分人如何参加养老保险，没有定论。同时，对于已经完成分类的公益一类事业单位，其内部用工形式一样复杂，存在之前改革的遗留问题，不是单纯以"在编"或"不在编"就能解决的。涉及养老保险缴费分担情况，事业单位分类上的利益博弈会进一步加大，事业单位分类又会反过来影响参保人员及基金运营方式。所以在机关事业单位用工制度、人事管理改革还未结束时实行的养老保险制度并轨，将面对人事、用工制度相对复杂，养老保险制度并轨规则相对简单的局面，并轨之后会有一段内部调整、理顺关系的过程。因此，应加快机关事业单位相关制度的改革步伐，明确事业单位分类，将10%左右具有经营性质的事业单位尽快转变为企业，理顺公益二类事业单位的财政经费拨付与人事任用之间的关系，创新编制管理体制，为养老保险制度并轨的深度调整创造条件。同时，面对复杂的事业单位分类及用工情况，进一步细化方案，完善信息系统，增大可操作性，审慎对待不同账户基金投资，避免出现新的社会不公或加重一部分群体的负担，使机关事业单位养老保险制度并轨能实现提升社会公平、促进劳动力市场流动、完善整个养老保障体系建设等方面的效果。

三 养老保险基金提高到全国统筹的挑战

养老保险基金统筹层次过低是困扰养老保险制度整合的一件大事，它直接关系到养老保险的转移接续、劳动力的自由流动、养老基金的可持续发展等问题。从体系上看，我国养老保险制度已不断整合，最后形成就业和非就业两大体系，但在统筹的问题上由于大多数地区仍是县市级统筹，并且企业上缴的费率全国不统一，所以在这一层面上存在许多小碎片。这些小碎片又直接对养老关系的异地转移形成阻碍，影响到养老保险制度的整体良性进展。将统筹层次提高至全国统筹的呼声越来越高，城镇企业职工养老保险制度相对成熟，涉及的群体广泛，从这个制度入手来提高基金统筹层次会给其他制度以示范作用，所以目前提到统筹层次的提高基本指的就是城镇企业职工养老保险制度。不过也正因为这一制度建立的时间较长，制度相对成熟，在漫长的博弈过程中利益已相对固化，改革起来阻力格外大。而统筹层次分散到各县市造成的风险不能共担、结构性收支失衡等问题已越来越严峻，改革已到了不得不推进的时期。对于保险基金全国统筹的问题中央高度关注，党的十九大提出，要"完善城镇职工基本养老保险和城乡居民基本养老保险制度，尽快实现养老保险全国统筹"。2018年、2019年，《国务院关于建立企业职工基本养老保险基金中央调剂制度的通知》及《国务院办公厅关于印发降低社会保险费率综合方案的通知》相继下发，为基金全国统筹的实现开创造了条件，明确了路径和时间表。

（一）城镇企业职工养老保险基金统筹现状：统筹层次低，少数省级，大量县市级

早在1991年，国家开始针对企业养老保险制度进行市场化改革之时，就注意到了市、县级低统筹层次带来的问题，因而提出"省级统筹"的概念。1991年，《国务院关于企业职工养老保险制度改革的决定》（国发〔1991〕33号）提出，"尚未实行基本养老保险基金省级统筹的地区，要积极创造条件，由目前的市、县统筹逐步过渡到省级统筹。实行省级统筹后，原有固定职工和劳动合同制职工的养老保险基金要逐步按统一比例提取，合并调剂使用。中央部属企业，除国家另有规定者外，都要参加所在

地区的统筹"。1997 年,《国务院关于建立统一的企业职工基本养老保险制度的决定》(国发〔1997〕26 号)再次强调要将统筹层次提高到省级统筹,提出"为有利于提高基本养老保险基金的统筹层次和加强宏观调控,要逐步由县级统筹向省或省授权的地区统筹过渡。待全国基本实现省级统筹后,原经国务院批准由有关部门和单位组织统筹的企业,参加所在地区的社会统筹"。"企业缴纳基本养老保险费的比例,一般不得超过企业工资总额的 20%,具体比例由省、自治区、直辖市人民政府确定。少数省、自治区、直辖市因离退休人数较多、养老保险负担过重,确需超过企业工资总额 20% 的,应报劳动部、财政部审批。"1998 年首次提出省级统筹的调剂金形式,由统收统支转变为强调省级调剂金,提出要建立省级调剂金及省级垂直管理体制,其范围包括城镇各类企业职工及个体从业者。"1998 年底以前,各省、自治区、直辖市(以下简称省、区、市)要实行企业职工基本养老保险省级统筹(以下简称省级统筹),建立基本养老保险基金省级调剂机制,调剂金的比例以保证省、区、市范围内企业离退休人员基本养老金的按时足额发放为原则。到 2000 年,在省、区、市范围内,要基本实现统一企业缴纳基本养老保险费比例,统一管理和调度使用基本养老保险基金,对社会保险经办机构实行省级垂直管理。""省级统筹的范围包括省、区市(含计划单列市、副省级省会城市、经济特区、开发区等)内的国有企业、集体企业、外商投资企业、私营企业等城镇各类企业及其职工。城镇个体经济组织及其从业人员也应参加基本养老保险并纳入省级统筹。"2003 年,党的十六届三中全会上审议通过的《中共中央关于完善社会主义市场经济体制若干问题的决定》进一步提出统筹的几个步骤:建立省级调剂金—省级统筹—全国统筹。全国统筹的目标首次提出。"建立健全省级养老保险调剂基金,在完善市级统筹基础上,逐步实行省级统筹,条件具备时实行基本养老金的基础部分全国统筹。"2005 年国务院在《关于完善企业职工基本养老保险制度的决定》(国发〔2005〕38 号)中提出,要"建立健全省级基金调剂制度,加大基金调剂力度。在完善市级统筹的基础上,尽快提高统筹层次,实现省级统筹"。2007 年,《劳动保障部、财政部关于推进企业职工养老保险省级统筹有关问题的通知》(劳社部发〔2007〕3 号)发布,明确省级统筹的标准有两种,统收统支及调剂金,"基本养老保险基金由省级统一调度使用,实行统收统支,由省级直接管理。现阶段,也可采取省级统一核算、省和地(市)两级调剂,结余基金由省级授权地(市)、县管理的方式,其中,中央财政、省级财政补助资金和上解的调剂金由省级统一调剂使用"。2012年,《国务院关于批转社会保障"十二五"规划纲要的通知》(国发〔2012〕17号)提出,要"稳步提高各项社会保险统筹层次,扩大基金调剂和使用范围,增强基金共济能力。全面落实企业职工基本养老保险省级统筹,实现基础养老金全国统筹"。2013年在党的十八届三中全会上审议通过的《中共中央关于全面深化改革若干重大问题的决定》提出,要"实现基础养老金全国统筹","扩大参保缴费覆盖面,适时适当降低社会保险费率"。2014年人力资源和社会保障部部长尹蔚民在全国人大常委会上提出养老保险基金全国统筹的条件已趋成熟,无论是舆论、制度还是国家财力都具备一定基础,争取在2015年提出方案。[①] 不过直至2017年基础养老保险基金全国统筹的方案也未推出,足以见到这一改革之难。2018年,下发了《国务院关于建立企业职工基本养老保险基金中央调剂制度的通知》,总体思路是"在不增加社会整体负担和不提高养老保险缴费比例的基础上,通过建立养老保险基金中央调剂制度,合理均衡地区间基金负担,实现基金安全可持续,实现财政负担可控,确保各地养老金按时足额发放"。2018年各地上解资金的比例是3%,2019年上涨到3.5%。

从政策演变的历程看,最初目标是从县级统筹,过渡到市级统筹,再到省级统筹,最后是全国统筹,不过在政策执行过程中,到省级统筹时就遇到了阻力。为了减轻阻力,从1998年起政策有了变通,从基金的统收统支又衍生出另一种形式——省级调剂金,并且在2007年作为省级统筹的标准之一固定下来,各地区可根据本地区的可行性选择两种形式之一。在这种情况下,2015年全国31个省区市和新疆生产建设兵团已出台了养老保险基金省级统筹的办法,其中有24个选择了比较容易推进的省级调剂金的方式,甚至有些省区市原本已实行了统收统支的方式,在省级调剂金政策出台后又改成了省级调剂金的方式,最后只有7个省区市选择了统收统支的方式,包括北京、天津、上海三个直辖市以及陕西、新疆、西藏、青

---

① 《全国人大常委会就统筹推进城乡社保体系建设工作开展专题询问,基本养老保险基金全国统筹条件趋于成熟》,《法制日报》2014年12月30日。

海。统收统支和调剂金方式的最大区别就是养老金缴费资金是否能收到省一级来核算、管理、调剂，统收统支方式实现了这一目标，但调剂金方式只是抽取了一部分资金到省一级使用，在地区出现基金亏空时发挥作用，其他基金还分散在县市一级，这样算下来，全国企业养老保险基金统筹单位有2000多个。国家提高养老保险基金统筹层次的最初路径是在所有省区市实行统收统支省级统筹的基础上实现全国统筹，在实践过程中演化成省级调剂金替代了统收统支，即使按调剂金的标准来统计，省级统筹进展也十分缓慢。据审计署的审计结果，截至2011年底，全国有17个省区市尚未完全达到调剂金方式的省级统筹标准。同时在基金的预算编制、管理、核算等方面也存在不少问题，有些地区基金甚至还未纳入财政专户管理以及当地社保基金决算，其中"4个省本级、39个市本级和160个县220.67亿元企业职工基本养老保险基金未纳入财政专户管理；16个省本级、120个市本级和419个县的经办机构等部门和单位多头开户1791个、违规开户717个；6个省本级、23个市本级和168个县企业职工基本养老保险基金预算编制不规范；4家单位封闭运行的企业职工基本养老保险基金未纳入当地社会保险基金决算；1个省本级、20个市本级和79个县社保、税务等部门延压养老保险费收入58.29亿元；4个省本级、23个市本级和13个县79.31亿元调剂金管理不规范；178.36亿元企业职工基本养老保险基金存在会计记账和核算错误等问题"[①]。在县市级统筹管理都出现问题的情况下，直接实现全国统筹的难度可想而知。如果在省级调剂金方式的基础上实现全国统筹，意味着原来是要在31个统筹单位的基础上实现全国统筹，而现在则要在2000多个统筹单位的基础上实现全国统筹，显然无法实行，所以在2019年《国务院办公厅关于印发降低社会保险费率综合方案的通知》中，先将全国大部分地区的费率统一到16%，再提出2020年各地实现统收统支的省级统筹的目标，为下一步实现全国统筹创造条件。

（二）统筹层次低导致的问题

养老基金统筹层次低是妨碍养老保障制度整合甚至可持续发展的核心

[①] 《全国社会保障资金审计结果》2012年第34号公告。

问题，它会导致基金无法在全国进行余缺调剂，分散在各地的基金无法进行投资，基金实际亏损，阻碍劳动力在各地的流动。

1. 基金无法调剂，收不抵支的省份增多

从企业职工养老保险参保人数以及基金来看，情况不容乐观。从2000~2015年的数据来看，参加企业职工养老保险的职工人数2000~2011年处于不断上升的阶段，每年递增率都较高，到2011年达到高峰，比2010年递增了12.05%，达到19970万人。这和这些年不断扩大企业职工养老保险制度覆盖面有关系，各类企业职工、个体工商户、集体企业职工都纳入其中，各种行业保险也归并到企业职工养老保险制度中，所以参保人数大幅增加。从2012年开始，集体性的扩大覆盖面工作已基本完成，还剩下一个较大的群体是农民工，而制度对农民工的吸引力有限，所以参保职工人数递增的速度出现了下降，2012年的增速仅约为2011年的一半，参保职工人数仅比2010年递增6.96%，2013年下降到5.64%，2014年略有回升，幅度不大，为6.06%，2015年则大幅度下降，参保职工人数仅比2014年递增2.73%，增加了654.5万人。2016年、2017年参保职工递增率分别进一步下降为2.65%、2.44%。在参保职工人数增速下降的同时，离退休职工人数却大幅增加，去掉2010年、2011年比较特殊的年份，从2009年开始，离退休人员每年递增的速度就已超过参保职工。2009年离退休职工人数有5348万人，比2008年增加9.86%；2012~2015年，离退休人员以6%~10%的速度增长，超过参保职工的递增率；2015年离退休人员比2014年增加了6.53%，达到8536.5万人，增加了522.9万人；虽然2016年、2017年递增率在下降，2017年下降到4.8%，但同期，参保职工的递增率仅为2.44%。参保职工人数减少、离退休职工人数增加，直接导致抚养比变小，抚养负担加重。2000年城镇企业职工养老保险3.14个在职职工养1个离退休职工，之后抚养比不断下降，2006年为2.98个在职职工养1个离退休职工，之后2007~2011年在国家大力扩大企业养老保险覆盖面的时期开始回升，2011年抚养比为3.16，达到2000年的水平，但从2012年再次下降，2015年抚养比为2.88，2016年为2.80，2017年进一步下降为2.73。（见表3-32）

表 3-32　城镇企业职工参保情况

单位：万人，%

年份	参保职工人数	递增率	离退休职工人数	递增率	抚养比
2000	9469.9		3016.5		3.14
2001	9733.0	2.78	3171.3	5.13	3.07
2002	9929.4	2.02	3349.2	5.61	2.96
2003	10324.5	3.98	3556.9	6.20	2.90
2004	10903.9	5.61	3775.0	6.13	2.89
2005	11710.6	7.40	4005.2	6.10	2.92
2006	12618.0	7.75	4238.6	5.83	2.98
2007	13690.6	8.50	4544.0	7.21	3.01
2008	15083.4	10.17	4868.0	7.13	3.10
2009	16219.0	7.53	5348.0	9.86	3.03
2010	17822.7	9.89	5811.6	8.67	3.07
2011	19970.0	12.05	6314.0	8.64	3.16
2012	21360.9	6.96	6910.9	9.45	3.09
2013	22564.7	5.64	7484.8	8.30	3.01
2014	23932.3	6.06	8013.6	7.06	2.99
2015	24586.8	2.73	8536.5	6.53	2.88
2016	25239.6	2.65	9023.9	5.7	2.80
2017	25856.3	2.44	9460.4	4.8	2.73

资料来源：根据2018年中国劳动统计年鉴计算。

与参保职工和离退休职工比例的变化相关联，全国养老保险基金出现了同样趋势的变化。2011年基金收入比2010年增长29.8%，之后增速开始下降，到2014年，基金收入仅比2013年增长11.7%，2015年略有回升，为16.6%，2016年、2017年分别增长18.0%和22.7%。基金支出则整体呈现加快增长的趋势，从2009年开始，基金支出的增长速度基本高过基金收入的增长速度，2009年基金收入比2008年增长18%，支出则比2008年增长20.4%，即使是在基金收入增长较快的2011年，支出的增长率也几乎和收入持平。当年基金收入增长了29.8%，基金支出则增长了24.2%。2014年基金收入比2013年增长11.7%，基金支出则比2013年增长17.7%。2015年差距略有缩减，不过仍没有扭转支出增长速度较快的局面，基金收入比2014年增长16.6%，支出则增长19.7%。2016年支出增长幅度达到21.8%，2017年略有下降，也达到18.9%。这种情况使基金结余的增长速度递减。基金结余的增长速度在2002年之前呈现不稳定的状态，增长最快的年份是 1992 年，比 1991 年增长了 53.1%，最慢的年份是 1998 年，首次出现负增长，基金结余比 1997 年增长了 -13.9%，2002 年以后则一路下滑，增长率从 2002 年的 52.6% 下降到 2015 年的 12%，直至 2016 年的 10%，2017 年略有好转，提升到 14.2%，仍处于较低增长区间（见表 3-33）。由此可见，近些年城镇企业职工养老保险在基金方面面临较大压力。

表 3-33 全国养老保险基金增长率

单位：%

年份	基金收入	基金支出	基金结余
1990	21.9	25.7	44.0
1991	20.6	15.9	47.2
1992	69.6	86.0	53.1
1993	37.7	46.2	17.2
1994	40.5	40.5	17.9
1995	34.3	28.2	41.0
1996	23.3	21.7	34.6
1997	14.2	21.3	18.0
1998	9.0	20.8	-13.9
1999	34.7	27.3	24.8
2000	15.9	9.9	29.1
2001	9.2	9.7	11.3
2002	27.4	22.5	52.6
2003	16.0	9.8	37.2
2004	15.7	12.2	34.8
2005	19.6	15.4	35.8
2006	23.9	21.2	35.8
2007	24.2	21.8	34.7
2008	24.3	23.9	34.4
2009	18.0	20.4	26.1
2010	20.7	20.9	26.0
2011	29.8	24.2	31.3
2012	21.2	25.1	26.6
2013	13.3	18.6	19.2
2014	11.7	17.7	14.0
2015	16.6	19.7	12.0
2016	18.0	21.8	10.0
2017	22.7	18.9	14.2

资料来源：根据 2018 中国统计年鉴计算得出。

全国养老保险基金中 70% 以上来自企业职工养老保险基金。相对于城乡居民养老保险、机关事业单位养老保险这种以财政补贴为主的险种，企业职工养老保险是以征缴收入为主，征缴收入占总收入的 80% 以上，从中更能看到基金压力情形。2015 年之前，机关事业单位职工养老保险并未与企业并轨，可以看出未并轨之前的企业职工养老保险基金压力。从企业职工养老保险基金总收入来看，增长率同样是在 2011 年达到最高值，比 2010 年增加 25.9%，之后增长速度放缓，2014 年仅比 2013 年增长了 11.6%，也就是从 2014 年开始，企业职工养老保险的征缴收入开始低于总支出：2014 年征缴收入为 20434 亿元，仅比 2013 年增长 9.7%，总支出为 21755 亿元，比 2013 年增长 17.8%，总支出的增长速度远远超过了征缴收入，征缴收入比总支出少 1321 亿元，意味着只靠征缴收入已不够当期总支出，基金出现亏空，而这笔亏空只能靠财政补贴来弥补，当年的财政补贴为 3548 亿元，比 2013 年增长了 17.5%。到 2015 年，亏空进一步扩大，当年征缴收入为 23016 元，比 2014 年增长了 12.6%，不过总支出以更快的速度增长，当年总支出为 25813 亿元，比 2014 年增长了 18.7%，征缴收入比总支出少 2797 亿元，缺口是上一年的 2.1 倍，在这种情况下财政补贴也以更快的速度跟进，当年的财政补贴达到 4716 亿元，比 2014 年增长了 32.9%。2010~2015 年仅 6 年的时间，各级财政补贴达到 1.8 万亿元，而且随着征缴收入增长速度的放缓，各级财政补贴有快速增长之势。（见表 3-34）

表 3-34　企业职工养老保险基金收支情况

单位：亿元，%

年份	总支出	征缴收入	占比	比上年增长	财政补贴	占比	比上年增长	总收入	增长
2010	10555	11110	82.8	16.5	1954	14.6	18.7	13420	16.8
2011	12765	13956	82.6	25.6	2272	13.4	16.2	16895	25.9
2012	15562	16467	82.3	18.0	2648	13.2	16.5	20001	18.4
2013	18470	18634	82.2	13.2	3019	13.3	14.0	22680	13.4
2014	21755	20434	80.7	9.7	3548	14.0	17.5	25310	11.6
2015	25813	23016	78.4	12.6	4716	16.1	32.9	29341	15.9

注：占比是指征缴收入或各级财政补贴占总收入的比例。

资料来源：2010~2015 年度人力资源和社会保障事业发展统计公报。

从全国来看，从 2010 年开始，基金支出的增长速度要快于基金收入、基金结余的增长，地区间的两极分化状况 2015 年前后达到高峰：一半以上的基金结余都在经济发达地区，经济欠发达地区则已经出现了当期收不抵支，靠以前的结余来维持的状况，这样的地区呈现增多趋势。2014 年出现赤字的地区有两个：宁夏和黑龙江。黑龙江的赤字超过 100 亿元。到 2015 年共有 6 个地区出现赤字，分别是黑龙江、辽宁、吉林、河北、陕西、青海，当期赤字分别为：黑龙江 192.5 亿元，辽宁 113 亿元，吉林 40.7 亿元，河北 63.1 亿元，陕西 8.1 亿元，青海 7.9 亿元。此外，还有 5 个地区的当期结余不足 10 亿元，1 个地区略高于 10 亿元，处于赤字边缘，包括内蒙古、广西、甘肃、宁夏、西藏、海南。内蒙古 2015 年当期结余仅有 2.6 亿元，相比之下，海南的当期结余略高些，也仅有 10.5 亿元，也处于赤字边缘。这些地区累计结余也所剩无几，黑龙江 2015 年累计结余仅有 130.9 亿元，而当年的赤字就达到 192.5 亿元，累计结余还不够弥补当年赤字，青海、西藏的累计结余均不到 100 亿元。从全国城镇企业职工养老保险基金结余增长的情况看，增长率整体呈现下降趋势，2010~2012 年都维持在 20% 以上，从 2013 年起跌破 20% 的增长水平，下降到 18.1%，2015 年增长水平只有 11.1%。另外，经济发达地区有大量结余，出现了冰火两重天的状况。全国有 6 个地区企业职工养老保险基金的累计结余超过 2000 万元，总数接近 2 万亿元，相当于全国累计结余的一多半，占 56.5%，这 6 个地区基本属于经济发达地区，包括广东、江苏、浙江、北京、山东、四川，其中广东累计结余基金最多，为 6532.8 亿元，相当于全国的 18.5%（见表 3-35）。由于各地自行统筹，所以盈余地区的基金无法调剂到亏空的地区，基金无法发挥其大数法则的作用，基金亏空只好由财政来弥补，随着收不抵支地区逐渐增多及累计结余的进一步耗尽，财政压力会越来越大。

表 3-35　2015 年部分地区城镇企业职工养老保险基金收支情况

单位：亿元

地区	收入	支出	当期结余	累计结余
河北	1073.9	1137.0	-63.1	755.8
辽宁	1630.2	1743.2	-113	1170.8
黑龙江	1030.7	1223.2	-192.5	130.9

续表

地区	收入	支出	当期结余	累计结余
陕西	604.9	613.0	-8.1	453.3
青海	103.3	111.2	-7.9	76.4
吉林	569.2	609.9	-40.7	383.1
内蒙古	567.6	565.0	2.6	474.2
广西	479.1	470.9	8.2	456.5
甘肃	312.2	307.6	4.6	365.8
天津	594.3	559.5	34.8	396.4
湖北	1132.4	1103.6	29.4	850.4
海南	168.0	157.5	10.5	114.2
西藏	28.2	18.8	9.4	49.8
宁夏	143.9	137.1	6.8	172.2
广东	2563.6	1475.5	1088.1	6532.8
江苏	2153.9	1844.7	309.2	3163.7
浙江	1958.5	1583.7	374.8	3070.4
北京	1601.2	965.5	635.7	2796.6
山东	2105.6	1845.2	260.4	2233.4
四川	1680.6	1527.6	153	2166.4

资料来源：根据2016年中国统计年鉴整理。

2017年，当期养老保险基金收不抵支的省份仍维持在6个：河北和陕西已扭亏为盈，但湖北和山东加入了收不抵支的省份，所以6个省份包括原来的黑龙江、辽宁、吉林、青海和新加入的湖北、山东。2017年地区间的养老保险基金结余差距进一步拉大：广东的当期结余为1559亿元，辽宁为-343.8亿元，广东的累计结余达到9245.1亿元，同时全国首次出现养老基金累计结余耗尽的省份——黑龙江，累计结余为-486.2亿元（见表3-36）。在此情况下，2018年，下发了《国务院关于建立企业职工基本养老保险基金中央调剂制度的通知》，决定"在现行企业职工基本养老保险省级统筹基础上，建立中央调剂基金，对各省份养老保险基金进行适度调剂，确保基本养老金按时足额发放"。"中央调剂基金由各省份养老保险基金上解的资金构成。按照各省份职工平均工资的90%和在职应参保人数作为计算上解额的基数，上解比例从3%起步，逐步提高。""中央调剂基金实行以收定支，当年筹集的资金全部拨付地方。中央调剂基金按照人均定额拨付，根据人力资源社会保障部、财政部核定的各省份离退休人数确定拨付资金数额。"① 中央调剂制度当年就开始实行，2018 年上解比例为 3%，2019 年提高到 3.5%。中央调剂制度实行后，对养老保险基金收不抵支的东北和中西北省区起到了极大的缓解作用。广东和北京成为贡献额最大的省市，"合计贡献达到 1000 亿元，占到总贡献量的 63%"②，东北三省以及四川、湖北成为最受益的省份，尤其是东北三省，调剂后，"当期亏损额分别减少了 50% 上下"③，对缓解养老保险基金地区间的不平衡成效显著。2010~2017 年城镇职工基本养老保险结余情况见表 3-37。

表 3-36　2017 年部分地区城镇企业职工养老保险基金收支情况

单位：亿元

地区	收入	支出	当期结余	累计结余
河北	1439.2	1411.6	27.6	735.2
辽宁	1863.2	2207	-343.8	572.8
黑龙江	1240.5	1534.2	-293.7	-486.2
陕西	1049.2	961.8	87.4	566.1
青海	197.6	205.5	-7.9	55.8
吉林	764.1	767	-2.9	340
内蒙古	853.5	707.2	146.3	605.2
广西	977	881.9	95.1	556.7
甘肃	391.3	363.5	27.8	403.7
天津	894.3	836.1	58.2	463.2
湖北	1793.6	1864.2	-70.6	751.6
海南	271.1	232	39.1	173.5
西藏	130.8	84.7	46.1	123.6
宁夏	243	221.4	21.6	217.7
广东	3457.0	1898	1559	9245.1
江苏	2885.6	2555.3	330.3	3730.8

---

① 《国务院关于建立企业职工基本养老保险基金中央调剂制度的通知》（国发〔2018〕18 号）。
② 郑秉文主编《中国养老金精算报告 2019~2050》，中国劳动社会保障出版社，2019，第 73 页。
③ 郑秉文主编《中国养老金精算报告 2019~2050》，中国劳动社会保障出版社，2019，第 74 页。

续表

地区	收入	支出	当期结余	累计结余
浙江	3052.6	2636.7	415.9	3709.8
北京	2223.0	1394.3	828.7	4394.9
山东	2289.3	2358.7	-69.4	2315.7
四川	3295.9	2276.4	1019.5	3245.8

资料来源：根据2009~2018年中国统计年鉴计算。

表3-37 2010~2017年城镇职工养老保险基金结余情况

单位：亿元,%

年份	累计结余	比上年增长
2010	15365.3	22.7
2011	19496.6	26.9
2012	23941.3	22.8
2013	28269.2	18.1
2014	31800.0	12.5
2015	35344.8	11.1
2016	38580.0	9.2
2017	43884.6	13.7

资料来源：根据2018年中国统计年鉴计算。

2. 养老保险基金保值增值困难，投资政策落实困难

关于企业养老保险基金如何保值增值的问题，在1993年劳动部下发的《企业职工养老保险基金管理规定》中就有相关说明。该规定中提到各级社会保险管理机构可将一部分结余基金用来增值，并在第21条中明确了保值增值的方式有两种：购买国库券以及国家银行发行的债券；委托国家银行、国家信托放贷公司放贷。1998年，《企业职工基本养老保险基金实行收支两条线管理暂行规定》将基金保值增值的两种方式缩减为一种，取消了可以投资的方式，政策规定，"基本养老保险基金结余额预留相当于2个月的支付费用外，应全部购买国家债券和存入专户。任何部门、单位或个人不得利用基本养老保险基金在境内进行其他形式的直接或间接投资"。"社会保障基金财政专户资金，按照同期居民银行存款利率计息。"该规定为企业职工基本养老保险基金的保值增值办法定了最终基调，即银行存款

和购买国券，一直到现在各地均按此办法执行。将分散在各地的基金用来大规模购买国券并不容易，大部分地区还是将其存到银行，将基金结余存到银行保值都困难，更别提增值。据中国统计年鉴可以算出，2010年到2015年活期存款利率的平均水平是0.38%，三个月的定期平均利率为2.2%，同期居民消费价格指数平均为2.9%，也就是说，养老保险基金结余的增值水平没有跑赢通货膨胀的水平，基金实际上出现了贬值。2015年，国务院下发了《基本养老保险基金投资管理办法》，提出包括企业职工、机关事业单位工作人员和城乡居民养老保险基金在内的基本养老保险基金的投资办法。按这一办法，各地区养老保险基金结余在预留一定的支付费用后，可以委托给国务院授权的机构进行市场化投资运营，可投资范围大幅扩大，以前明令不能投资的股票、期货等此次均可投资。在这种情况下，低统筹层次会对政策的执行起到阻碍作用。在投资时需要委托人来与受托机构签订合同，按规定，委托人是指省、自治区、直辖市人民政府，具体的由人民政府指定省级社会保险部门来承办。省级社会保险部门承办此项业务的前提是省级有基金，现实情况是实行统收统支省级统筹的地区太少，大部分地区实行的是省级调剂金，养老金的征缴、结余基金的管理还散落在县市，无法进入资本市场进行投资，政策落实困难。

3. 养老保险基金监管困难，出现挪用、套用等问题

养老保险基金分散在基层，在监管中各自为政，不能集中监管，为养老保险基金的违规挪用创造了条件。挪用主要有三种形式，一是统筹基金不足，挪用个人账户，导致个人账户空账问题愈发严重。《中国劳动保障发展报告（2016）》[1] 公布的数据显示，个人账户的空账规模不断扩大，而且速度较快：1998年个人账户空账规模为450亿元，2005年破了千亿元的大关，达到8000亿元，2007年突破万亿元，达到1.1万亿元，此后空账规模的扩大速度迅速加快，年均增长水平达到18.55%，2011年为2.2万亿元，到2014年末已达3.6万亿元。据审计署的调查，个别地方还存在违反规定，没有及时为参保人员设立个人账户的现象，没有个人账户或个人账户空账运行使个人账户保值增值无从谈起，同时掩盖了统筹账户入不敷

---

[1] 刘燕斌主编《中国劳动保障发展报告（2016）》，社会科学文献出版社，2016。

出的事实，增加了基金未来支付风险。二是养老保险基金未能做到专款专用，出现基金在不同保障项目间串用、基金在行业内运行等问题。为保证基金安全，1998年财政部和人社部特意下发文件，提出养老保险基金要存入专用账户，实行收支两条线，专款专用，但在运行过程中有些地区没有做到专款专用。据审计署的审查，"2012年有55.95亿元养老保险基金在不同保障项目间相互串用。部分地区存在以物抵费等其他业务不规范问题，涉及金额114.69亿元；分行业和单位社会保险基金仍封闭运行。截至2011年底，有6家单位仍自行管理企业职工基本养老保险基金9.18亿元，其中2家单位执行不同于当地的缴费基数核定和缴费比例政策，2家单位执行不同于当地的待遇核定办法"①。养老保险基金以物抵费、在行业和单位内部封闭运行等行为都为基金带来了巨大风险。三是将基金用作办公经费等。据审计署的审查，"9个省全省和8个省的22个地市，2011年仍按照原建设部上世纪八九十年代出台的有关政策规定，由建设行政主管部门征收和管理建筑施工企业基本劳动保险基金258.51亿元，支出152.26亿元，其中3.33亿元用于建设行政主管部门经办机构工作经费，截至2011年底，这些地方建筑施工企业基本劳动保险基金累计结余395.33亿元"②。四是重复参保，套取财政补贴。2011年前后，针对身份设立的养老保险制度过多，彼此独立，参保信息不能共享。而不同群体尤其是流动群体的身份往往相互交叉重叠，以至于有些群体可以同时参加不同身份的养老保险制度，比如到城市务工的农民，既可以参加"新农保"，又可以参加"城居保"，又可以参加城镇企业职工养老保险，从而套取财政不同层面的补贴。根据审计署的调查，截至2011年底，"112.42万人重复参加企业职工基本养老保险、新农保或城居保，1086.11万人重复参加新农合、城镇居民或城镇职工基本医疗保险，造成财政多补贴17.69亿元，9.27万人重复领取养老金6845.29万元，9.57万人重复报销医疗费用1.47亿元；全国共有240.40万人跨省拥有两个以上企业职工基本养老保险个人账户"③。养老保险基金分散管理为监管带来诸多困难，在监管困境下，养老保险基金存在诸多安全隐患，所以提高养老统筹层次，在养老金存放统一的情况

---

① 《全国社会保障资金审计结果》2012年第34号公告。
② 《全国社会保障资金审计结果》2012年第34号公告。
③ 《全国社会保障资金审计结果》2012年第34号公告。

下集中监管，加大监管力度，使养老保险基金真正实现专款专用，保证基金的安全等问题已提上日程。

4. 制度转移衔接不畅，阻碍劳动力流动

低层次统筹下劳动者在地区间转移时会出现制度性障碍，受这种障碍影响最大的就是农民工。从 20 世纪 80 年代开始，一些城市从农村招聘临时工人从事基础建设工作，始称农民工。随着城镇化建设的发展，走出农村到外面打工的农民工群体日益庞大。从统计年鉴的数据来看，2007 年我国农民工数量达到 2.1 亿人，2010 年我国农民工数量增加到 2.4 亿人，2015 年达到 2.8 亿人，其中有 60% 多的农民离开本地到外地打工。2010 年外出农民工数量占农民工总量的 63.3%，为 1.53 亿人；2015 年这一比例为 60.8%，为 1.69 亿人（见表 3-38）。能否将农民工纳入养老保险制度，农民工流动时保险关系如何转移，对制度的公平性、接纳性、灵活性等方面都提出考验。农民工参加养老保险的异地转移政策一波三折，在这一过程中，由于统筹层次低，养老关系在转移接续过程中遇到阻力，农民工参加养老保险出现了"退保潮""断保潮"，影响了制度在农民工中的扩展和延续。

可以退保时期，个人只能领取个人账户资金，统筹资金归当地。农民工参加养老保险的规定制定得较早，2001 年，劳动和社会保障部下发了一个文件，规定农民合同制职工可以参加企业职工养老保险。从能查到的统计数据来看，2006 年有 1417 位农民工参保，此后参保农民工以每年几百人的数量缓慢增加，不过在 2009 年以前，每年都有大批退保的农民工，每到春节，个别地区退保的农民工数量甚至能达到 95%。[①] 退保时把个人账户的钱领走，是 2001 年文件中明确规定的，"参加养老保险的农民合同制职工，在与企业终止或解除劳动关系后，由社会保险经办机构保留其养老保险关系，保管其个人账户并计息，凡重新就业的，应接续或转移养老保险关系；也可按照省级政府的规定，根据农民合同制职工本人申请，将其个人账户个人缴费部分一次性支付给本人，同时终止养老保险关系，凡重

---

① 吴冰：《农民工"退保潮"因何而起》，人民网，http://finance.people.com.cn/GB/71364/6747622.html。

新就业的，应重新参加养老保险。农民合同制职工在男年满 60 周岁、女年满 55 周岁时，累计缴费年限满 15 年以上的，可按规定领取基本养老金；累计缴费年限不满 15 年的，其个人账户全部储存额一次性支付给本人"[①]。当时的政策规定，缴费达到 15 年以上的农民工可以领取养老金。农民工在和企业终止劳动关系后，对养老保险关系的处理有两种选择：可以把关系保留在原地，也可以退保把个人账户缴纳的基金取走。对在建筑行业季节性打工的农民、小微企业的农民以及从事灵活就业的农民来说，就业相当不稳定，流动性很大，在一个企业或一个地区工作 15 年的可能性不大，而一旦流动，养老保险关系又没有办法转移，各地对缴费年限还互不认可，那么退保就是最合适的选择了。退保后农民工缴费年限作废，只能拿到个人账户的钱，企业缴纳的统筹基金归当地社会保险部门。对吸引农民工数量较多的珠三角、长三角地区而言，因农民工退保而受益的金额不在少数。根据广东公布的 2005 年缴费工资下限，深圳是 1591 元/（人·月），单位缴费率是 8%，即 1 名参保 1 年的农民工退保，单位就会向市养老保险基金"贡献"1527 元。东莞是 1261 元/（人·月），养老保险单位缴费率是 10%，每名退保农民工向市养老保险基金"贡献"1513 元。广州是 1551 元/（人·月），单位缴费率是 20%（私营企业 12%），每名退保农民工向市养老保险基金"贡献"3722 元。以此推算，东莞一个镇的社保分局仅 2007 年由于农民工退保而沉淀进本地账户的统筹资金就在 3200 万元以上。[②] 在这种情况下，当地的社会保险部门都乐于农民工退保，甚至有些地方还规定农民工辞工后必须退保。这笔由农民工退保而得到的保险资金拉大了经济发达和欠发达地区基金结余的差距。

不能退保时期，出现由"退保潮"到"断保潮"的变化。2010 年，人社部下发了《关于印发城镇企业职工基本养老保险关系转移接续若干具体问题意见的通知》（人社部发〔2010〕70 号），这一政策对之前饱受诟病的统筹账户基金不能转移的问题做了修正，提出"男性年满 50 周岁和女性年满 40 周岁的人员，首次参保地为非户籍所在地的，参保地应为其建立临时基本养老保险缴费账户"。"参保人员跨省流动就业转移统筹基金

---

① 《关于完善城镇职工基本养老保险政策有关问题的通知》（劳社部发〔2001〕20 号）。
② 吴冰：《农民工"退保潮"因何而起》，人民网，http://finance.people.com.cn/GB/71364/6747622.html。

时，属于临时基本养老保险缴费账户的，单位缴费比例超过 12% 的，按实际缴费比例计算转移金额；低于 12% 的，按 12% 计算转移金额。"还有另外一个重要规定是农民工辞工后不可以退保，只能接续，正是由于这一原因，在此政策下发前，也就是 2009 年出现了农民工的"退保潮"，当年参保农民数量仅比 2008 年增加了 231 万人，而 2008 年比 2007 年增加了 570 万人。此后从"退保潮"进入"断保潮"阶段。从 2010 年第 70 号文件下发后，农民工养老保险可以在地区间转移接续，而且统筹账户可以转移，这本是个可以吸引农民工转移保险关系的利好政策，但由于统筹都是在地方，触动了地方利益，所以地方采用种种规定阻挡养老保险关系的异地接续，包括不承认农民工在外地的缴费年限、不接纳大龄农民工等。除了一些阻挠性的政策规定，地方政策规定不够完善，转移的程序也十分复杂，再加上一些镇养老经办机构还不健全，农民工回去后手续不知如何办理，因此很多农民工望而却步。有数据显示，2011 年申请转移接续养老保险关系的人中，转移成功的仅占 20%。在这种情况下中断养老保险的数量大幅增加，2013 年累计有 3800 万人中断养老保险。[①] 从统计数据来看，2011 年农民工总量比 2010 年增加了 1055 万人，但参加城镇企业职工养老保险的仅占农民工总量的 26.1%，参保农民占外出农民数量的 16.4%。

养老金领取地的政策规定。随着第一代农民工达到退休年龄，在参保地还是在户籍地领取养老金的问题突显，参保地只愿意接受缴费，不愿意发放养老金，而户籍地由于没有缴费的积累，更不愿意接收。在这种情况下，2016 年人社部再次发文，针对养老保险是在参保地领取还是在户籍所在地领取提出方案，主要是针对参保地和户籍所在地不在同一处的，在参保地累计缴费满 10 年，就可在参保地领取养老金，不满 10 年的，在户籍所在地领取。[②]

从农民工参加养老保险的历程来看，养老保险对农民工的吸引力不大，养老关系的转移接续成为一个重要障碍。针对这一问题人社部出台了不少文件，从农民工的养老保险关系不能转移接续到可以转移接续，再到

---

① 《大量农民工退保多地现退保潮，转移接续不畅是主因》，中工网，http://www.worker-cn.cn。
② 《人力资源社会保障部关于城镇企业职工基本养老保险关系转移接续若干问题的通知》（人社部规〔2016〕5 号）。

针对转移接续中出现的问题出台细则，可以说在转移接续方面人社部一直在跟着问题走，采用"打补丁"的方式，力求完善制度，增加制度的吸引力，可是实际效果并不理想。2015年农民工总量2.77亿人，参加城镇企业职工养老保险的农民工仅比2014年增加113万人，创下历史新低，2015年仅有33.1%的农民工参加了城镇企业职工养老保险；2016年农民工总量2.82亿人，参保的有5940万人，占比略有提升，占农民工总量的35%；2017年农民工2.87亿人，比2016年增加481万人，参保农民工6202万人，比2016年增加262万人，参加城镇职工养老保险的农民工占农民工总量的36%。参保农民占外出农民的比例虽在逐年增长，但仅在20%左右，2015年为20.1%，2016年为21%，2017年为21.6%，增长速度缓慢（见表3-38）。2018年之后这一数字不再被纳入统计资料。从缴费能力来说，外出农民最有可能纳入较高水平养老保险，但实际上这一比例并不高，不能不说在养老保险转移接续上仍有问题。问题存在的根源就在于没有实现全国统筹，没有全国统一的平台，农民工在地区间流动时不能简单地只转移保险关系，而要考虑账户等诸多问题。由于统筹层次低，各地从业务流程到数据统计再到信息网络都不统一，在具体操作上面临较大困难。这些都使养老保险转移接续不易，最终导致劳动力在地区间流动受阻。农民工是比较年轻并且数量庞大的群体，把这一群体纳入制度可以为养老保险基金注入活力，提高抚养比，提高养老保险基金收入，减轻支付压力。在越来越多的地区面临养老保险基金收不抵支的状况下，设立全国统一平台，减小农民工流动的阻力，把大部分农民工纳入制度已十分迫切。

5. 地区间养老负担差距大

总体看，近几年全国各地的养老负担都在加重，抚养比逐年下降，以高抚养比著称的广东，2015~2017年，抚养比都由9.7下降到8.3，北京也由5.0下降到4.7。在全国抚养比均下降的情况下，地区间的差异仍然显著。养老保险存在代际转移，由在职职工供养退休职工，在职职工越多，供养起来就越容易，加入养老保险体系的年轻人越多，基金支付压力就越小。由于经济发展程度不一，各地人口流入和流出出现了极大的反差。东北三省已成为最大的人口流出地，流出的人口以大学毕业生和高学历、高技能的人才为主。珠三角、长三角成为最大的人口流入地，接收了

表3-38 农民工参加城镇企业职工养老保险情况

单位：万人，%

年份	农民工总量	增加	外出数	参保农民工	比上年增加	参保农民占比	参保农民占比
2006		14041		1417		17.2	
2007	21000	14533		1846	429	11.5	
2008	22542	436		2416	570	18.2	
2009	22978		15335	2647	231	13.6	
2010	24223	1245	15335	3284	637	21.4	
2011	25278	1055	15863	4140	856	26.1	16.4
2012	26261	983	16336	4543	403	27.8	17.3
2013	26894	633	16610	4895	352	29.5	18.2
2014	27395	501	16821	5472	577	32.5	20.0
2015	27747	352	16884	5585	113	33.1	20.1
2016	28177	424	16934	5940	355	35.0	21.0
2017	28652	481	17185	6202	262	36.0	21.6

注：参保农民占比有两列，前一列是指参加养老保险的农民工占农民工总量的比例，后一列是指参加养老保险的农民工占外出农民工的比例；外出数是指外出农民工的数量。

资料来源：根据2006~2017年人力资源和社会保障事业发展统计公报计算整理所得。

大量比较年轻的人口，从而为本地养老保险基金注入大量资金，同时，由于一部分流入的群体年老后会回到原籍领取养老金，所以其养老保险基金的收入大大高于支出，抚养压力也远低于人口流出地区，从而造成地区间养老负担的不同。从广东来看，需要领取养老金的离退休人员2015年有473.3万人，参保的在职职工为4613.3万人，全国平均2.88个在职职工供养1个退休职工的情况下，广东却能达到9.7个在职职工供养1个退休职工。北京也是类似的情况，2015年在职职工有1187.5万人，离退休人员仅有236.7万人，抚养比为5.0。相比之下，东北三省成为全国养老负担最重的省份，黑龙江2015年在职职工是646.9万人，当年离退休人员达到471.1万人，平均只有1.4个在职职工供养1个离退休人员。吉林、辽宁的情况同样不容乐观，2015年吉林参保的在职职工有420万人，离退休人员达到了273.7万人，平均1.5个在职职工供养1个离退休人员。辽宁的抚养比是1.8，全国抚养比是1.8的还有三个地区，为内蒙古、重庆、四川。2017年地区间的差异越发明显：2017年广东参加养老保险的在职职工为4718万人，离退休人员有569万人，抚养比仍在全国最高，为8.3个在职职工供养 1 个退休职工；北京紧随其后，2017 年参加养老保险的在职职工为 1187.5 万人，离退休人员为 283.1 万人，平均 4.7 个在职职工供养 1 个退休职工。相比之下，东北三省的抚养比进一步降低，2017 年黑龙江平均为 1.3 个在职职工供养 1 个退休职工（见表 3-39），而在东北三省的一些县市，这一比例已下降到 1 或更低。

表 3-39　2015 年、2017 年部分地区养老负担情况

单位：万人

地区	在职职工		离退休人员		抚养比	
	2015 年	2017 年	2015 年	2017 年	2015 年	2017 年
广东	4613.3	4718.0	473.3	569.0	9.7	8.3
北京	1187.5	1321.4	236.7	283.1	5.0	4.7
辽宁	1139.7	1195.5	640.5	754.4	1.8	1.6
吉林	420.0	482.3	273.7	332.2	1.5	1.5
黑龙江	646.9	682.2	471.1	523.9	1.4	1.3

资料来源：2016 年中国统计年鉴。

（三）实现全国统筹的难点

实现养老保险基金的全国统筹，意味着利益在地区间、行业间的重新分配，在具体操作上存在以下几个难点。

1. 中央与地方事权财权划分上，责权不对等

提高养老保险基金统筹层次到全国统筹，意味着地方财权的上移，随之而来的问题是在"分灶吃饭"的财政体制下地方的事权如何配置。1993 年底，《国务院关于实行分税制财政管理体制的决定》（国发〔1993〕85 号）将当时实行的地方财政包干体制改变为分税制财政管理体制，奠定了中央和地方政府财权、事权的分配基础。经过这一轮改革，中央税的税源和税种大大增加，中央政府的财政实力得以提高，相比之下，地方政府的财权有所削弱。这一决定同时划分了中央和地方应承担的事权，不过在划分上不够具体，在层级政府的管理体制下，下一级政府服从上一级政府，上一级政府的事权不断下放，而财权和事权不相匹配，这样一来，政府所在的层级越低，其事务就越多，而财权则越少。从一般公共预算收入和支

出的地方占比情况可以看出，1980年地方一般公共预算收入较高，当年全国一般公共预算收入为1159.93亿元，其中，中央收入为284.45亿元，地方收入为875.48亿元，地方收入占当年收入的75.5%，同时支出较少，支出仅占一般公共预算支出的45.7%。也就是说，在没有实行分税制改革前，地方政府收入较多，但支出较少，中央政府收入较少，但支出占了一多半，在这种情况下，中央政府的压力较大。到1990年，地方政府一般公共预算收入和支出基本持平，当年地方政府一般公共预算收入为1944.68亿元，占全部收入的66.2%，支出为2079.12亿元，占全部公共预算支出的67.4%，收入和支出的责任大体相当。之后经过1994年的分税制改革和1998年一般公共预算体制改革，到2000年，地方政府的财政收入占比下降到47.8%，当年的支出没有太大变化。这之后的十几年，地方政府的收入占比有小幅度上升，到2015年，一般公共预算收入中，地方政府收入占比提高到54.5%，可是支出却一路增加，到2015年，一般公共预算支出中的85.5%都是由地方政府支出，中央政府支出仅占14.5%。2016年、2017年是相同趋势，一般公共预算收入地方占比2016年为54.7%，2017年为53.0%，而一般公共预算支出地方占比2016年为85.4%，2017年为85.3%（见表3-40）。从统计数据可以看出，地方政府以五成财力承担八成的事务，收不抵支是普遍现象。全国仅有江苏的无锡市、苏州市，浙江的杭州市能达到公共财政收入略高于公共财政支出，其他省区市都是支出远高于收入，差距最大的是内蒙古自治区的乌兰察布市，2015年公共财政支出是收入的5.8倍。

表3-40 地方一般公共预算收入和支出地方占比情况

单位:%

年份	一般公共预算收入地方占比	一般公共预算支出地方占比
1980	75.5	45.7
1990	66.2	67.4
2000	47.8	65.3
2010	48.9	82.2
2015	54.5	85.5
2016	54.7	85.4
2017	53.0	85.3

资料来源：根据《2018年中国统计年鉴》计算。

经济发达地区缺口要小些，经济欠发达地区、在行政分级上级别低的地区，收支不平衡的状况就很严重。以东北老工业基地中的吉林省为例，2014~2015年，比较省、地、县、乡镇四个层级公共财政收支情况，省级公共财政收入水平最高，收入快速增长，同时支出快速下降。2014年省级公共财政收入比2013年增长7.2%，2015年比2014年增长15.2%，支出增长则由2014年的8.5%下降到2015年的0.6%。但从2016年起，受经济下行影响，省级公共财政收入增长率大幅下跌，2016年省级公共财政收入增长率为-0.08%，支出增长率却大幅度上涨为24.7%。2017年省级公共财政收入增长率恢复到2014年的水平，为7.1%，支出增长率下降为-21.1%。从地级财政开始，公共财政支出的增长幅度普遍超过收入的增长幅度，乡镇级作为最基层的政府，其公共财政支出最多，收入最少。2015年吉林地级、县级、乡镇级公共财政收入都比2014年有所减少，其中县级和乡镇级财政收入降幅较大，递增率分别达到-9.0%和-9.1%，而公共财政支出则比2014年分别增长了13.2%和14%。2016年乡镇级公共财政收入增长-28.2%，支出增长-2.4%。2017年县级、乡镇级公共财政收入增长率为负值，其中县级为-18.1%，乡镇级为-12.1%，而同年县级和乡镇级公共财政支出却快速增加，其中县级增长率为15%，乡镇级增长率为55.6%（见表3-41）。公共财政收入有限，支出却不断增加，亏空有一部分通过专项资金等形式由中央财政转移支付，剩下的则需要地方政府自筹，这样下一级政府就会不断地请求上一级政府支援，或者地方政府自己想办法，通过卖地或者向企业收费的方式来补充不足。

表3-41 2014~2017年吉林省分级公共财政收支情况

单位：%

分级公共财政年份	支出比上年递增				收入比上年递增				支出与收入比		
	2014	2015	2016	2017	2014	2015	2016	2017	2015	2016	2017
省级	8.5	0.6	24.7	-21.1	7.2	15.2	-0.08	7.1	2.14	2.67	1.97
地级	6.8	13.3	5.4	-0.03	2.5	-1.1	6.4	2.2	2.06	2.04	1.99
县级	5.2	13.2	10.5	15.0	9.7	-9.0	3.8	-18.1	3.5	3.72	5.23
乡镇级	-1.9	14.0	-2.4	55.6	-33.9	-9.1	-28.2	-12.1	2.95	4.01	7.11

资料来源：根据2018年吉林统计年鉴数据计算得出。

从具体的公共项目上看,有些项目地方财政负担的更多。从社会保障和就业支出来看,2015年中央财政支出723.07亿元,仅占当年一般公共预算支出的3.8%,地方财政支出18295.62亿元,占当年一般公共预算支出的96.2%。① 2017年中央财政支出增长为1001.11亿元,地方财政支出达到23610.57亿元,占当年一般公共预算支出的95.9%。② 从一个地区的分级公共财政来看,仍然以吉林省为例,2014~2017年,省级公共财政在社会保障和就业方面的支出实际上大幅度减少,2014年比2013年减少了6.9亿元,减少了14.1%,2015年进一步减少,比2014年减少12.3亿元,增长率达-29.3%,2017年为-8.5%。省级财政支出少了必然意味着下一级财政支出的增加,地级、县级财政在社会保障和就业方面的支出都快速增加,2014年地级公共财政支出比2013年增长了10.7%,2015年增幅达到25.4%,县级则在2014年、2015年分别增长了12.5%和24.1%。乡镇级财政2016年、2017年增幅最大,分别达到10.3%和20.9%(见表3-42)。由此可见,财权和事权的不匹配在社会保障和就业层面上体现得更加明显,一旦养老保险基金全国统筹,意味着地方财权的上移,而事权还将落在地方政府,界时是否会有足够的财力来支撑地方事务将是个难点。

表3-42　2014~2017年吉林省社会保障和就业分级公共财政支出情况

单位:%

分级公共财政	支出比上年增长			
	2014年	2015年	2016年	2017年
省级	-14.1	-29.3	6.6	-8.5
地级	10.7	25.4	10.3	1.8
县级	12.5	24.1	6.2	17.4
乡镇级	9.3	9.3	10.3	20.9

资料来源:根据2018年吉林统计年鉴数据计算得出。

2. 缴费水平如何确定

国务院在1997年统一企业职工养老保险时曾下发文件为企业缴费比例

---

① 2016年中国统计年鉴。
② 2018年中国统计年鉴。

做了大致界定，规定企业缴纳养老保险的缴费比例在 20% 以下①，个别省份养老负担较重，需要超过这一界限的要上报审批。这为各地实行不同的缴费比例留下较大余地，导致全国多种缴费比例并存，不仅省份间各不相同，省内的市县间、不同性质的企业间也有差别，经济发达地区能达到 10%，一些经济欠发达地区企业缴费比例长年保持在 25%。② 同时，有些地区缴费基数的标准还不一致。按审计署的调查，"截至 2011 年底，21 个省本级、201 个市本级和 1252 个县未按社会保险法的规定以单位职工工资总额为单位缴费基数；全国实际执行的企业职工基本养老保险单位缴费比例共有 16 种，最高为 22%，最低为 10%，有 8 个省份尚未实现省内缴费比例统一，有的省份缴费比例多达 12 种。另外，5 个省本级、4 个市本级和 8 个县自定政策降低社会保险费缴费比例或缴费基数，少征保费收入 517.34 亿元；3 个省本级、6 个市本级和 9 个县自定政策，对社会保险的参保年龄、户籍等参保条件作出限制；16 个非独立行政区划的开发区执行不同于当地的社会保险政策"③。地区间经济发展水平不一，再加上劳动力流入和流出量差距大，基金结余水平不同，导致企业的缴费比例出现了"马太效应"。越是经济发达地区，基金结余水平越高，企业的缴费比例就越低，就越能吸引企业去开厂，企业越多吸引的劳动力就越多，参保群体越多，基金结余水平就越高。越是经济欠发达地区企业的缴费比例就越高，企业负担越重，可吸引到的企业就越少，吸收的劳动力也越少。参保人员少，则养老金收入少，支出压力大。2016 年为了减轻企业负担，国务院下发文件，规定"从 2016 年 5 月 1 日起，对企业职工基本养老保险单位缴费比例超过 20% 的省份，将单位缴费比例降至 20%，单位缴费比例为 20% 且 2015 年底企业职工基本养老保险基金累计结余可支付月数超过 9 个月的省份，可以阶段性将单位缴费比例降低至 19%"④。2019 年，《国务院办公厅关于印发降低社会保险费率综合方案的通知》提出，"自 2019 年 5

---

① 《国务院关于建立统一的企业职工基本养老保险制度的决定》（国发〔1997〕26 号）。
② 《吉林省人民政府关于印发〈吉林省统一企业职工基本养老保险制度实施办法〉的通知》（吉政发〔1998〕22 号）规定，用人单位按缴费基数的 25% 缴费。其中，私营企业按缴费基数的 21% 缴费。缴费比例随着覆盖面的扩大和个人缴费比例的提高逐步降低，直至国家控制标准（不超过缴费基数的 20%）。
③ 《全国社会保障资金审计结果》2012 年第 34 号公告。
④ 《国务院关于印发降低实体经济企业成本工作方案的通知》（国发〔2016〕48 号）。

月 1 日起，降低城镇职工基本养老保险（包括企业和机关事业单位基本养老保险，以下简称养老保险）单位缴费比例。各省、自治区、直辖市及新疆生产建设兵团（以下统称省）养老保险单位缴费比例高于 16% 的，可降至 16%；目前低于 16% 的，要研究提出过渡办法"[①]。缴费比例整体下调，同时缴费基数由于加入了城镇私营单位就业人员的平均工资而下降。此次调整相当于在全国范围内将原先高于 16% 的地区的养老保险缴费比例统一了，为实现全国统筹奠定了一定基础。部分经济发达省份的养老保险缴费比例长期在 10% 左右，如何做到与全国统一还需要进一步研究。未来养老保险基金提高到全国统筹时，需要把缴费比例全国统一。如果按经济发达地区的水平，意味着缴费比例将大幅度下降，会对未来基金的可持续发展造成一定影响；如果将经济发达地区的缴费比例提高到 16%，则会加重经济发达地区企业的压力，影响企业活力，并且各地缴费水平的制定都是以地方养老保险收支平衡为依据，缴费比例关系到收不抵支的地区是否会增多，或者企业活力是否会下降。如何将缴费比例最终统一将是全国统筹不得不面对的难点。

4. 发放标准如何确定

由于经济发展水平不同，各地工资水平、消费水平差距很大。中国统计年鉴数据显示，2015 年城镇非私营单位就业人员工资总额，超过 5000 亿元的有广东、江苏、北京、上海、山东、浙江、河南，其中广东、江苏都超过了万亿元，这 7 个地区城镇单位就业人员工资总额占全国工资总额的 51.8%，而有 4 个地区的工资总额在 600 亿元以下。从城镇单位就业人员平均工资来看，北京、上海在岗职工的年平均工资都超过了 10 万元，分别达到 113073 元和 109279 元，最低的是黑龙江和江西，分别为 51241 元和 52137 元，还不到北京、上海的一半。[②] 2017 年，城镇非私营单位就业人员工资总额超过万亿元的地区增加为 3 个，分别是北京、广东、江苏，600 亿元以下的有 3 个，分别是西藏、青海、宁夏，城镇非私营单位就业人员工资总额最高地区是最低地区的 43.5 倍。城镇非私营单位就业人员平

[①] 《国务院办公厅关于印发降低社会保险费率综合方案的通知》（国办发〔2019〕13 号）。
[②] 2018 年中国统计年鉴。

均工资，北京和上海从2015年的10万元上涨为13万元，黑龙江和河南仍在50000多元，最高地区是最低地区的2.4倍。退休人员的养老金同样体现了地区差距，最高的是西藏，平均为4122.8元，最低的是重庆，平均为1816.4元，西藏是重庆的2.3倍。养老金的地区差距是地区间经济发展不平衡的体现，更重要的是各地养老金替代率相差巨大，导致养老金水平各不相同。

要提高统筹到全国水平，不是要把各地养老金水平拉齐，但替代率水平需要一个统一的标准。本书利用2015年各地城镇企业职工养老保险基金总支出和离退休人员数量以及2014年城镇企业职工平均收入计算得出全部离退休人员平均收入占上一年在岗职工收入的百分比，得到全部离退休人员养老金的替代率。从中可以看出，替代率在60%以上的有6个地区，包括西藏、河北、山西、青海、山东、河南；替代率为50%~60%的有11个地区，包括新疆、甘肃、陕西、云南、黑龙江、辽宁、福建、广西、广东、宁夏、海南；替代率为40%~50%的有12个地区，包括内蒙古、湖北、江西、湖南、安徽、吉林、贵州、浙江、江苏、上海、天津、四川；替代率在40%及以下的有两个地区，北京和重庆。其中替代率最高的是西藏，为72.7%，最低的是重庆，为38.3%，两者相差34.4个百分点，两个地区离退休人员平均养老金也分别是全国最高和最低水平。按照国际一般经验，养老金替代率在70%以上，退休职工的生活会维持在退休前的水平；60%~70%，会维持一般程度的生活水平；50%以下，生活水平就会大幅下降。同时按国际劳工组织的观点，最低替代率应不低于55%。要是以55%为标准，2015年全国达到标准的地区仅有12个，还有19个地区不达标。不过由于各地经济发展、人员构成等情况较为复杂，平均养老金的多少也不绝对和替代率相关，从表3-43中可以看到，尽管养老替代率从30%至80%不等，但平均养老金水平在2000~3000元的有21个地区，相差的并不多，北京的养老金替代率仅为39.4%，倒数第二，但其退休职工养老金平均为3399.2元，在全国排第三，同样，上海的养老金替代率也不高，为43.5%，倒数第四，但平均养老金为3644.2元，在全国排第二。也就是说，地区经济总量、在岗职工平均工资的多少、退休年限、下岗职工等都对养老金产生影响：一个地区经济总量大、在岗职工平均工资高，就算替代率低，平均养老金水平也不会低；反之，如果当地经济不发达，替代率再低，那么养老金就会垫底，职工生活水平会大幅下降。重庆就是一个鲜明的例子。所以在把养老保险基金统筹层次提高到全国统筹时，这些都会成为影响因素，要综合考虑地区经济社会发展水平，选择一个合适的，各方都能接受的替代率就有一定的难度。

表3-43　2015年各地区养老替代率及养老金状况

单位：%，元

地区	替代率	养老金	地区	替代率	养老金
西藏	72.7	4122.8	海南	50.2	2117.0
河北	66.7	2571.2	内蒙古	49.9	2262.5
山西	65.3	2718.5	湖北	49.5	2087.3
青海	63.9	3078.6	江西	48.3	1903.0
山东	63.4	2773.6	湖南	47.4	1918.2
河南	62.6	2225.8	安徽	46.9	2045.3
新疆	58.2	2640.0	吉林	46.7	1857.0
甘肃	58.1	2347.4	贵州	46.7	2129.0
陕西	56.7	2461.8	浙江	44.5	2314.1
云南	56.5	2251.0	江苏	43.8	2257.0
黑龙江	56.4	2163.7	上海	43.5	3644.2
辽宁	55.4	2268.0	天津	41.9	2577.4
福建	54.4	2458.6	四川	41.3	1847.8
广西	53.8	2099.6	北京	39.4	3399.2
广东	52.1	2597.9	重庆	38.3	1816.4
宁夏	52.0	2462.3			

资料来源：根据2016年中国统计年鉴相关数据计算得出。

总的来看，提高养老保险基金统筹层次阻力不小，循序渐进地从县级统筹过渡到市级统筹，再到省级统筹，最后是全国统筹，在执行过程中不得不采取了变通的做法，将统收统支的省级统筹目标改为省级调剂金，实际上还是县市级统筹。统筹层次低会导致养老保障制度出现一系列的问题：养老保险基金支出的增长速度开始高过基金收入的增长速度，只靠征缴收入已不够当期支出，基金出现亏空的省份逐步增多，基金结余的增长速度递减，基金无法在省份之间调剂，地区间养老负担差距拉大；在养老保险基金投资方面，散落在各地的基金结余无法委托给受托人，无法进入资本市场进行投资；缺少监管，出现了基金挪用状况，个人账户空账问题愈加严重，基金存在安全隐患；低统筹层次为养老关系转移、养老金发放造成障碍；等等。将养老保险基金统筹层次提高到全国统筹，是实现养老保障制度整合的一个重大问题。目前养老保险基金全国调剂金的实行，在地区间实现了余缺调剂，在制度上部分地解决了基金缺口问题，提高了基金使用效率，发挥了基金大蓄水池的作用，保证了基金安全。在实行调剂金的基础上需要再进一步实现养老保险基金在全国范围内的统收统支。由于养老保险多年的碎片化管理和运行，已经在征收、发放、管理的各个环节形成了不少小的碎片，这些碎片又和地方利益、企业利益、职工利益纠结在一起，所以，统筹层次的提高实际上会触动一系列既得利益，最终涉及中央和地方财权与事权的调整、地方和地方之间利益的平衡。改革中既要在全国范围内调剂调动基金，又要兼顾地区间的差异，调动地方、企业和职工的积极性。这也是养老保险基金要实现全国统筹需要破解的最终难点。

第四章 国外养老保障整合状况及借鉴

国外有一些国家建立了全民统一的养老保障制度，也有一些国家根据所从事职业的不同，建立了完全不同的养老保障制度，有城乡差别和群体差别、职业差别。在城乡有针对农民和城市职工的不同制度，在城里对一些特殊行业的工作人员，如铁路职工、自由职业者、公务员、飞行员、科学家等都设立了不同的制度。一些国家养老保障制度同样处于碎片化状态，还有一些国家的养老保障制度可以做到制度之间互相关联，有层次、可转移、成体系，不同层次的项目整合到一起，构成较为完整的养老保障三支柱结构，每一支柱职责分明、目标清晰，各支柱互为补充，并且替代率均衡，三支柱相加，可以使老年人过上相对体面的生活。了解国外不同养老保障项目之间的分散和整合情况，对我国养老保障制度整合的推进有一定的借鉴意义。

一 德国：职业间差异较为明显的多样化养老保障

德国养老保障制度历史悠久，制度的正式确立是在1889年，《老年和残障社会保障法》的颁布，标志着德国养老保障进入系统性和制度性阶段。1957年德国通过了《养老金改革法案》，建立了养老金与在职员工工资增长挂钩的机制，养老金根据工资的调整而调整，国家增加对养老保险基金的补贴等，其后又经过不断修订和完善，如今形成了德国社会养老保障制度的三大支柱：法定养老保险、企业补充养老保险、个人补充养老保险。也形成了养老保障制度中典型的德国模式：社会保险型，强调权利与义务的统一，养老金发放与缴费多少密切相关，国家、企业、个人互助互济、共担风险。德国养老保障制度的第一支柱法定养老保险，在职业间有很明显的不同，工人、职员参加的是法定一般养老保险，公务员参加的是公务员养老保险，农民参加农场主养老保险，独立从业者参加独立从业者养老保险。第二支柱企业补充养老保险体系以企业为主，政府减免税收。第三支柱个人补充养老保险体系由私人养老保险和寿险组成。第一支柱是主体，其他两个支柱是补充。近年德国为缓解财政压力，不断出台政策刺激企业补充养老保险体系和私人养老保险体系的发展，增加这两个支柱的参保份额，想使其由补充地位上升到主体地位。

（一）第一支柱：法定养老保险

1. 法定一般养老保险制度

这一制度是强制性的，在1889年刚创立时仅适用于工人，1911年时保障对象扩大到职员和遗属，后期又将参加职业培训的人员、宗教协会成员、部分自由职业者、从事医疗护理等行业的人员纳入其中。没有义务参加这一法定保险的群体有学生、政府官员、法官、职业军人、服兵役期间的军人、私立学校的教师、规定之外的自由职业者、低收入者或零工等群体。低收入者在收入低到一定程度时，自己可以不参加法定一般养老保险，但雇主要为其缴纳15%的养老保险费，当低收入者自己决定参加保险时，自己要承担另外4.9%的缴费。从资金筹集方式上看，法定一般养老保险制度体现了国家、雇主、个人的责任，雇主和雇员共同缴费，国家给予一定数额的补贴。缴费比例在2008年是收入的19.9%，雇主和雇员各负担50%。矿工联合会的养老保险缴费比例高于全国平均水平，为26.4%。国家负的责任有两方面：一是国家补贴，2006年这一补贴占当年养老保险总支出的24.3%[①]；二是在有些年份经济形势不好，达不到缴费线的雇员增多，养老金支付有困难时，政府会对养老金支付给予无息贷款，以支持其渡过难关。法定一般养老保险针对雇员年老、丧失工作能力、死亡等情况下设三个项目：年老养老金、工作能力减退养老金、死亡养老金。每个养老金下面还有细分的养老金，如年老养老金包括一般性的、长期投保者的、严重残疾者的、丧失工作能力者的、失业者的、矿工

[①] 姚玲珍编著《德国社会保障制度》，上海人民出版社，2011，第63页。

的养老金；工作能力减退养老金包括死亡者配偶、子女教育、孤儿养老及补助金。在养老金的领取方面，有严格的投保时间和领取年龄要求，投保时间的要求最短是 5 年，最长是 45 年，养老金领取年龄的要求逐渐提高，到 2029 年，将达到 67 岁，严重残疾的人稍微放宽一些，但也能达到 63 岁。有一些项目可以提前领取养老金，如果提前领取，那么每提前一个月，养老金数额降低 0.3%，三年就会降低 10.8%，养老金数额相当于正常退休人员的 89.2%。[①] 而如果延迟退休，养老金数额就会上调，每月上调 0.5%，上调的比例要高于下调的比例，以此鼓励人们延迟领取养老金。

2. 农场主养老保险制度

农场主养老保险制度模式与针对工人、职员的法定一般养老保险不一样，资金主要来源于农场主的个人缴费，只有在收入低于一定的标准时，政府才会给予补助。这一制度在缴费上按统一费率收取，与收入不挂钩，与农场主共同劳作的家庭成员费率折半。当单个农场主的年收入不超过 1.55 万欧元，夫妇收入不超过 3.1 万欧元时，除了养老金的收入，还可以申请政府补贴。农场主养老保险始于 1957 年，现在的这种缴费模式也是经过不断改变才形成的。1957 年德国根据《农民老年救济法》建立了一种具有法定强制性的针对农场主的养老保险制度，叫《农场主养老保险法》，投保对象包括农场主及其配偶、共同劳作的家庭成员。此后这一制度不断地改革、完善，到 1995 年，德国颁布了《农业社会改革法案》，农场主配偶也单独作为保障对象，有法定参加农场主养老保险的义务，自此，该制度被大范围推广。在此期间，关于采用何种缴费模式政府也做了多次尝试，主要分为三个阶段。第一阶段，20 世纪五六十年代，这个时候采用的方式主要是每个农民在退休之前缴纳一定的费用，等达到退休年龄时，政府拿出同样数额的费用连同他们缴纳的费用支付给他们，作为退休金。农场主缴纳多少费用并没有统一规定，在这种情况下，政府财政就存在较大的过度支付风险。第二阶段，20 世纪七八十年代，政府仍额外付给农场主一笔养老金，只不过农场主领取养老金的年龄从 65 岁下降到 55 岁，相较于第一种模式，政府的负担并未减轻，反而加重了，因为领取养老金的年

---

① 姚玲珍编著《德国社会保障制度》，上海人民出版社，2011，第 60 页。

龄提前了，居民的寿命延长了，所以这种模式的维持依赖政府大量的财力投入。第三阶段，自20世纪90年代起，政府资助开始大幅撤离，养老金支付水平取决于农场主及其配偶的收入及缴费水平，养老金规定了固定的上限。① 从1995年开始大规模推广的模式来看，农场主养老保险制度虽然采取了缴费确定型（DC型）而不是待遇确定型（DB型）模式，但农场主缴纳的费用却不与收入相关联，每个农场主都缴纳固定的、数额相同的费用，一个经营着多个农业企业的农场主和一个只经营一个农业企业的农场主缴纳的数额相同。与针对工人、职员的法定一般养老保险制度内容一样，其具体的项目也分为年老养老金、工作能力减退养老金和死亡养老金。农场主领取养老金的条件是最少投保15年、达到65岁退休年龄、移交农场。养老金的给付形式主要是现金给付，在特殊情况下也可以是实物给付或提供经营帮工和家政帮工。② 这种强调自助互助的养老制度后期也面临收不抵支的局面，主要原因是随着现代化的发展，农业人口不断下降，1999年德国农业人口仅占总人口的2.63%，农业劳动力仅占总人口的1.29%。生育率持续下降，20世纪60年代生育率为2.0，21世纪初是1.4③，人口自然增长率为负的局面已持续了43年，德国贝塔斯曼基金会2015年7月发布报告预测，到2030年，德国人口将缩减至不到8000万人。④ 在这种情况下，年轻人大多移居到城市生活，直接导致投保人数量减少，同时，达到养老金领取年龄的人口不断增加。政府为此采取了一些措施，包括提高联邦政府的补贴和费率，财政上的负担加重。德国当时出现了一种反对设立农场主养老保险的声音，针对是否将农场主养老保险并入法定一般养老保险，双方开展了激烈的讨论，最终仍保留原制度，因为农场主的情况确实不同于其他群体。由于农场主在退出农业生产经营活动时还可以得到一笔补偿金对其生活进行保障，所以政府逐步降低其养老金

---

① 《德国实行的四种养老保险模式》，http：//3nong.bokee.com/5836938.html。
② 在出现特定风险时也可以予以实物给付，例如，在面临或出现丧失劳动能力的情况时，投保者可以获得康复性医疗，目的在于避免他们丧失劳动能力或改善和恢复其劳动能力。如果投保者由于接受康复服务、丧失劳动能力、处于孕期或母婴保护期、死亡，企业的正常运营无法维持，那么农村养老保险机构也可以提供经营帮工和家政帮工。参见郑春荣《德国农村养老保险体制分析》，《德国研究》2002年第4期，第38页。
③ 任倩、付彩芳编著《国外农村养老保险》，中国社会出版社，2006，第71页。
④ 《德国生育率上升至12年来新高》，http：//news.m4.cn/2015 - 08/1283869.shtml。

3. 公务员养老保险制度

公务员养老保险制度是政府应对其雇员承担的法定责任。这里的政府不仅指中央、地方政府，也包括乡、镇及各种公共性质的机构或基金会。公务员个人不缴费，全部由政府承担，资金来源于税收收入，养老金的计算只和两个因素相关：临退休时的工资收入和工作年限。德国公务员的养老待遇较好，养老金替代率能达到75%～80%，相比之下，法定一般养老保险的替代率仅有53%。养老保险的内容同样有三大部分：达到退休年龄的老年养老金、丧失公职能力的养老金、死亡后遗属养老金。制度对丧失公职能力及因公而死的情况格外关照，这种养老金也最高。2007年以后德国劳动部为公务员养老保险设立了退休基金，通过资本市场来运作。由于德国公务员不用缴费，养老保险完全由政府承担，其可持续性问题也面临挑战。根据预测，公务员养老金支出增长率会逐渐高于法定一般养老金支出增长率，形势严峻，德国开始进行公务员养老保险的改革，改革主要从三方面着手。一是降低公务员养老金水平，具体做法是下调工作年限与养老金年增长率的乘积，这一乘积直接决定养老金的多少。"从2008年开始计算由1.875%下降到1.793%，从而按40年工作年限计算的最高领取比例也从退休前工资收入的75%降为71.75%。"[①] 二是提高退休年龄。从原来的65岁退休变为67岁退休，在这个过程中采取了渐进的方式，1947年及以后出生的公务员，每晚一年出生，退休年龄则延缓一个月，一些特殊工种、公务员的退休年龄没有太大调整，比如，飞行员41岁就可以退休，不做调整，职业军人的退休年龄从60岁提高到62岁。三是如果提前退休，则扣减养老金。按照2001年颁布的《公务员养老金法》的新规定，公务员在政策规定的退休年龄前领取养老金，每年要扣除3.6%，最高扣除三年，比例是10.8%。公务员在政府管理部门之间调动时，养老保险关系可以随之转移。

4. 自由职业者养老保险制度

自由职业者养老保险制度也叫独立从业者养老保险制度，独立从业者

[①] 姚玲珍编著《德国社会保障制度》，上海人民出版社，2011，第72页。

被纳入法定一般养老保险制度并且享有一定的优惠政策。德国 1957 年的《养老金改革法案》有了明确规定，但那时保障的范围较窄，1990 年该制度受到重视并得到进一步发展，保障的范围扩大、内容增多。与我国自由职业者的界定不同，这一制度中并不包含无固定工作者或者临时工，德国自由职业者主要包括医生行业、律师行业、建筑行业等收入较高的从业者。养老保险制度主要由行业协会主办，各个不同的协会都有属于自己的养老保险体系。该项养老保险制度资金来源单一，就是成员的个人缴费，没有任何补贴。自由职业者缴费比例有三种：可以按法定一般养老保险金的最高缴费额缴费；可以在扣除成本后按营业额的一定比例缴纳；也可以参照上一年度养老金支付的平均数额确定缴费比例。在内容上与上述几种保险一致，包括年老养老保险、工作能力减退养老金及死亡养老金。

法定一般养老保险、农场主养老保险、公务员养老保险、独立从业者养老保险共同构成了德国养老保险制度的第一支柱，这一支柱是法定的，将所有国民涵盖其中，保障了国民的基本生活。根据行业的不同有不同的体系，也造成了养老金的差异，其中，公务员养老保险待遇最优厚，无须缴纳费用，养老金的替代率还很高，造成了一定的社会不公，近些年的改革也在努力缩小行业差距。

（二）第二支柱：企业补充养老保险

如果说在第一支柱中政府负担了不同程度的补贴，那么在第二支柱中政府不再有补贴义务，义务承担者主要是雇主，这一点已在《企业养老完善法案》中得到明确。这一保险制度完全由企业主导，企业缴费，雇员一般没有缴费的义务，但可以自愿缴费，如果雇员缴费，那么可以在一定条件下获得免税。从 2002 年起，在雇员同意的情况下，雇主可以从雇员的工资中直接扣除一部分薪水用于支付企业补充养老保险，最多不能超过 4%。从净工资收入中直接划转用于支付企业补充养老险的，政府会给予财政补贴。企业根据不同的补充养老项目可以选择直接缴费，设立基金，委托具有法人资格的机构来代理，也可以在企业内部设立指定账户进行预留。从形式上来看，企业补充养老保险共有五种形式：直接承诺、直接保险、退休储蓄、互助基金、退休基金。

1. 直接承诺

直接承诺是指雇主可以直接向雇员承诺支付养老金的一种形式，是企业设立最多的一种企业补充养老保险形式，受企业欢迎的原因在于通过储备账户来融资，以企业经营成本的形式反映在资产负债上，可以抵扣企业一部分所得税，成本低，没有过多的监管限制。也就是说，企业划拨一部分资产用于支付雇员及其家属的养老保险，政府给予一定的税收减免。这一企业补充养老保险形式通常会以一个行业或一个地区内的企业组成一个联合会的方式运作，由联合会来确定养老金的发放标准、缴费比例，保费可以在联合会内部统一调度和使用。

2. 直接保险

直接保险是指雇主直接向保险公司为雇员支付保费，没有税收减免但企业可享有政府补贴，雇员也可自愿缴费。这一计划受国家保险监管机构的监管，资金由保险公司来管理和投资运营。

3. 退休储蓄

退休储蓄和银行储蓄不同，退休储蓄是由一种特殊形式的养老保险机构组织，专门为雇员提供企业补充养老保险，同样由多个同行业的雇主发起，其设立要经过金融服务监督局的批准，资金运营要受《保险监管法》的监管。

4. 互助基金

互助基金与退休储蓄类似，同样是由一个在法律上具有独立地位的保险机构组织完成。这一机构独立于雇主，有自有资产，由单个或多个雇主发起设立。只是这一形式不接受政府监管，但需要向养老金保险协会缴费进行再保险，以保证雇主破产后雇员的权益。这一形式在一定的缴费限度内可以进行税收抵扣。

5. 退休基金

退休基金与退休储蓄不同的是退休基金的投资收益更大，并且有养老金保险协会负责雇主破产后的保障。

直接承诺、互助基金都属于待遇确定型，由公司内部进行投资运作，免税。而直接保险、退休储蓄、退休基金则属于有最低待遇保障的缴费确定型，资金运作委托外部进行，都受《保险监管法》的监管，需要纳税但同时享有政府补贴。

可以看出，企业补充养老保险实际上是企业给雇员的一种工作福利，采取五种形式中的哪种形式都可以，具体形式在劳动合同中都会体现。雇员也可以申请放弃一部分工资，将其用于企业补充养老保险的缴费，叫"递延薪酬"。这一缴费将获得减免税收、减免社会保险的优惠政策。如果用于缴费的这部分薪酬已经纳完税了，那么这部分缴费可以得到补贴或者特别开支扣款的资助。

如此多的企业补充养老保险形式，必然涉及雇员换工作、换雇主时保险关系如何衔接的问题，对此，有三种详细的规定。一是新雇主完全接纳老雇主的福利承诺。无论老雇主设立的是何种形式的企业补充养老保险，只要通过协商新雇主接受完全按照原来的承诺执行，那么原来的保险就可以转移给新雇主。二是老雇主承诺的价值是多少，计算后，新雇主如果承诺给予等值的价值，这种价值就可以转移。不过这种价值转移仅在直接保险、退休储蓄、退休基金这种资金在公司外部运作的项目中进行，并且有时间和金额上的限制。三是雇员自行缴费延续原来的保险。雇员在离开老雇主后，如果不想将企业补充养老保险关系转移到新雇主那里，可以自己缴费直到达到领取养老金的年龄，只是其所享受的税收政策和社会保险政策会有所不同。企业有义务对养老保险定期进行调整，如果不能承诺每年增加1%的福利，那么每隔三年也要进行调整。公共服务部门也同样有补充养老保险，其模式和企业基本一致。

企业补充养老保险的覆盖面与第一支柱的法定养老保险相比较窄，并且以企业和公共部门为主，而第一支柱则几乎覆盖了全部职业（见表4-1）。2000年，德国企业补充养老保险覆盖了65%的劳动力，与其他国家相比，相对较高，高过加拿大、日本、英国、美国，但远低于瑞士和荷兰（企业补充养老金的覆盖率分别达到了92%和82%）。

表4-1 2000年德国第一支柱和第二支柱覆盖人群比较

单位：%

法定养老保险（第一支柱）		企业补充养老保险（第二支柱）	
覆盖人群	所占比重	主要类型	所占比重
企业工人	89.8	企业	71.2
公务员	4.3	公共部门	18.8
自由职业者	2.1		
农民	1.2		
其他	2.6		
合计	100		

资料来源：姚玲珍编著《德国社会保障制度》，上海人民出版社，2011。

在企业补充养老保险资产占GDP的比重上，德国在1991年仅占4%，荷兰、瑞士、英国、美国都超过了60%，荷兰甚至达到了76%，英国达到73%（见表4-2）。

表4-2 部分国家企业补充养老保险覆盖率和占GDP的比重

单位：%

		加拿大	德国	日本	荷兰	瑞士	英国	美国
企业补充养老保险覆盖率（2000年）		45	65	38	82	92	50~60	55
企业补充养老保险资产占GDP的比重	1970年	14.8	2.6	0	29	38	20.7	29.3
	1975年	14.2	2.6	1.6	36	41	18.3	34.6
	1980年	18.7	2.6	3.2	46	51	28.1	40.7
	1985年	25.3	4	6.4	68	59	57.3	50.6
	1991年	35	4	8	76	70	73	66

资料来源：姚玲珍编著《德国社会保障制度》，上海人民出版社，2011。

（三）第三支柱：个人补充养老保险

个人补充养老保险分为两类：有国家补贴的和纯个人储蓄投资的。有国家补贴的叫里斯特养老金，因为是德国劳工和社会部部长里斯特提出的，2001年开始实施。范围是参加农场主、公务员、法定一般养老保险的群体，这些群体只要参加个人储蓄性养老保险，国家就给予适当补贴，因为这些养老保险的替代率处于不断下调状态，为了不影响其退休后的生活，国家鼓励这一群体积极参与个人补充养老保险。补贴分为直接补贴和免征个人所得税两种。直接补贴又分为基础补贴和子女补贴。"每年的基础补贴最高为 154 欧元；2008 年以前出生的子女，子女补贴最高为 185 欧元；2008 年以后出生的子女，子女补贴最高为 300 欧元。此外，对于新入职的年龄不满 25 岁的里斯特养老金投保人给予 200 欧元的一次性特别补贴。从 2008 年起，如果想获得全额补贴，投保人需要按规定将上一年税前总收入的 4%，总计最多 2100 欧元投入里斯特养老保险产品，如果投入的资金少，那么获得的国家补贴也相应地减少。"[1] 里斯特养老项目包括银行储蓄、基金储蓄等，不管是保险、基金还是银行，要想自己的产品进入里斯特计划，都要满足政府制定的相关条件，得到监察署开的证明才可以，个人也只有购买获得证明的产品才能得到国家补贴。与里斯特养老金类似的还有一个吕库普养老金，这一养老金主要以税收形式优惠，特别适合没有雇主的个体工商从业者。在欧债危机爆发后，德国财政面临紧缩压力，德国经济学家呼吁取消里斯特养老金，将其变为单纯的个人储蓄，因为用于养老金的支出已占公共支出的 30%。[2] 国家不补贴的个人养老保险产品包括银行储蓄、债券、股票、基金、人寿保险等多种方式。

从模式上来看，德国的福利政策被艾斯平-安德森划分为保守主义模式，与此同类的还有意大利、奥地利、法国。保守主义模式与自由主义模式的区别在于，自由主义模式注重市场作用，保守主义模式则更加注重国家的作用，这些国家的理念是"赋予公民以社会权利几乎从来就不是一个有严重争议的问题。他们所关注的主要是对既有的阶级分化的保护。因而，权利依阶级归属和社会地位而定。这种合作主义被纳入情愿完全取代市场而成为福利提供者的国家体系之中，因此私人保险和职业性额外给付只能充当配角"[3]。在养老保险领域的表现就是国家承担大部分责任，而不是将其推入私人保险市场，最初德国养老保险中国家的补贴确实多，但随

---

[1] 于秀伟：《德国新型个人储蓄性养老保险计划述评》，《社会保障研究》2013 年第 3 期。
[2] http://www.spiegel.de/wirtschaft/service/riester-rente-oekonomen-fordern-abschaffung.
[3] 〔丹〕考斯塔·艾斯平-安德森：《福利资本主义的三个世界》，郑秉文译，法律出版社，2003，第 30 页。

着近些年工作年龄人口的减少，领取养老金的老年人增加，在经济形势不好的情况下，就业人口减少，领取失业金的人口增加，政府逐渐难以承受养老金支付压力，以保守主义模式著称的德国也开始转变。德国从20世纪90年代至今，一直在进行养老保险制度改革。改革的目标是增加企业和个人的责任，减少民众对国家层面的依赖，将以前的法定养老保险起绝对的支柱作用变更为三个支柱均分责任。德国第一支柱、第二支柱、第三支柱养老保险长期所支付的养老金比例分别是70%、20%、10%，政府希望通过改革，将第三支柱提高到占全部养老金支出的15%～30%，这样第一支柱占比到2030年就可以降到40%，第二支柱、第三支柱各占30%，从而减轻政府的财政负担，形成三大支柱的均衡发展态势。具体做法主要包括降低第一支柱养老金水平、提高缴费比例、提高退休年龄。

降低养老金水平经过了几次改革，第一次是1992年改革，通过《1992年养老金改革法》，使养老金增加不再与人均毛收入增长水平挂钩，而是与净收入增长相联系，有效减少了养老金的支出。之后经过了第二次改革，1999年通过《1999年养老金改革法》，在养老金计算方法中引入了人口发展因子，以应对人口寿命增加导致的支出增加。根据这一计算方法，当60岁以上老年人在总人口中的占比增加时，养老金水平将按比例下降。第三次是2004年改革，在养老金计算方法中又引入了可持续因子，建立起缴费人数和领取人数之间的相互关系，当缴费比例达到一定程度时才能将养老金维持到一定水平，反之，则要降低养老金水平。这样养老金替代率将降低。

在提高退休年龄上也经过了几次改革：从1996年起，男女退休年龄统一提高到65岁；从2001年起，提前退休年龄从60岁和63岁提高到65岁；在2004年的改革中，再次提高退休年龄，这一次是逐月提高，到2030年法定退休年龄将整体提高2岁，由65岁提高到67岁。德国改革委员会认为，提高退休年龄至少可以抵消因人均寿命延长带来的2/3的支付压力。在提高缴费比例上，改革委员会计划"到2030年，法定养老保险的缴费比例将由目前的19.9%提高到22%，到2020年退休人员领取养老金占工资的比例由现在的平均53%降为46%，到2030年进一步降至43%"[①]。

---

① 姚玲珍编著《德国社会保障制度》，上海人民出版社，2011，第63页。

总的来看，德国养老保障制度项目较全，国家承担的责任较大，直接补贴或税收优惠的力度都较大，同时职业间的养老保险制度差距较大，国家的财政负担较重，因而改革也有较大动力和空间。

二 英国：内容相对齐全的养老保障

英国建立养老保障制度比较早，最早开始于1908年《老年养老金法》，这一法令比较简单，属于济贫性质，规定70岁以上、年收入低于31英镑的老人每周可获得政府提供的维持生活的收入。但它又不单单是济贫，因为这项规定作为公民的一项权利以法律的形式被确定下来。1942年著名的《贝弗里奇报告》出台，这一报告奠定了全球社会保障制度的基础。英国按照《贝弗里奇报告》所列内容，在1948年实施《国民保险法案》，建立了内容相对齐全的养老保障制度，之后几乎每十年都要针对英国经济社会的发展对养老保障制度做调整。根据调整的方向和内容，其先后经历了贝弗里奇模式、自由主义模式、第三条道路模式、大社会新政等，趋势是公共财政负担责任逐步缩减，个人负担责任逐步加大。

经过多年的不断改革和完善，英国养老保障制度已形成较为完备的体系，目前有三大支柱。第一支柱是国民保险，针对全体职员，是强制性的，由中央政府提供，从16岁到领取养老金年龄前都有缴费的义务。自雇人员包括农民都被纳入其中，只是采用的方式与受雇人员有区别。这一层次的养老金与缴费多少无关，仅与缴费年限相关，所以收入再分配的效应比较强。第二支柱是附加国家养老金及职业年金，由中央政府提供，目标人群很明确，仅仅是受雇人员，强制性参保，被称为"国家第二养老金"（S2P）。这一层次的养老金与缴费相关。第三支柱是私人养老金，由雇主和雇员共同缴费。

英国没有为农民单独设立养老保险制度，但公务员在第二支柱层次上的养老金与其他职业不同，有独立的公务员养老金计划。在这一计划下，根据具体职业的不同又分为若干独立运行的子计划，包括中央政府公务员、地方政府职员、教师、军队、警察等养老金计划。雇主由政府各部门来承担，雇主和雇员缴费后收不抵支的部分由财政部门承担。

英国在二战后经过几次修改，建立起"从摇篮到坟墓"的高福利保障社会，进入20世纪70年代后，受世界性经济危机的影响，经济发展速度放缓，失业人口增加，社会保障开支增长，财政负担加大。同时，人口寿命延长，老龄化加剧。据推测，1971~2061年，英国65岁以上人口抚养比会从4.5∶1降低到2.4∶1，如果再加上需要抚养的儿童，那么这一比例将降低到1.4∶1。[①] 在这一状况下，英国开始了漫长的对福利制度的改革过程，在养老保险方面，从单纯地强调国家责任向强调国家、社会、个人责任并重转变，从普惠性政策向选择性政策转变。鼓励企业建立企业年金，鼓励个人提高缴费比例，延长退休年龄，减少养老金上调幅度，以分担国家财政负担，在公民寿命延长的情况下，使养老保险长久、可持续。

（一）第一支柱：国民保险

国民保险适用于16岁以上到法定领取养老金年龄（通常是65岁）的公民，在缴费时分为两大群体：受雇人员和自雇人员。在项目上分为四类。

1. 第一类国民保险

第一类项目针对受雇人员。受雇人员费用由雇主和雇员共同承担，从表4-3、表4-4可以看到缴费的标准和导向。2011年以后的标准是：以周为单位，雇主缴纳比例为周毛收入的13.8%，雇员缴纳比例是12%。毛收入包括工资、奖金、津贴以及各种实物补贴，所以缴费基数较大。低收入人群和高收入人群缴费不同，收入低到一定程度，有缴费豁免的权利，而收入高到一定程度，则需要多缴，较低收入线和较高收入线每年随着零售物价指数的变化而进行调整。收入不同缴费门槛不同，2016~2017年度受雇人员的缴费基础线为（Primary Threshold/PT）155英镑，也就是说，每周收入高于155英镑，雇员需要缴费，自雇人员的这个门槛是156英镑。2016~2017年度较低收入线（Lower Earnings Limit，LEL）为112英镑，周收入低于此线，则有豁免权。2016~2017年度较高收入线（Upper Earnings Limit，UEL）为827英镑，超过这个线的部分，雇员要按2%缴纳，雇主针对这一部分不用多缴费。雇主和雇员缴纳第一类国民保险依据雇员的收

---

① 丁建定：《英国社会保障制度史》，人民出版社，2015，第367页。

入，可以周收入为标准，也可以月收入为标准。如果以月收入为标准，那么 2016~2017 年度较低收入线为每月 486 英镑，较高收入线为 3584 英镑。也就是说，每月收入低于 486 英镑的居民可以不用缴纳第一类国民保险费，但将来可以按照缴纳费用的标准获得这一层次的养老金。每月收入高于 3584 英镑的居民，高出部分雇员仅按 2% 缴纳费用就可以，21 岁以下的雇主，高出这一标准线的收入则不用缴费。第一类国民保险以缴费门槛来照顾不同人群，从而实现养老保险再分配的目标。

表 4-3 按周收入计算的第一类国民保险缴费线

单位：英镑

收入线（每周）	2013~2014 年度	2014~2015 年度	2015~2016 年度	2016~2017 年度
较低收入线（LEL），雇员无须缴纳，可享受待遇	109	111	112	112
基础缴费线（PT），雇员开始缴费	149	153	155	155
第二层次缴费线（ST），雇主开始缴费	148	153	156	156
较高收入线，高于此线收入部分缴较低税	797	805	815	827
21 岁以下雇主，高于此线收入部分不缴费	N/A	N/A	815	827

资料来源：https://www.gov.uk/government/publications/rates-and-allowances。

表 4-4 按月收入计算的第一类国民保险缴费线

单位：英镑

收入线（每月）	2013~2014 年度	2014~2015 年度	2015~2016 年度	2016~2017 年度
较低收入线（LEL），雇员无须缴纳，可享受待遇	473	481	486	486
基础缴费线（PT），雇员开始缴费	646	663	672	672
第二层次缴费线（ST），雇主开始缴费	641	663	676	676
较高收入线，高于此线收入部分缴较低税	3454	3489	3532	3584
21 岁以下雇主，高于此线收入部分不缴费	N/A	N/A	3532	3584

资料来源：https://www.gov.uk/government/publications/rates-and-allowances。

从 2016 年 4 月开始，英国国家基本养老金的发放水平将提高至每周 119.30 英镑，增长 2.9%，英国养老金部部长罗斯·奥尔特曼（Ros Altmann）表示："在过去的 25 年，养老金的增长一直落后于社会上其他平均收入。从 2010 年开始，我们已经开始进行改正，现在回到了 25 年以来的最高水平。"[①] 可以看到，第一类国民保险主要针对雇员，雇员又按收入的不同有不同的缴费门槛，对收入低到一定程度的免缴政策体现了养老保险的再分配功能。

2. 第二类、第四类国民保险

第二类和第四类国民保险针对自雇人员，全体自雇人员都要参加第二类国民保险，第四类国民保险则针对收入高出一定程度的自雇人员。自雇人员的第二类国民保险采用了固定税额的方式，2016~2017 年度周缴费额仅是 2.8 英镑，自雇人员的缴费负担比受雇人员要低得多，不过最后享受的福利项目也要少得多。第二类国民保险按自雇人员的营业利润设定了缴费门槛，2016~2017 年度营业利润达到 5965 英镑以上才需要缴费，否则可以申请免缴，不过因为缴费也很低，如果免缴的话就会失去很多福利享受资格，所以政府鼓励自雇人员积极缴纳第二类国民保险费。对高收入自雇人员，营业利润也有一个额度的限制。如果在较低利润线和较高利润线之间，要缴纳 9% 的国民保险费，而超过了较高利润线的部分还要缴纳 2% 的费用。2016~2017 年度较低利润线是 8060 英镑，较高利润线是 43000 英镑，较低利润线较 2015~2016 年度没有变化，不过较高利润线每年都在小幅度上涨，从 2013~2014 年度的 41450 英镑上涨到 2016~2017 年度的 43000 英镑（见表 4-5、表 4-6）。

表 4-5 第二类国民保险缴费线

单位：英镑

收入线（年）	2013~2014 年度	2014~2015 年度	2015~2016 年度	2016~2017 年度
较低利润线	—	—	5965	5965
可以申请免缴的收入线	5725	5885	abolished	N/A
周缴费额	2.70	2.75	2.8	2.8

资料来源：https://www.gov.uk/government/publications/rates-and-allowances。

---

① 《英国基本国家养老金将上涨至 25 年来最高水平》，人民网，2015 年 11 月 23 日，http://world.people.com.cn/n/2015/1123/c1002-27842743.html。

表 4-6　第四类国民保险缴费线

单位：英镑,%

收入线（年）	2013~2014年度	2014~2015年度	2015~2016年度	2016~2017年度
较低利润线，自雇人员开始缴费	7755	7956	8060	8060
较高利润线，自雇人员按较低缴费比例	41450	41865	42385	43000
较低利润线和较高利润线之间的缴费比例	9	9	9	9
较高利润线之上的缴费比例	2	2	2	2

资料来源：https://www.gov.uk/government/publications/rates-and-allowances。

第二类、第四类国民保险针对的是自雇人员，但和第一类针对受雇人员的一样，对低收入者有一定的照顾，对高收入者有一定的限制，从而使制度达到某种程度的公平。

3. 第三类国民保险

第三类国民保险主要针对欠缴费人员，英国养老保险的最低缴费年限是10年，如果缴费低于10年，那么就没有资格领取养老金，如果缴费年限高于10年但低于44年，那么只能领取一部分养老金，另一部分就会被削减。所以第三类国民保险所包含的人群主要是中断缴费又自愿补缴以达到法定年限的群体以及在国外工作想要回国养老的英国人，补缴的期限以前规定为距上次缴费不能超过6年，后期规定只要领取养老金之前补缴就可以，补缴的费用比以往的费用要低。个人的缴费年限根据特殊需要可以缩减，比如，一个人如果照顾小孩、老人、残疾人，那么这一时期视为缴费，不过这一时期以前最多可算为24年缴费，2010年之后最多可算为14年，也就是说，无论何种情况，个人缴费不能低于30年。

第一支柱针对不同职业群体细分出四类，设立了不同的缴费门槛，针对性更强，可以照顾到不同职业群体的特殊情况，从而使覆盖面达到最大。

（二）第二支柱：附加国家养老金及职业年金

与第一支柱养老金只与缴费年限挂钩不同，第二支柱养老金与收入相关联，并且只针对受雇人员，自雇人员不能参加。附加国家养老金是强制性的，在国家发放第一支柱养老金时会自动针对上述四种缴费类型的第一类型缴费者结算附加国家养老金。由于雇员在缴纳第一类型的费用时已经按收入的一定比例缴纳了相关费用，所以附加国家养老金不需要额外缴费。

1. 国家第二养老金

针对低收入者、身体残疾的群体，又专门列出一个项目叫国家第二养老金，这一养老金在2002年以后，最终取代了附加国家养老金。当低收入或身体残疾的群体只有第一支柱的收入而没有任何职业年金或私人养老保险金时，可直接享有国家第二养老金，且收入越低所得越高。附加国家养老金与职业年金并不是共存的，而是替代的关系。一旦雇主建立职业年金，那么所有雇员就自动退出附加国家养老金计划，退出后，对第一支柱的养老金缴费给予相应的减免，以减轻雇主和雇员的缴费负担。

2. 职业年金

职业年金最初并不是强制性的，但从2012年开始，"所有年收入7475英镑以上、年龄在22岁到法定退休年龄之间、没有参加任何职业养老计划的雇员都将'自动加入'职业养老金计划，届时雇主将缴纳雇员工资的3%，雇员本人缴纳4%，政府以税收让利的形式计入1%，合计8%的缴费注入雇员的个人账户……2012年年底参加职业养老金计划的总人数为2740万人，约占全国总人数的43%"①。实际上职业年金制度变成了一种强制性的制度。职业年金制度是由某一个雇主发起或者由某一个行业发起，分为待遇确定型、缴费确定型和混合型三种。待遇确定型职业年金采取定期给付或一次性领取的方式，在规定的退休年龄之前领取养老金，则给付额会按比例减少。缴费确定型的缴费比例由雇主确定，一些雇主为激励员工，会给增加缴费的雇员予以相应的补贴。混合型兼顾前两者的特点，采取混合型的按照雇员的特点，比如年轻的和年老的分别采用缴费确定型或待遇确定型，其优势在于灵活，可以根据雇员的情况区别对待。

---

① 《英国树立私人养老成本分担的典范》，《证券日报》2014年9月24日。

在第二支柱中，国家公职人员的养老保险与企业职工的职业年金有所不同。公职人员在参加第一支柱的国民保险之外，还可以参加专门针对公职人员的附加养老保险计划。这一大的计划下面又根据公职人员具体行业的不同，分为几个子计划，包括中央政府公务员、地方政府公务员、教师、医疗卫生系统、司法系统、军队、警察等子计划。这些子计划独立运行，其缴费和给付水平各不相同。从表4-7中可以看出，军队的人员不需要缴费，其次是中央政府公务员（1.5%或3.5%），警察（1987年计划）和消防系统（1992年计划）的公职人员个人缴费比例最高，达到11%。DC型项目中，雇员平均缴费比例为3%；DB型项目中，雇员平均缴费比例为5.4%。军队、警察、消防系统的公职人员养老金替代率也相对较高，"分别能达到32%、23%和20%"[①]。由于这一计划也算作职业年金计划，所以参加这一计划的公职人员将不再享受附加国家养老金，但仍必须缴纳第一支柱的国民保险。从表4-7中同样可以看到，作为雇主的政府承担了较重的缴费责任，缴费比例平均是雇员的2倍多。DC型项目中，政府的缴费比例平均为6.4%；DB型项目中，政府的缴费比例平均为14.9%。对无须缴费的军队，政府为军官缴费的比例高达37.3%，为军队中的其他人员缴费的比例为21.4%。警察系统，政府缴费比例为24.2%，消防系统（1992年计划），政府缴费比例为26.5%。

表4-7 国家公职人员缴费水平

单位：%

分类	雇员缴费比例	雇主缴费比例	缴费中雇员缴费占比
教师	6.4	14.1	31
医疗卫生系统	5.5~8.5	14	26~38
中央政府公务员	1.5或3.5	19（平均值，雇主缴费按收入分层）	6~17
警察（1987计划）	11	24.2	31
警察（2006计划）	9.5	24.2	28

---

① 郑春荣编著《英国社会保障制度》，上海人民出版社，2009，第135页。

续表

分类	雇员缴费比例	雇主缴费比例	缴费中雇员缴费占比
军队（军官）	0	37.3	0
军队（其他）	0	21.4	0
消防系统（1992计划）	11	26.5	29
消防系统（2006计划）	8.5	14.2	37
平均私人部门（DB型）	5.4	14.9	27
平均私人部门（DC型）		6.4	32

资料来源：https://www.gov.uk/government/publications/rates-and-allowances。

（三）第三支柱：私人保险

英国私人保险主要有两大计划：自愿补充缴费计划和自主附加缴费计划。在模式上一般采用缴费确定型，个人积累制。缴费形成基金，基金用于投资，养老金的发放完全取决于缴费和投资额。政府规定如果雇主没为雇员提供职业年金，那么雇主要和保险公司达成协议，让雇员能够参与私人保险计划。同时，个人也可以自己选择保险公司而不经过雇主。私人保险计划的设计完全由保险机构、存托机构和其他金融机构负责，政府为了鼓励私人保险的发展，给予税收返还政策，最高返还的税收比例达7.8%。私人保险最初的参加人员主要是自由职业者和没参加职业年金的人员。从2006年开始，所有75岁以下的人士都可以参加私人保险计划。目前英国有超过1000万人参加了私人保险计划，约占全国总人数的16%。[1] 在国家的鼓励下，私人保险业务快速发展，由保险公司管理的职业养老金、个人养老金，以及由保险公司管理的养老金，从1990年以后呈现不断上涨的态势。由保险公司管理的养老金占养老金总资产比例1990年仅有25%，到2010年则达到近50%（见图4-1）。

---

[1] 《英国树立私人养老成本分担的典范》，《证券日报》2014年9月24日。

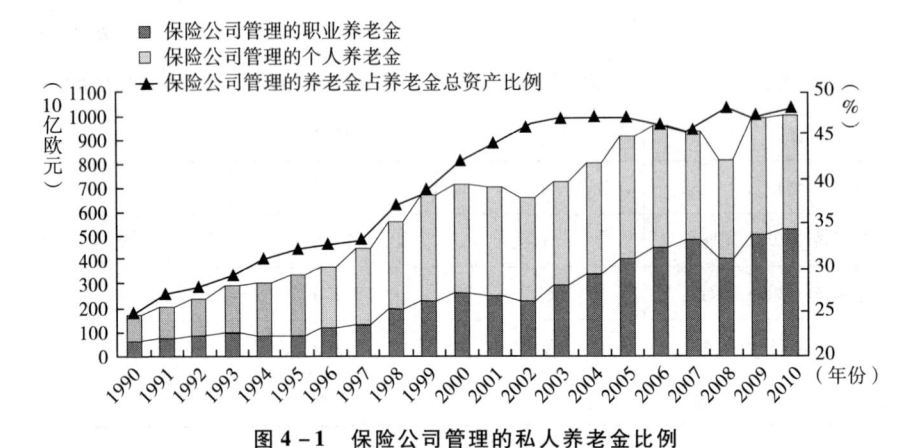

图 4-1　保险公司管理的私人养老金比例

资料来源：《英国树立私人养老成本分担的典范》，《证券日报》2014年9月24日。

（四）公职人员的养老保险制度改革

英国公职人员养老保险中仅有中央公务员的缴费设立了基金，其他公职人员的缴费没有基金，现收现付，没有投资收益，缴费不够的部分就由政府财政补充。英国公职人员数量庞大，缴费较少，但领取的养老金较多，为财政带来沉重压力。2010年，英国评论指出，当前的公职人员缴费水平不足，2007/2008财年为公职人员支付的养老金达到270亿英镑，个人缴纳的金额仅有44亿英镑，雇主和财政支付达到126亿英镑，意味着政府财政补贴至少每年达到了100亿英镑。[①] 英国第二大保险公司英杰华2010年9月22日发布的调查报告指出，英国养老金缺口为3790亿欧元，占GDP的26%，为欧洲最严重的。在如此严峻的情况下，从2007年起，英国就不断对公职人员养老保险制度进行改革，2007~2008年针对三个方面进行了改革：提高医疗系统和教师队伍中雇员的缴费比例，把大多数新职员领取养老金的年龄从60岁提高到65岁，在雇主和雇员中建立成本分摊和上限机制。这一改革预计从2008年之后的50年里会显示出效果：节省费用达到670亿英镑。到2059~2060年，纳税人缴纳的税费将降低14%。[②]

[①] Stephanie Flanders, (Some of) the Truth about Public Sector Pensions, 16 June 2010.
[②] NAO, "The Impact of the 2007-08 Changes to Public Sector Pensions," 8 December 2010, Para 5; Public Accounts Committee, "The Impact of the 2007-08 Changes to Public Sector Pensions," 26 May 2011 Committee, 38th Report of 2010/12.

2010年，改革进一步深化。英国成立了独立的公职人员养老金委员会，由 Lord Hutton 领导，研究公职人员养老保险制度的改革，以达到既有可持续性又能保证公职人员合法权利的效果，该委员会最终形成了一份独立报告，报告中的许多改革意见都被采纳。这一改革将是长期的，2011年陆续推开，2015年全面实施，而一些改革的成效在 2015 年就陆续显现。报告预计到 2061/2062 财年，国库节省的费用能占到 GDP 的 0.4%。政策还确保 10 年内达到退休年龄的人领取退休金时不会受到任何影响，实际上对 10 年以后退休的人领取养老金还是有影响的。例如，一个在 2012 年 37 岁的男职员，2015 年改革后的养老保险制度实行时 40 岁，缴纳了 18 年的费用，参加公职人员养老保险，如果没有改革，他 60 岁领取养老金，每年领取的数额是 9100 英镑，在新政策下，他必须多工作一年零六个月才能领取到相同数额的养老金，他也可以选择 67 岁退休，这样每年领取的养老金数额是 12800 英镑。[①] 这是因为，2015 年以后，养老金计算的标准变成年薪的平均值而不再是以前的最后工资水平，领取养老金的年龄也提高了。

英国政府根据 Lord Hutton 的报告，决定进行养老保险制度改革，在改革的一系列方案中，除上述几项改革继续加强力度外，又进行了几项新的调整。一是把公职人员的养老金与消费者物价指数（CPI）挂钩，而不是原来的零售物价指数（RPI），由于消费者物价指数比零售物价指数涨幅要低，因此公职人员养老金的涨幅也随之下降了。如果按照这个上涨标准调整，那么公职人员养老金支出下降的趋势会更加明显。二是为公职人员养老金计划设立一条消费上限，也就是纳税人需要支出的比例，这一比例可以有效地将支出控制在一定范围内。从图 4-2 中可以看到，公职人员养老金支出的历史线（Historical）从 1970 年开始波动上涨，到 2010 年时，公职人员养老金支出已占国民收入的 2%。政府在 2004 年时预测到 2035 年左右达到顶点，公职人员养老金支出会占到国民收入的 2.3%，之后缓慢下降。按照 2008 年改革后的政策再做趋势预测，则公职人员养老金支出会提前至少 5 年达到顶点，并且支出水平下降，为国民收入的 2%，然后再缓慢下降。不过按 Lord Hutton 2010 年的改革设计，公职人员养老金支出

---

① "Public Service Pension Reform – 2010 Onwards," http：//researchbrefings.files.parliament.uk/documents/SN05768.pdf.

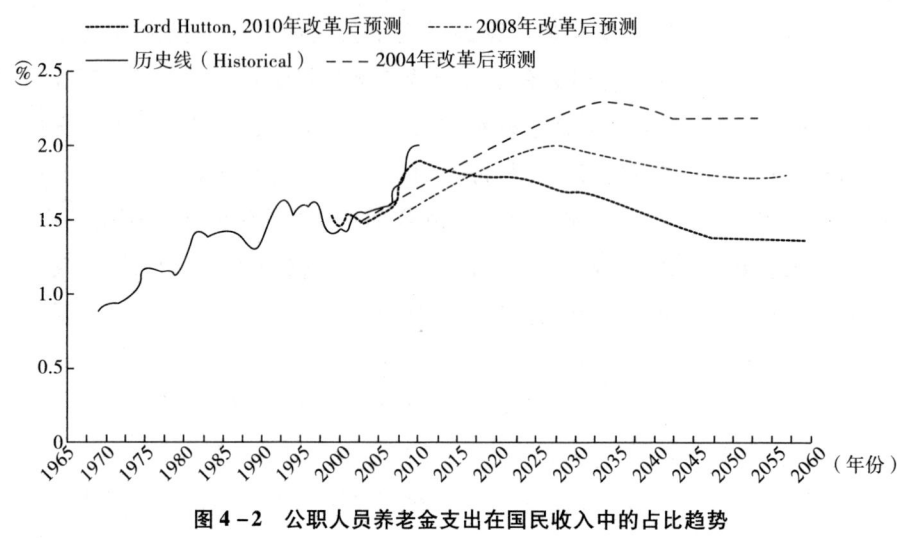

图 4-2　公职人员养老金支出在国民收入中的占比趋势

资料来源:"Public Service Pension Reform – 2010 Onwards," http：//researchbrefings.files.parliament.uk/documents/SN05768.pdf。

高峰会提前20年左右到来,并且高峰期的支出占国民收入的比例会进一步降到1.8%,到达高峰点后,公职人员养老金支出呈现出快速下降趋势,到2045年左右会下降到2000年的水平,即公职人员养老金支出占国民收入的1.5%,之后在1.5%以下,效果非常明显。三是进一步扩大提高公职人员的缴费范围,除军队外的其他公职人员的缴费都要提高,不同行业公职人员提高后的平均缴费比例是3.2%,这一指标将分步骤完成:2012/2013年完成40%,2013/2014年完成80%,到2014/2015年完成100%。为了避免增加低收入人群的负担,缴费将按收入状况分层次,收入低于15000英镑的公职人员将不提高缴费比例,收入在21000英镑的公职人员额外多缴纳部分的缴费比例不高于1.5%。提高公职人员缴费仅在2012/2013年就能为财政节省开支12亿英镑,2014/2015年将节省开支28亿英镑。[①] 可见2008年的改革再加上2010年后新增加的改革措施,包括提高领取养老金的年龄、改变养老金计算和调整的参数、提高缴费比例、建立成本分摊机制、设立消费上限等综合性的改革措施会快速达到节省开支的效果。

[①] "Public Service Pension Contributions," http：//researchbriefings.files.parliament.uk/documents/SN06137/SN06137.pdf。

在提高缴费比例之前，相关部门做了大量探讨，包括如果提高缴费比例，低收入群体和打零工群体的参与率是否会降低，并且做了预测：改革对不同的收入群体都会有或多或少的影响，但对低收入者的影响会更大；收入低于18000英镑的群体退出率将达到20%；而非全日制工作者的退出率将达到30%以上；对于收入在5.5万~7.5万英镑的非全日制工作者来说，参与率将达到100%，改革几乎不会改变这部分群体的参与率（见图4-3）。

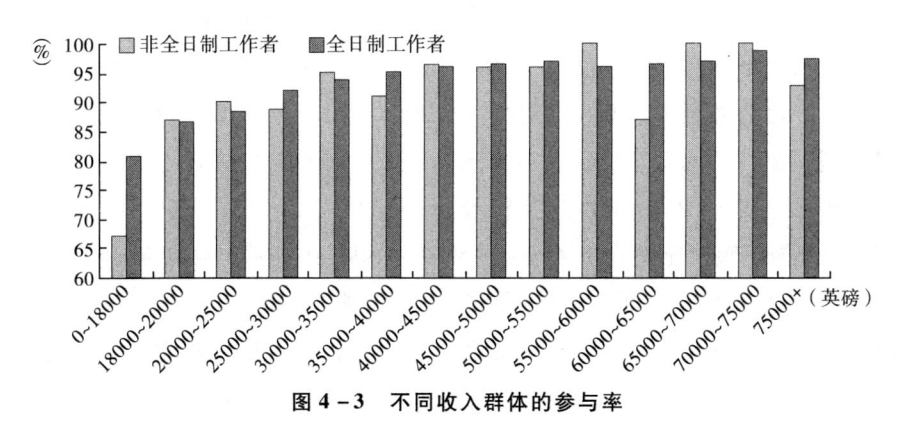

图4-3 不同收入群体的参与率

资料来源："Public Service Pension Contributions," http://researchbriefings.files.parliament.uk/documents/SN06137/SN06137.pdf。

因此，改革委员会提出既要提高缴费比例，又不能降低参与率。各不同行业根据本行业职员的收入和参保情况各自进行调整。

1. 中央政府公务员养老保险制度改革

与英国养老保障整体改革趋势一致，中央政府公务员养老保险一直在探索平衡收入和支出的办法，期望做到既能提高公务员的待遇又要缓解不断增加的财政压力。为此，先后推出了四个项目，有些老项目被新项目取代，有些老项目和新项目并存。这四个项目包括：传统型、传统加值型、Nuvo型、合伙型。通过推出这四种类型的项目，公务员养老保险完成了从不缴费到缴费到逐步提高缴费比例的转变，在养老保险模式上从待遇确定型逐步转变为缴费确定型。但与其他类型的职业年金相比，仍然是缴费低、待遇好，因为公务员所在部门承担雇主的责任，而且最后收不抵支的部分还有中央财政托底。在传统型项目中，公务员仅需要为配偶养老缴纳个人工资的1.5%，自己养老则不需要缴费，养老金的计算与退休前的工资和任职年限相关。这个项目始于 1972 年，到 2002 年被传统加值型项目取代，2002 年以前任职的公务员可以退出传统型项目，加入传统加值型项目。传统加值型项目最大的变化就是公务员需要缴费，缴费比例为 3.5%，但养老金的计算和缴费没有关系，仍然是与退休前的工资和任职年限相关，但比例有所区别，所以公务员在传统加值型项目中领取到的养老金比传统型要多。Nuvo 型项目针对 2007 年以后入职的公务员，仍然缴纳 3.5% 的费用，只不过在计算养老金时有了变化，按参保期间所有年薪的 2.3% 来算。合伙型项目只适用于 2002 年以后任职的人员，养老金计算完全与缴费挂钩，由公务员及其所在部门缴费。2014~2015 年，中央政府公务员缴费进行调整，平均缴费比例达到 5.6%。这一调整也本着收入越高缴费越高的原则：年收入在 2.1 万英镑及以下，缴费比例为 4.6%；21001~45000 英镑，缴费比例为 5.45%；45001~149000 英镑，缴费比例上升为 7.35%；15 万英镑及以上缴费比例最高，达到 9.0%（见表 4-8）。地方政府养老保险没有在这次调整中提高缴费比例，因为地方政府养老保险与其他公职人员养老保险不同之处在于这一保险有基金，在支付时还有基金的收益可分配，所以中央政府同意地方政府养老保险可以保持现有的缴费比例不变，但是在其他改革方面，比如提高领取养老金年龄等方面要同步，而且地方政府养老保险还要制定本系统职员能负担得起的一个短期和长期相结合的改革方案。

表 4-8　中央政府公务员调整后的缴费比例

单位：英镑，%

年收入（全职）	缴费比例（税收减免前）
21000 及以下	4.6
21001~45000	5.45
45001~149000	7.35
150000 及以上	9.0

资料来源："Public Service Pension Contributions," http://researchbriefings.files.parliament.uk/documents/SN06137/SN06137.pdf。

2. 健康系统养老保险制度改革

健康系统养老保险（NHS）在 2011 年决定从 2012 年开始调整公职人

员的缴费比例。可以看到，调整的原则仍然是分层次的，收入低于一定程度不增加缴费，收入越高，增加缴费的幅度就越大。2012/2013 年与 2010/2011 年收入在 21176 英镑以下的，没有调整，仍按 5% 的缴费比例缴纳；年收入在 26558～48982 英镑的，缴费比例上调了 1.5 个百分点，从原来 6.5% 提高到 8%；收入在 48983～69931 英镑的，缴费比例上调了 2.4 个百分点，从 6.5% 提高到 8.9%；最高的是收入在 110273 英镑以上的，缴费比例从 8.5% 提高到 10.9%（见表 4-9）。健康系统养老保险缴费比例提高幅度整体高于中央政府公职系统。

表 4-9　健康系统养老保险 2012/2013 年缴费比例提高情况

2010/2011 年全职收入（英镑）	2010/2011 年缴费比例（%）	2012/2013 年缴费比例（%）	缴费比例提高（百分点）
15000 及以下	5	5	0
15001～21175	5	5	0
21176～26557	6.5	6.5	0
26558～48982	6.5	8	1.5
48983～69931	6.5	8.9	2.4
69932～110273	7.5	9.9	2.4
110273 以上	8.5	10.9	2.4

资料来源："Public Service Pension Contributions," http：//researchbriefings. files. parliament. uk/documents/SN06137/SN06137. pdf。

3. 教育系统养老保险制度改革

2011 年，教育部门制定了针对本系统职员的养老保险缴费调整方案，该方案从 2012 年开始实施。从表 4-10 可以看到，调整方案也是按收入分层进行，最低的维持现状，最高的提高了 2.4 个百分点，缴费比例达到 8.8%。为了防止一些低收入群体退出保险，调整时专门提出，新职员、讲师、非全日制成员缴费比例不提高，以确保各个收入层次都能负担。从调整的幅度来看，收入在 1.5 万英镑以下的缴费比例没有增加，这一部分职员所占比例也较小，占全部教育系统的 0.2%。从 1.5 万英镑起，缴费比例随着收入的增长而递增，收入在 15000～25999 英镑的，缴费比例提高 0.6 个百分点，达到 7%；收入在 26000～31999 英镑的提高 0.9 个百分点，缴费比例为7.3%；收入越高，递增的幅度就越大，收入在32000～39999英镑的，提高了1.2个百分点，缴费比例达到7.6%，这一收入的员工较多，占39.6%；收入在40000～74999英镑的，提高1.6个百分点，这一部分员工也相对较多，占25.2%。收入在11.2万英镑以上时最高，提高2.4个百分点，缴费比例为8.8%，不过这一部分群体较少，仅占教育系统的0.1%（见表4-10）。由于最低收入和最高收入的人群都占少数，所以不会影响到整体改革。

表4-10 教育系统2012/2013年的缴费比例

收入 （英镑）	2012/2013年缴费 比例（%）	提高 （百分点）	人员 （人）	成员占系统的 百分比（%）
15000以下	6.4	0	1400	0.2
15000～25999	7.0	0.6	116000	17.1
26000～31999	7.3	0.9	117000	17.2
32000～39999	7.6	1.2	271000	39.6
40000～74999	8.0	1.6	172000	25.2
75000～111999	8.4	2.0	4000	0.6
112000及以上	8.8	2.4	600	0.1

资料来源：DFE, *Teachers' Pension Scheme – Proposed Final Agreement*, March 2012。

4. 消防系统养老保险制度改革

消防系统职员的缴费比例原来在公职人员行列中就已较高，所以此次仅做了一个微调，缴费比例从2012/2013年开始有小幅上扬，收入在1.5万英镑及以下的不调整，收入在1.5万英镑以上的，缴费比例提高0.6～2个百分点，调整之后的缴费比例最低的仍是11%，最高的为13%（见表4-11）。

在所涉及的公职人员中，除军队之外，其他公职人员的养老保险制度都有不同程度的调整，包括缴费比例、领取养老金的年限、计算方式等，每一行业养老金都根据本身的特点，在调整时侧重点有所不同，其目的是减轻财政负担，增加制度的可持续性，同时还要保证参保率，不能使参保率下降。为此，不论是哪一行业，养老保险制度改革都是按收入分层进行的，遵循收入越高缴费越高，收入越低缴费越低的原则，保护低收入公务员不至于因为改革而退出养老保险。这一系列改革将为政府财政节省相当

表 4-11　消防系统 2011/2012 年及 2012/2013 年缴费比例

收入（英镑）	2011/2012 年缴费比例（%）	增长（百分点）	2012/2013 年缴费比例（%）
15000 及以下	11.0	0.0	11.0
15001~30000	11.0	0.6	11.6
30001~40000	11.0	0.7	11.7
40001~50000	11.0	0.8	11.8
50001~60000	11.0	0.9	11.9
60001~100000	11.0	1.2	12.2
100001~120000	11.0	1.5	12.5
120000 以上	11.0	2.0	13.0

资料来源：CLG, *Firefighters' Pension Scheme* (1992) and *New Firefighters' Pension Scheme* (2006)。

可观的费用，并且改革措施推行的越久，其效果就会越明显，这对减轻财政压力、弥补财政赤字，同时缩小公务员和企业员工养老待遇差距，平息社会不满情绪无疑有很强大的作用。在循序渐进并且保护低收入群体的情况下，改革的阻力也减小了许多。

在对公职人员养老保险进行改革的同时，英国进行了三个支柱的结构性调整，并对相关养老参数进行了大规模的改革。2013 年，英国公布《养老金改革方案》，将第一支柱的国民养老金和第二支柱的附加国家养老金合并为公共养老金，其待遇水平要高于两者之和，领取资格从 30 年缴费年限提高到 35 年，缴费在 10 年到 35 年想要提前领取养老金的要扣除部分养老金，缴费在 10 年以下的将丧失领取养老金的资格。领取养老金的年龄也逐步提高到 65 岁、66 岁，2026~2028 年将提高到 67 岁，从 2017 年开始执行。这样一来，第一支柱变为公共养老保险，第二支柱是企业养老保险，第三支柱是私人保险。第一支柱的目标是维持居民的基本生活，要想提高老年生活水平，则需要依靠另外两个支柱。

三　美国：不断整合的养老保障

美国在 1935 年颁布了《社会保障法》，标志着社会保障制度的初步建立，但当时保障的仅是工商业职工，其他行业都被排除在外。之后《社会保障法》经过了六次修正，覆盖面不断扩大，到 1983 年《社会保障法》

修正案出台时，美国各行各业的绝大多数就业者都被纳入社会保障体系。美国的社会保障制度已经成为最大的一项社会事业，其主要项目包括公共退休养老保障计划及老年收入补充保障计划，临时困难家庭救助计划，针对低收入家庭、残疾人员、儿童的健康保险计划。2010年，超过540万名美国人领取了近7120亿美元的社会保障金；2013年，社会保障支出达1.3万亿美元，占当年GDP的8.4%，占政府总支出的37%；2014年略有下降，但社会保障支出也达到9006.4亿美元，占当年政府支出的21%，大约20%的美国人的主要收入来源是社会保障金。[①] 从养老保障体系来看，主要有四大部分：公共退休养老保障、雇主退休养老保障、慈善保障、自我储蓄性质的商业保险。公共退休养老保障计划包括老年、遗属和残障保险计划（OASDI）以及老年收入补充保障计划（SSI）。雇主退休养老保险计划包括企业、政府等部门对一些特殊行业的养老保险计划，包括针对退伍军人、铁路职工、联邦政府雇员的保障。美国社会养老保障体系是典型的自由主义模式，强调市场的作用，雇员和雇主负有全部责任，所以基本上是雇员和雇主各付一半，政府没有补助，但有税收上的优惠措施，以提高缴费双方的积极性。在养老金计算方面更倾向于保护低收入群体，所以收入越低，养老金替代率就越高，政府主要在提高特殊的低收入老年群体收入上起托底、补助的作用。整个制度重点向几类弱势群体倾斜，包括老人、残疾人、贫困人口、失业人口、丧偶的妇女。由于没有统一的、针对全体国民的养老保险，同时不同行业间的养老保险各不相同，所以养老金在行业间存在差距，公务员、铁路部门养老保险待遇较为优厚，养老金要高于公共退休养老保障计划，各行业间的养老保险可转移。

（一）第一支柱：老年收入补充保障计划（SSI）

老年收入补充保障计划，由美国社会保障管理局来管理，目的是提高几类特殊低收入群体的收入，有托底的作用，所以完全不用个人缴费，支出由美国财政部来承担。老年收入补充保障计划具有最低生活保障的性质，属于一种收入维持计划，针对的是三类有可能陷入贫困的群体：老年

---

① https：//en.wikipedia.org/wiki/Social_Security_(United_States)#Wages.

人、残疾人（不含盲人）、盲人。2013年12月，受益人群已达到2010万人。其中，有1300万人是18岁以下的儿童，500万人是18~64岁的成年人，210万人是65岁及以上的老年人。领取的社会保障金达到46亿美元。2013财年SSI的支出加上管理费用超过530亿美元。[①] 经费由美国财政部支出，管理执行权仍归美国社会保障管理局。

在申请条件方面，要满足不同的限制，有收入、年龄、残疾等方面的要求。老年人需要满足年龄条件，即65岁或65岁以上。残疾人的申请条件是由于身体或精神疾病，不能获得实质性的报酬。实质性的报酬在2015年是指每月能赚到1090美元的税前收入，如果把盲人也计算在残疾人中的话，那么实质性的报酬每月为1820美元。[②] 盲人的申请条件是视力在20度以下。由于老年收入补充保障针对的是社会最弱势的群体，所以符合一定条件的18岁以下的儿童也可以申请。这几类群体申请补助时还要满足收入、资产及国民身份的规定。收入要在最低收入线以下，并且根据居民所居住地区的人口、生活水准、收入类型等因素综合考虑最低收入线，比如在生活水准方面，分为四个档：A档相对较好，家庭有用于租房和买食品方面的支出；B档则连这笔支出都没有；C档家庭有孩子；D档有医疗补助，可以帮助家庭支付50%的费用。资产的规定为个人不超过2000美元，夫妇不超过3000美元，一个成人加一个儿童申请，那么资产不应超过4000美元，一对夫妇加一个儿童申请，资产不应超过5000美元。在身份方面的规定，除美国公民外，还包括了一些合法移民。

老年收入补充保障的发放金额根据物价上涨的生活支出状况进行相应调整，根据美国社会保障网站公布的数据，2013年上调了1.7个百分点，2014年上调了1.5个百分点。2013年12月，18岁以下儿童每月的保障金是630.98美元，18~64岁的成人是546.38美元，65岁及以上的老年人为每月425.09美元。到2015年和2016年，个人为733美元，夫妇为1100美元，一些地方政府会给予一部分附加补助（仅6个州没有），以提高最基本的衣食住行方面的支出，比如加利福尼亚州2015年SSI的保障金就达到889.4美元。老年收入补充保障福利和其他较高的社会福利不能共享，

---

① http://greenbook.waysandmeans.house.gov/sites/greenbook.waysandmeans.house.gov/files.
② "Aged, Disabled, or Blind," http://greenbook.waysandmeans.house.gov/sites/greenbook.waysandmeans.house.gov/files/94-486_gb.pdf.

如果申请者同时还享受失业保险、养老保险等，老年收入补充保障将一对一扣减。如果申请者享受报销50%费用的医疗补助，那么他的老年收入补充保障金就要减至30美元。这些扣减针对的都是申请者享受的额外福利，如果是工作收入，就会给予优待处理。不过老年收入补充保障可以和其他针对社会底层的救助共享，一旦居民申请SSI项目，他就自动享受医疗救助、医疗保险、食品券、住房选择代金券计划，以此为最贫穷者打造了一个安全网，涉及生活基本需要的方面政策都照顾到了。

（二）第二支柱：公共退休养老保障计划

美国公共退休养老保障计划包括老年、遗属和残障保险计划，由美国社会保障管理局来管理，是缴费型的社会养老计划，养老金从社会保障基金支取。

1. 缴费比例

老年、遗属和残障保险计划是美国最早的养老保险计划，面向除几个特殊行业外的所有公民，覆盖了93%的美国工人及独立经营者。在受益人群中，81%是退休或残障人士，19%是家属。2014年6月，5860万名受益人领取了700亿美元的养老金，平均每人每月领取的金额是1188美元。该计划需要缴费，缴费由雇主和雇员共同负担，超过一定收入的部分不在缴费范围内（2014年为年收入11.7万美元）。从美国历史上来看，老年、遗属和残障保险缴费，1937~1956年稳定在工资总额的2%~4%，1957年以后开始上涨，1990年以后稳定在12.4%。其中，有雇主的职工缴费（工薪税）为工资总额的6.2%，雇主同样缴纳6.2%，共12.4%的资金注入老年、遗属和残障保险基金。这一缴费比例在2011年和2012年曾下降到10.4%，但2013年又重新恢复到12.4%。最高缴费收入则自1972年起几乎每年都在调整，2015年达到118500美元。从1966年起，雇主和雇员需要向"老年和残障健康保险"（以下简称"护理险"）项目缴费，缴费比例从最初的0.7%上涨到2015年的2.9%（见表4-12），雇主和雇员各出1.45%，这笔资金将注入住院基金，用于老年人的护理或住院。雇员和雇主的两笔缴费比例达15.3%。没有雇主的自谋职业人员要自己缴纳15.3%

表 4-12 1937~2015 年美国公共退休养老保障计划缴费比例及最高缴费收入

单位:%,美元

年份	最高缴费收入	OASDI缴费比例	护理险缴费比例	年份	最高缴费收入	OASDI缴费比例	护理险缴费比例
1937~1949	3000	2	—	1977	16500	9.9	1.8
1950	3000	3	—	1978	17700	10.1	2.0
1951~1953	3600	3	—	1979~1980	22900~25900	10.16	2.1
1954	3600	4	—	1981	29700	10.7	2.6
1955~1956	4200	4	—	1982~1983	32400~35700	10.8	2.6
1957~1958	4200	4.5	—	1984~1987	37800~43800	11.4	2.6~2.9
1959	4800	5	—	1988~1989	45000~48000	12.12	2.9
1960~1961	4800	6	—	1990~2001	53400~80400	12.4	2.9
1962	4800	6.25	—	2002	84900	12.4	2.9
1963~1965	4800	7.25	—	2003	87000	12.4	2.9
1966	6600	7.7	0.7	2004	87900	12.4	2.9
1967	6600	7.8	1.0	2005	90000	12.4	2.9
1968	7800	7.6	1.2	2006	94200	12.4	2.9
1969~1970	7800	8.4	1.2	2007~2008	97500~102000	12.4	2.9
1971	7800	9.2	1.2	2009~2010	106800	12.4	2.9
1972	9000	9.2	1.2	2011	106800	10.4	2.9
1973	10800	9.7	2.0	2012	110100	10.4	2.9
1974	13200	9.9	1.8	2013	113700	12.4	2.9
1975	14100	9.9	1.8	2014	117000	12.4	2.9
1976	15300	9.9	1.8	2015	118500	12.4	2.9

资料来源:根据"Historical Social Security Tax RatesMaximum Salary FICA or SECA Taxes Paid on"整理,https://en.wikipedia.org/wiki/Social_Security_(United_States)#Wages。

的费用,其中 12.4% 的费用注入老年、遗属和残障保险基金,剩下的 2.9% 注入住院基金。没有雇主的人员相当于自己当雇主缴纳双份费用。不过,如果自谋职业人员收入低于一定的标准则不用缴纳费用。2008 年为当年的大选服务、年收入不足 1400 美元的,2009~2010 年从事家政服务、年收入不足 1700 美元的,自己经营年收入低于 400 美元的,都不用缴纳。在地方工作、参加当地雇主养老体系的员工,学生及符合条件的牧师等也不用缴费。① 直接将护理险纳入第二支柱养老保险中是美国养老保障的一大特色，照顾到了年老后患上慢性病时，在护理或住院方面花销很大等情况。疾病会使退休的人群陷入老年贫困，提早为护理险注入资金，相当于为预防老年贫困加入了双重保险。

2. 养老金的计算

OASDI 包含了三方面的福利：退休养老金、遗属养老金和残障养老金。从支出来看，退休养老金的支付占 OASDI 支出的主要部分，而这一部分支出倾向于低收入员工，以保障这一部分群体退休后不会陷入贫困，因为低收入员工退休后的主要收入来源就是养老金，这种偏重从养老金的计算方式中得到明显的体现。养老金的计算涉及三个因素：收入、通胀率、收入档次。收入取员工过去35年的平均工资，如果不足35年，那么只计算实有年份的年薪，但计算平均值时仍按35年除；如果超过35年，那么取工资最高的35年计算。计算出的月平均工资再按通胀指数折换，折换后的月均收入要分成三个档次，每个档次的收入要乘以一个不同的百分比，最后三个档次相加得出养老金。目前三个档次划分及计算方式如下：第一档次的养老金是在791美元以下，这个收入要乘以90%；第二个档次是791～4781美元，乘以32%；第三个档次是在4781美元以上，乘以15%。收入高出不需缴费的部分同样也不计算在养老金的月平均工资里。从这个计算方式来看，美国养老金并不是多缴多得，而是收入越低，最后养老金的替代率越高，一对月收入为791美元的夫妇退休后可得到的养老金是他计算出的月平均收入的135%（见表4-13）。高收入群体养老金替代率明显下降，因为政府制定政策时考虑到高收入群体有别的收入来源，不必单纯依靠养老金来维持老年生活。这仅仅是一份完整的养老金计算方式，一个员工要想取得完整的养老金还要满足两个条件。一是缴费要达到一定的要求。缴费会转换成积分，每1130美元算一分，每年不超过4分，至少要够40分以上才有资格领取养老金。二是在年龄上要达到退休年龄，如果未达到退休年龄想要提前领取养老金，那么养老金就要打折扣，公式是每个

---

① "Wages Not Subject to Tax," https://en.wikipedia.org/wiki/Social_Security_(United_States)#Wages.

月扣除养老金 1% 的 5/9，最高到 36 个月，然后按 1% 的 5/12 扣除。这样算下来，如果一个 65 岁才能领养老金的员工想要在 62 岁领，那么他只能得到 80% 的养老金；如果法定退休年龄在 66 岁的员工想要在 62 岁领取养老金，那只能得到 75%；如果 67 岁退休想在 62 岁领，那么只能得到 70%。

表 4-13　美国 OASDI 不同收入员工退休后养老金替代率

单位:%，美元

计算后的月均收入	个人	夫妇	个人，62 岁领取	夫妇，62 岁领取
791	90	135	68	101
1000	78	117	58	88
2000	55	82	41	62
3000	47	71	35	53
4000	43	65	33	49
5000	40	60	30	45
6000	36	54	27	41
7000	33	50	25	32
8000	31	46	23	35
9000	29	44	22	33
10000	28	42	21	31
11000	23	34	17	26
12000	21	32	16	24
13000	19	29	15	22

资料来源：https：//en. wikipedia. org/wiki/Social_ Security。

当然，政策鼓励延迟领取养老金，如果超过本该领取养老金的年龄，那么就能得到最高 108% 的养老金，直到 70 岁。如果在 70 岁以后退休，就能得到 132% 的养老金。[1] 美国的退休年龄长期以来保持在 65 岁，从 1938 年起开始逐年延长退休年龄，比如 1938 年出生的就是延迟 2 个月退休，1939 年出生的延迟 4 个月，1940 年出生的延迟 6 个月，1943~1954 年出生的是 66 岁退休，1955 年出生的是 66 岁加 2 个月，以此类推，1960 年或以后出生的职工的法定退休年龄就达到了 67 岁。这种政策的优点是比

---

[1] "Primary Insurance Amount and Benefit Calculations," https：//en. wikipedia. org/wiki/Social_ Security_ Administration#Old_ age. 2C_ survivors_ and_ disability.

较缓和，给想要早一些退休、早一些领取养老金的人以缓冲时间，毕竟相比延长几年的时间，延长几个月的退休年龄比较容易被接受。美国延迟退休人员养老金增加比例见表4-14。

表4-14 美国延迟退休人员养老金增加比例

单位：%

出生年份	年增加比例	月增加
1933~1934	5.5	1%的11/24
1935~1936	6.0	1%的1/2
1937~1938	6.5	1%的13/24
1939~1940	7.0	1%的7/12
1941~1942	7.5	1%的5/8
1943及以后	8.0	1%的2/3

资料来源：https：//en.wikipedia.org/wiki/Social_Security。

由于在养老金计算上倾向于低收入群体，收入越高其养老金替代率越低。在收入达到13000美元时，个人养老金的替代率仅有19%，如果提前在62岁就领取养老金，那么替代率更低。相反，收入越低，其养老金的替代率也就越高。美国对于一些特殊低收入群体的退休金还有一些额外规定，比如在领取退休金时规定一定要达到一定的积分，但有一部分员工工作时间很长，工资却太低，尽其所能也达不到总的积分标准，对这样的员工，有一个最低限度的特殊养老金。2013年这一养老金是每个月804美元，当年有7.5万人领到了这笔养老金。这也是养老金政策向低收入群体倾斜的另一个表现。

退休养老金包含配偶养老金，数额是职工退休金的一半，如果配偶工作并且也符合领取自己那份养老金的条件，那么在两份养老金中只能领取较高的一份，而不能两份兼得。配偶养老金中的配偶不仅包括现配偶，也包括有10年以上婚龄的前配偶，不过在人数上不能超过5位。

OASDI项目还包括遗属养老金和残障养老金。遗属养老金中包括员工去世后的配偶或前配偶福利、18岁以下子女福利、员工的父母福利、不符合配偶福利条件但是抚养低于16岁以下子女或残障子女的父亲或母亲福利。从2003年的数据来看，领取遗属养老金中配偶福利的数量最多，占69%，这一福利也是配偶达到法定退休年龄才能领到全额，如果提前领取也要相应扣减，并且职工生前要达到一定的积分要求。其次是子女福利，占28%；再次是不符合配偶福利条件的父亲或母亲福利，占3%；最后是父母福利，仅占0.1%。[1] 申请残障养老金需要满足社会保障署规定的伤残程度。

如果职工退休后还要继续工作，只要他达到或超过了法定退休年龄，那么他和他的配偶可以正常领取税后的退休养老金和配偶养老金，不受继续工作收入的影响，但有两种情况除外。一种情况是职员不到退休年龄就要领取退休金并且继续工作的工资水平太高，高出了政策制定的一个标准线，在这种情况下退休金就要大幅度减少。2013年标准线是年收入15120美元，超过这这一标准，每多挣2美元，退休金就要减少1美元，直到养老金为0，在此期间会有一年以上的积分，这样等不再工作领取养老金时养老金会有少许提高。另一种情况是职员达到了法定退休年龄并继续工作，工资也有一个标准线，2013年是40080美元，超过这个标准线的工资，每多3美元则养老金扣掉1美元。[2] 不过这个扣减只是达到法定退休年龄的当年，之后再继续工作养老金不再扣减。标准收入线会每年变化。

3. 基金存储

OASDI项目缴费后存入信托基金账户，投资国库券。在制度设立后相当长的一段时间内项目基金处于收大于支的良好状况，当年的收入足够支出，并且支出后还有盈余。盈余部分极大地填补了政府财政赤字。但近些年情况不容乐观，从2013年的收支报告来看，2012年底只有退休基金有盈余，收入大于支出，残障基金和医疗基金都已经收不抵支。从表4-15中可以看出，退休基金在2012年的总收入是7311亿美元，总支出为6454亿美元，收入大于支出，当期储量还有盈余856亿美元；残障基金在2012年的总收入为1091亿美元，总支出达到1403亿美元，当期亏空312亿美元。医疗基金方面也面临同样的问题，而且随着"婴儿潮"时期出生的居民步入老年，医疗保险费用支出快速增加，并且增加的幅度已超过GDP增长的幅度。医疗A 2012年的总收入为2430亿美元，总支出为2668亿美

---

[1] 李超民编著《美国社会保障制度》，上海人民出版社，2009，第26~30页。
[2] https://en.wikipedia.org/wiki/Social_Security_Administration#Old_age.2C_survivors_and_disability.

元,透支了 238 亿美元;医疗 B 和 D 2012 年的总收入为 2939 亿美元,总支出为 3074 亿美元,透支了 135 亿美元。由于当年的收入不够支出,所以残障和医疗支出每年要从以前的基金储量中划拨,长此下去基金储量用不了多少年就会用光。根据这一报告,残障基金储量会在 2018 年耗尽,医疗 A、医疗 B 和 D 基金储量预计分别将在 2023 和 2020 年耗尽,退休基金的情况略好些,但随着人均寿命的提高以及养老金的不断上涨,其基金储量也会在 2033 年用尽。所以,情况不容乐观。为了解决这个问题,美国社会保障理事们提出了两种办法:提高缴费比例或者降低福利待遇。从基金收入构成中也能看到,缴费收入和 OASDI 养老金税及利息是收入最重要的收入来源,其他的如财政转移收入、一般收入转移等仅针对个别项目,所以要解决收不抵支的问题,从缴费或支付入手是最有效的。如果要提高缴费比例,则需要在 2041 年时提高到 16.41%,之后继续提高,到 2081 年时提高到 17.6%。如果要降低待遇,则需要降低 25%~30%。① 不过对这个问题,美国不同学科的学者存在争议,人口学家认为人口预期寿命会延长,这样未来支付能力会比社会保障理事们预测的状况还要差,而经济学家则比较乐观,认为随着生产力的提高,经济的发展会提高支付能力,所以未来的状况没有社会保障理事们预测的那么糟。

表 4-15　2012 年美国社会保障基金收支

单位:十亿美元

项目	退休基金	残障基金	医疗 A	医疗 B 和 D
2012 年总收入	731.1	109.1	243.0	293.9
2012 年总支出	645.4	140.3	266.8	307.4
储量变化	85.6	-31.2	-23.8	-13.5
2012 年底储量	2609.7	122.7	220.4	67.2
保险费支出	637.9	136.9	262.9	303.0
铁路系统退休账目	4.1	0.5	—	—
管理支出	3.4	2.9	3.9	4.4
收入部分				

---

① "The 2011 OASDI Trustees Report," https://en.wikipedia.org/wiki/Social_Security_(United_States)#Wages_not_subject_to_tax.

续表

项目	退休基金	残障基金	医疗 A	医疗 B 和 D
缴费收入	503.9	85.6	205.7	—
OASDI 养老金税	26.7	0.6	18.6	—
保险费投资收入	—	—	3.7	66.6
财政转移收入	—	—	—	8.4
普通资金退还	97.7	16.5	0.5	—
一般收入转移	—	—	—	214.8
利息收入	102.8	6.4	10.6	2.8
其他收入	—	3.9	2.2	—

资料来源:"2013 Social Security Trustee Report," http://www.ssa.gov/oact/trsum/。

(三) 第三支柱:雇主退休养老保障制度

美国养老保障中第一支柱起到托底作用,保证几类特殊群体不至于老年时陷入贫困;第二支柱面向全体国民,为国民提供基本养老金;第三支柱则由雇主提供的附加养老保险组成,目的是提高本行业雇员的养老水平,所以各行业都根据本行业的实际情况,设定了不同的养老保障制度。

1. 铁路部门退休保障制度

铁路部门退休保障制度和公共退休养老保障计划是并行的两大制度,为铁路及与铁路相关系统职工及家属提供退休、遗属、残障、失业、医疗等方面的福利。职工只有在铁路部门工作 10 年以上或者 1995 年以后在铁路部门工作 5 年以上并积够 40 分才可被纳入铁路部门退休保障制度。该制度出现较早,1937 年美国国会就通过了《铁路退休法》,有铁路系统独立的退休办法,但经过多次修订,1974 年出台的《1974 年铁路退休法》已经把铁路部门退休保障制度和公共退休养老保障计划做了很好的衔接,明确了铁路系统退休制度分为两层:第一层与公共退休养老保障计划的缴费、福利相一致;第二层则是由铁路部门额外提供的针对本系统职工的福利。这也可看作一种整合,将原本独立的铁路部门的养老保障整合到公共退休养老保障计划中,铁路部门还可额外提供一种雇主保障。基金由铁路退休局(RRB)来管理,与美国社会保障体系相互分立,但是在基金的使用上，与公共保障信托基金可以相互调剂，不符合申请铁路部门退休金的职工和家属由公共退休部门来承接。在2013财年，RRB为56.8万名受益人支付了116亿美元的退休和遗属费用，为2.6万名受益人提供了9100万美元的失业和医疗险费用。从缴费上来看，第一层的缴费同样是在年收入11.7万美元（2014年）及以下的部分，由雇主和雇员各缴纳6.2%的养老费用，医疗费用由雇主和雇员缴纳全部工资收入的1.45%，如果在领取这一养老金时还有其他的养老金收入或工作收入，那么这一部分养老金要相应扣减。退休后继续在铁路部门工作的，不能申请这一养老金。第二层则由雇主缴纳12.6%，雇员缴纳4.4%，这一缴费也有最高收入标准线，2014年是8.7万美元，也就是说，年收入超过8.7万美元的部分不需要缴费。第二层制度中雇主承担了大部分责任。在待遇上，铁路部门职工的待遇要好于其他部门。虽然在第一层待遇计算上与公共退休养老保障计划一致，但在领取养老金资格上有明显优势，只要有30年在铁路部门的工龄、年满60岁，就可以拿到不用扣减的养老金，而其他企业职工要到65岁或67岁才能达到法定退休年龄，否则养老金就要进行相应扣减。第二层的养老金只和工龄相关，根据职工60个月的最高收入计算一个月的平均收入，再把月平均收入1%的7/10乘以在铁路部门工作的工龄就是第二层的养老金。如果领取别的养老金，那么第二层养老金不予扣减；如果职工在领取养老金的同时继续工作，那么第二层养老金就要扣减，每多挣2美元就要扣减1美元，一直扣完全部养老金的50%。除这两层福利外，铁路部门职工还有一个附加福利，提供给1981年10月以前雇用、年龄在65岁及以上、至少有25年铁路部门工龄的职工。另外，在1974年铁路部门退休保障制度刚刚分为两个层次时，同时加入铁路部门退休保障制度和公共退休养老保障计划的职工会获得额外的奖励。附加福利和额外的奖励都不随着消费水平增长，而且在有其他收入时都有一定的扣减。除职工本人的退休金、残障金、医疗保险金、失业保险金外，配偶、离婚配偶也被纳入铁路部门退休保障制度中。只要铁路职工满足领取全额退休金的条件，配偶到规定的年龄时就可以领取退休金，前配偶领取退休金的条件是双方结婚超过10年，且申请退休金时未婚，并满足一定的退休年龄要求。遗属金支付对象包括已亡人的父母、配偶（前配偶）、孩子，也分第一层和第二层。从表4-16中可以看出，在美国铁路部门退休、遗属、残障福利开支中，支出最多的两项是职工退休金和配偶退休金，这两项分别占总支出的28.7%和20.7%，两项加起来占总支出的比例近一半。然后依次是附加养老金，占总支出的18.4%；遗属金当中的年龄较大者领取的老年遗属金，占15.1%；残障金，低于正常退休年龄残障金和高于或正常退休年龄残障金两项加起来的支出占总支出的12.1%。平均每月福利，职工退休金能达到2507.72美元。从职工或家属平均每月领取到的退休金来看，残障金、配偶退休金、老年遗属金、残障遗属金、鳏寡的父母遗属金都很高。从各项退休金来看，美国铁路部门退休福利要好于公共退休福利。

表4-16 2014年美国铁路部门退休、遗属、残障福利开支

单位：美元,%

种类	支出福利金额	每项支出占总支出的比例	平均每月福利
职工退休金	189511	28.7	2507.72
低于正常退休年龄残障金	39363	6.0	2601.11
高于或正常退休年龄残障金	40561	6.1	2230.59
附加养老金	121542	18.4	41.58
配偶退休金	137008	20.7	945.51
离婚配偶遗属金	4435	0.7	583.26
老年遗属金	99898	15.1	1504.26
残障遗属金	3912	0.6	1236.61
鳏寡的父母遗属金	667	0.1	1762.48
再婚遗属金	3556	0.5	1001.82
离婚遗属金	9676	1.5	996.68
儿童遗属金	9351	1.4	1028.75
其他	1165	0.2	1165
总计	660645	100	1507.49

资料来源："Railroad Retirement Board: Retirement, Survivor, Disability, Unemployment, and Sickness Benefits," http://greenbook.waysandmeans.house.gov/sites/greenbook.waysandmeans.house.gov/files/RS22350_gb.pdf。

2. 美国联邦政府雇员养老保障制度

受雇于美国联邦政府的立法、行政、司法和邮政系统的公务员有自己的养老保障体系，1984年之前这一体系是独立的，叫文职人员退休制度

(CSRS)，缴费方式、福利待遇计算方式都和公共退休养老保障计划有很大不同。参与文职人员退休制度的不能参加公共退休养老保障计划。1984年之后美国政府逐渐把文职人员退休制度和公共退休养老保障计划整合，1984年以后参加工作的公务员被直接纳入联邦雇员退休制度（FERS），这一制度在缴费上和公共退休养老保障计划相同。1984年之前参加工作的公务员可以留在原制度中，也可以通过过渡办法进入新制度。除了这项制度，联邦政府还为公务员设立了个人储蓄计划（TSP），如果公务员选择留在原来的文职人员退休制度中，那么在缴纳个人储蓄计划时其所在的政府机构不为其缴纳配套资金，而加入联邦雇员退休制度的公务员则享受个人储蓄计划中所在机构的配套资金。

涉及公务员养老保障的制度共三项：文职人员退休制度、联邦雇员退休制度、个人储蓄计划。参加文职人员退休制度的公务员只需向文职人员退休和残障基金（CSRDF）缴纳7%的费用即可，支出达到29.3%，也就是说，联邦政府缴纳了22.3%的费用。雇员不用向公共退休养老保障基金缴费，也不享受公共退休养老保障计划的养老金。参加联邦雇员退休制度的公务员要向两个基金缴纳费用，一是文职人员退休和残障基金，二是公共退休养老保障基金。向公共退休养老保障基金缴费数额和其他职业人员相同，年收入在11.85万美元（2015年最高缴费收入）以下的部分，雇主和雇员各缴纳6.2%。文职人员退休和残障基金的缴费比例根据首次受雇时间的不同有所差别。按2015财年的统计，这一账户支出的费用2013年以前参加工作的为14%，2013年及以后参加工作的为14.2%，这一比例在缴纳上由公务员和联邦政府共同缴纳：2013年以前受雇的公务员，向CSRDF缴纳0.8%，那么联邦政府就要缴纳13.2%；2013年受雇的公务员缴纳3.1%，联邦政府缴纳11.1%；2013年以后受雇的公务员缴纳4.4%，联邦政府缴纳9.8%。个人储蓄计划属于联邦政府各机构提供的私人计划，无论是参加文职人员退休制度还是联邦雇员退休制度的联邦政府公务员都可参加个人储蓄计划，向该计划缴费。2015年缴费的最高上限是1.8万美元，50岁及以上的雇员可以再额外缴纳6000美元。参加联邦雇员退休制度的公务员可获得所在机构最高4%的配套资金，同时机构自动缴纳雇员缴纳费用的1%，也就是说，公务员最高可获得所在机构5%的配套资金，而参加文职人员退休制度的公务员则没有这一福利。[①]

从这三种制度的规定可以看出,联邦政府的补助较高,而公务员缴纳的费用相对其他行业较低,待遇较高。在养老金计算上涉及连续三年最高平均基本工资、工龄以及每年固定增加的福利(第一个五年是最高平均工资的1.5%,第二个五年是1.75%,10年以上是2%),所以待遇相对较高。从退休年龄上同样可以看出公务员的优越性:在文职人员退休制度下,拿到全额退休金的最小退休年龄是55岁,要求工龄达到30年;在联邦雇员退休制度下,1948年以前出生的雇员可以55岁退休,1953~1964年出生的可以56岁退休,1970年以后出生的可以57岁退休,这几个年龄都要求工龄达到30年;工龄20年的,可以在60岁退休,退休金不扣减;工龄在5年以上的,62岁退休可以拿到全额退休金。

由于有联邦政府各机构注入资金,1984年改革以后,雇员缴纳费用有了大幅度提高,CSRDF的基金用于投资国库券还会有一笔收益,所以CSRDF在保证收支平衡的基础上还有盈余。美国人事部估算,2015年CSRDF支出为816亿美元,其中有811亿美元支付给退休人员及遗属,其他的用于管理费等开支。2016年,支付额增长2.8%,达到839亿美元,其中833亿美元支付给退休人员及遗属。2015年CSRDF所有收入(缴费加利息及投资收入)为952亿美元,2016年为964亿美元。CSRDF总收入预计在未来几十年将呈现持续上涨态势:从2013年的926亿美元上涨到2025年的1527亿美元,到2090年的1万亿美元。同时,该基金的支出呈缓慢上涨趋势,从2013年的771亿美元,到2025年的1127亿美元,再到2090年的6733亿美元。因此,CSRDF中的固定资产也呈上升趋势,到2090年将达到128亿美元。[②] 从长远看,美国公务员养老保障的情况十分乐观。

3. 企业雇主养老保障制度

从公务员、铁路职工养老保障制度可以看出,这两大群体养老保障都

[①] "Federal Employees' Retirement System: Benefits and Financing," http://fas.org/sgp/crs/misc/98-810.pdf.

[②] "Federal Employees' Retirement System: Benefits and Financing," http://fas.org/sgp/crs/misc/98-810.pdf.

有两个层次。第一层次逐步和公共退休养老保障计划整合，在此基础上还有第二层次，由本系统提供、由雇主提供，雇主和雇员共同担负的养老保险项目，以保证本系统职工的老年生活。同样，为提高企业员工退休后的收入，雇主也要为职工提供相应的养老保险，1974年颁布了《1974年职工退休所得保障法》以法律形式固定下来。2013年据美国劳动部统计，有65%全日制工作的工人加入了由雇主提供的养老计划。雇主养老计划为单一雇主或多个雇主联合提供的各不相同的养老保险，形式上分为待遇确定型（DB型）、缴费确定型（DC型）或混合型。最初美国各公司以待遇确定型为主，这一模式雇主承担较大责任，后期纷纷向混合型和缴费确定型转变。美国劳动部调查数据显示，1981年，64.2%的雇主养老保险项目属于DB型，但到2011年这个数字下降到31.5%。DB型养老保险项目有一些只是雇主缴费，有些需要员工一起缴费，美国劳动部调查数据显示，2011年，在私人部门工作、参加DB型养老保险项目的员工有4%要求雇员缴费，在公共部门则有79%要求员工缴费。[①] DC型养老保险项目则是以雇员为主，雇员缴纳一定数额的费用，雇主缴纳相应金额。

如果雇主设立的是DB型养老保险项目，就需要准备金全额到位，并且要向养老金福利保障公司缴纳一定数额的费用，以防公司财务出现困难，职工的利益得不到保障。养老金福利保障公司是归联邦政府所有的一个公司，只保障DB型单一或多雇主养老保险项目，不保障DC型的。当被保障的养老保险项目破产时，养老金福利保障公司将以贷款的形式为公司支付职员的养老金，当然，也不期望这笔支出会得到偿还。2013年，养老金福利保障公司保障的DB型养老保险项目有2.5万个，涉及职工4230万人，为150万名职工支付了养老金，成为155个新破产的雇主养老保险项目的托管机构，包括111个单一雇主养老保险项目和44个多雇主养老保险项目。养老金福利保障公司不会无限支付养老金，它有一个法定的最大额度，对2014年破产的单一雇主养老保险项目，每年最高支付5.9万美元，对多雇主养老保险项目则每年最高支付1.3万美元。即使这样，养老金福利保障公司仍然是收不抵支，2013年赤字达到357亿美元，其中274亿美

---

① http：//greenbook.waysandmeans.house.gov/sites/greenbook.waysandmeans.house.gov/files/R43305_gb_1.pdf.

元是单一雇主养老保险项目，83 亿美元是多雇主养老保险项目，从 2003 年起单一雇主养老保险项目就被列为高风险项目，2009 年多雇主养老保险项目也被列入其中。[1]

养老金福利保障公司的资产由三部分构成：成立养老保险项目的雇主缴纳的费用，破产项目的资产、投资，从公司得到的追回款。DC 型项目中有几个大项目，包括 401（K）、403（B）、4057（B）以及公务员的个人储蓄计划（TSP）。从 2011 年的雇主养老保险项目来看（见表 4 - 17），DC 型项目显示出很大的优越性，无论是参加人数还是项目个数最多的是单一雇主 DC 型项目，这个项目具有较大活力，参加人员以在职人员为主，占 83.4%，意味着支付少，基金积累多，项目的财政压力不大。多雇主 DC 型项目同样显示出这一优势，在职人员占总参加人数的 76.3%。无论是单一雇主还是多雇主 DB 型项目，因其建立较早，所以到 2011 年参加人员都以退休人员为主，在职人员仅占 40% 左右，意味着支付压力加大。

表 4 - 17 2011 年美国单一和多雇主养老保险项目情况

项目情况	单一雇主 DC 型项目	单一雇主 DB 型项目	多雇主 DC 型项目	多雇主 DB 型项目
项目数量（个）	637086	43813	1299	1442
在职人员（百万人）	70.3	12.3	3.4	4.2
退休人员（百万人）	14.0	18.1	1.1	6.3
总参加人数（百万人）	84.3	30.4	4.4	10.4
在职人员占总参加人数的比例（%）	83.4	40.5	76.3	40.1
项目资产（十亿美元）	3657.7	2020.6	171.8	465.5

资料来源：Department of Labor, "Employee Benefits Security Administration, Private Pension Plan Bulletin Abstract of 2011 Form 5500 Annual Reports," http：//greenbook.waysandmeans.house.gov/sites/greenbook.waysandmeans.house.gov/files/R43305_ gb_ 1.pdf。

美国养老保障行业间、地区间的区别较为明显，近些年也处于不断整合的状态。最初的保障体系是按行业来设置的，但随着基金压力的增加及民众对社会公平的呼吁，在基本养老保险上各行各业开始逐步向公共退休养老保障计划整合、统一，形成了缴费、福利大体一致的公共退休养老保

---

[1] "Pension Benefit Guaranty Corporation：A Primer," http：//greenbook.waysandmeans.house.gov/sites/greenbook.ways andmeans.house.gov/files.

障计划与对三类弱势群体起到特殊保障作用的收入补充保险,共同构成了美国养老保险体系的第一支柱和第二支柱,保障民众的基本生活,防止部分群体陷入贫困。在此基础上,为提高雇员的老年收入,各行业又建立了各不相同的养老保障制度,雇主承担全部或部分责任,确保本行业的雇员退休后生活维持在较高水准上。要想达到更高的生活水平,则需要靠个人在其他方面投资。在养老保障制度中,由于行业、地区间存在差异,其福利待遇仍有较大差距。联邦政府、州、地方及教育机构有自己的保障体系,他们的养老保障福利待遇要明显优于公共退休养老保障计划,退休后的待遇能达到退休前工资的75%~85%。比如加州大学的退休体系,如果在25岁时加入,工作年限达到35年,在60岁就可以领取全额退休金,相当于退休前三年最高平均工资的87.5%。如果加入警察和消防系统的退休体系,25岁时加入,工作满30年,就可在55岁领取全额退休金,相当于退休前平均工资的90%。① 有些和公共退休养老保障计划整合的行业,比如铁路和政府机构,往往实行双层保险,其回报率就更高了。公共退休养老保障计划和这些行业养老保障制度之间的差异源于行业养老保险基金可以运用组合投资形式,这样回报率就比较高,有时获利能够高达7%。相比之下,公共退休养老保障计划是养老保障制度中回报率最低的一种,平均养老金仅高于社会贫困线并低于社会贫困指导线。所以如果一个雇员只参加了公共退休养老保障计划,那么他最好再参加一个雇主退休养老保险项目,如401(K)或403(B),或者自己进行理财投资。总之,美国在养老保障制度设计中,基本的理念是穷人靠养老保险制度,富人靠自己,不同行业间养老保障有较大差距。三大养老保障支柱层次清晰,三支柱之间可以起到互相补充、层层提高的作用,三支柱共同形成合力,担负起国民养老保障的重任。

---

① "Aged, Disabled, or Blind," https://en.wikipedia.org/wiki/Supplemental_Security_Income.

第五章 中国养老保障整合框架设计

一 养老保障整合面临的两个方向

我国养老保险制度体系整合已基本完成。养老保险制度整合是要把一个个分散的制度合并或有机衔接,形成外部有层次、内部可互补,逻辑关系清晰、组织管理顺畅的养老保险体系。从我国养老保障制度发展过程来看,养老保险碎片化的过程实质上是覆盖面不断扩大的过程。从企业性质来看,先在国有企业中建立养老保险制度,之后扩大到集体企业,再到私营企业直至各类企业。从群体来看,先从企业职工、机关事业单位职工,再到农民、农民工、个体工商户、城镇居民。在制度成立之初,养老保险制度按工作性质将职工分为两大类:城镇企业职工及机关事业单位职工。机关事业单位职工由国家供养,所涉及的群体比较明确和单一。在后期养老保险制度扩大覆盖面中,机关事业单位职工养老保险制度一直处于被忽视的状态,扩大覆盖面和改革的重点在城镇企业职工养老保险制度。城镇企业职工养老保险制度最初就是针对城镇企业职工的特点来设计的,其特征是工作稳定,企业和职工在养老保险制度中的职责清晰,而当把这一制度不断扩大到不同所有制企业以及不同群体时,单一的制度就体现出了不适应性。在这种情况下,为了适应多样性,中央将权力下放到地方,由地方自行试点不同群体的养老保险制度,导致在体系上出现了除原有的城镇企业职工养老保险和机关事业单位职工养老保险之外的多种养老保险制度并存的局面,并且在20世纪末达到了高峰。不同群体实行不同养老保险制度最大的弊端就是阻碍劳动力的流动,养老保险基金无法发挥大的蓄水池作用,从而无法在较大范围内抵抗风险,同时,由于不同制度的待遇各不相同,公平性不断受到质疑。之后,养老保险体系开始整合,在新型农村养老保险和城镇居民养老保险统一，机关事业单位职工养老保险与企业职工养老保险并轨后，养老保险体系方面的整合基本完成，形成了以就业状态划分的职工养老保险和居民养老保险两大体系。一切稳定或非稳定就业、收入达到一定水平的居民都可加入职工养老保险；非就业、低收入者则可加入居民养老保险。这一体系结束了长期以来按城乡、就业状态等多种标准设立的多种养老制度并存的局面，打破了城乡养老保险长期分割的状态，职工和居民养老保险形成了一个比较完整、覆盖面广的体系。制度建设整合和结构调整将是未来养老保障整合的两个重要的方向。

1. 制度建设整合

养老保险体系整合完成后，碎片化主要体现在制度建设上，地区、行业之间在统筹、管理、信息化等方面都存在大量碎片，碎片的主要特征是细小化。比如，统筹方面，表面上全国各个省区市已实现省级统筹，实际上能够真正实现统收统支的只是极少数省区市，大部分省区市只是实现了省级调剂金，这意味着基金的收缴、管理仍停留在2000多个县市，基金在更大范围内的调剂作用无法实现；在管理上条块分割明显，基层管理部门既要接受社保系统的管理，又要对所驻地区政府负责，基金存在安全隐患；网络信息系统也是各地自行建设，各地的进度、指标各不相同，为养老保险基金的投资运营带来技术上的阻碍。所以前一阶段以相似制度合并为主的养老保险体系上的整合已告一段落，制度上的整合将成为下一阶段的整合重点之一。

2. 结构调整

从结构来看，学界认为，我国养老保障制度已从单一的退休金一个支柱变为世界银行倡导的三支柱：第一支柱为社会养老保险，即目前形成的职工和居民养老保险体系；第二支柱为企业年金，由企业为职工提供一份额外的保障；第三支柱为个人保险，包括个人参加的各种商业保险、储蓄、理财等。实际上我们现在的三支柱与国外的三支柱形式区别很大，欧美国家的第一支柱基本是基础养老金，国家、企业、个人都有投入，这一层次养老金用来保障居民的最低生活，解决的是社会公平问题；第二支柱是社会养老保险，国家和企业是主要创办者，是为了保证员工退休后的生活水平不至于和退休前相差太多；第三支柱是政府或企业提供一定优惠政策的个人养老项目,同样是为了保证老年人能过上体面生活。第一支柱的主体是国家,第二支柱的主体是企业,第三支柱的主体是个人。从这个层面比较,我国的三支柱主要还是社会养老保险一支独大,其他两个支柱处于较弱状态,给养老保险基金带来较大压力。所以如何整合相关资源,形成真正意义上的三支柱,分散将来老龄化、长寿、经济危机、出生率下降等带来的风险,保证养老保障的可持续性,是我国养老保障制度在未来整合方面要面对的重要议题。

二 国际养老保障的框架

(一)国际养老保障的结构:三大层次(支柱)

经合组织(OECD)曾研究了2013~2015年34个OECD成员国家及G20成员中的非OECD成员国,共42个国家的养老保险制度,将这些国家的养老保险制度归纳为三个层次或三个支柱:第一层次是基础性养老制度,第二层次是与缴费密切相关的养老制度(DC型或DB型),第三层次是自愿性的储蓄(DC型或DB型)。从图5-1中可以清晰地看到,养老保障三大层次。

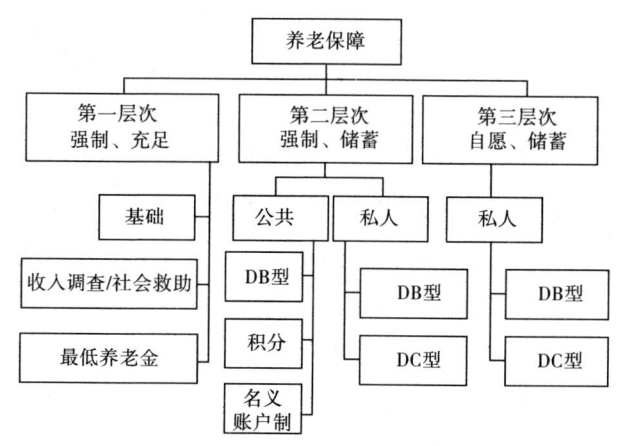

图5-1 养老保障三大层次

资料来源:*Pensions at a Glance 2015*, *OECD and G20 Indicators* (Paris: OECD Publishing, 2015), p. 125。

这三个层次的目的有明显不同。第一层次主要是防止老年贫困，第二层次是确保职工退休后的生活维持在退休前的某种水平，第三层次是让老年人过上比较充裕、体面的生活。前两个层次有自愿的，也有强制的；第三层次是自愿性质的。

1. 第一层次：防止老年贫困，保证基本生活

第一层次包含三种保险项目：基础养老金、基于家计调查的社会救助（简称"社会救助"）、最低养老金。其共同特点是强制性（mandatory）和充足性（adequacy），这三大项目共同构成了防止老年贫困的第一道安全网。根据OECD的统计，在42个国家中，21个国家设立了基础养老金，18个国家设立了最低养老金，26个国家设立了社会救助，4个国家第一层次缺失，9个国家在第一层次设立了两种项目，也就是同时设立基础养老金和最低养老金，或最低养老金和社会救助，或基础养老金和社会救助。从平均收益来看，最低养老金的收益最高，占职工平均收入的24.8%；其次是基础养老金，占职工平均收入的20.1%；最后是社会救助，占18.9%。在OECD成员国中，第一层次养老保险覆盖面较广，平均每10个老年人中就有3个能够领到第一层次的养老金。[①] 从各国在第一层次中设立的项目可以看出，养老保险的第一层次在绝大多数国家中都受到重视，并且第一层次养老金以政府投入为主，居民只缴纳很少的费用，甚至在有些国家有些项目居民无须缴费，只要获得本国设立的资格即可，有些项目普惠的成分很大。

（1）基础养老金。获得基础养老金领取资格的途径有两种：一种是满足居住年限要求，一种是满足缴费年限要求。也就是说，这个制度针对所有居民，和缴费多少、收入多少并不相关，属于全民性质的福利制度，如果有限制的话，也只是限制居住时间、缴费时间。在要求年限的国家中，要求在本国居住年限最短的是10年（澳大利亚、新西兰），最长的是40年（北欧国家）。如果达不到居住年限要求，那么所得到的基础养老金就要减少。在要求缴费年限的国家，必须满足长期缴费年限和最低缴费年限

---

① *Pensions at a Glance 2015*, *OECD and G20 Indicators*（Paris：OECD Publishing, 2015）, p. 126.

的要求，如果达不到最低缴费年限，则没有获取基础养老金的资格，同样，如果达到最低缴费年限但没达到长期缴费年限，也不能获取全额基础养老金。受资金压力所迫，这两种缴费年限的期限都在延长，比如英国，最低缴费年限从1年延长到10年，长期缴费年限将从30年延长到35年。

（2）最低养老金。最低养老金项目可以是指某个最低缴费的项目，也可以是一些合并在一起的项目，它只考虑养老金收入，如果养老金收入达不到本国设定的最低水准，则可以申请最低养老金，以此来补足收入。个人拥有的储蓄收入不作为衡量其是否有申请资格的标准，这是此项目和社会救助的区别。从这个角度看，这一项目也比社会救助的门槛低。有些国家将最低养老金项目列在第二层次，会将工资较低的工作者考虑在内，有些国家最低养老金是基础养老金的补充项目。这一项目资格的获得主要与缴费年限和退休年龄相关，缴费年限最低是15年（斯洛文尼亚），最高是45年（比利时）。领取最低养老金的年龄和国家规定的领取其他养老金的退休年龄基本一致，近些年为了应对预期寿命的延长，有些国家领取最低养老金的年龄也在不断提高，从平均65岁提高到了67岁。不过在有些国家，如果缴费达到30年以上，那么最低养老金会增加10%左右。

（3）社会救助。这一项目主要是针对贫困人口，是在各个国家中最普遍的项目，需要对申请人的收入和财产进行家计调查。每个国家都会根据本国的经济发展水平设立贫困线，生活水平在贫困线之下的可以申请社会救助。社会救助的覆盖面相对于基础养老金和最低养老金要小，不过它构筑了最底部的社会安全网，以保障老年人最基本的生存。

从占比来看，基础养老金平均占居民收入的20%，不同国家间的差距很大，从6%（冰岛）到40%以上（新西兰）不等，以缴费时间为获取资格要求的基础养老金要低于以居住时间为获取资格要求的基础养老金。最低养老金平均占收入的25%，最低的是12%（捷克、匈牙利），最高的达到50%（巴西）。从各国第一层次养老保险设立的项目及收益可以看到，在第一层次中，政府担负了绝大多数责任。在有些国家，第一层次的收入对老年人相当重要，尤其是在有些国家，只要在该国居住到一定年限就可以申请第一层次的养老金，养老金收入能达到平均收入的40%~50%，基本可以保证老年人的生活。但由此带来的财政压力也可想而知，尤其是近几年经济不景气，失业的年轻人较多，没有稳定的就业意味着这些年轻人没有能力缴纳与缴费相关的第二层次养老保险，到老年时会更多地去依赖第一层次，在这种情况下，第一层次养老金上涨指数只能和物价相关联，而无法和收入及GDP相关联，以免上涨速度过快，财政入不敷出。同时，尽管有第一层次的几个保障项目，老年贫困问题仍十分严重。据OECD的调查，66~75岁老年人的平均贫困率为11.2%，75岁以上老年人的贫困率是14.7%，贫困老年人占人口总数的比例达到11.4%。所以有些国家除了提供这三种项目之外，还会额外给老年人提供住房、医疗、交通等方面的现金或实物补助，以帮助老年人降低支出，从而达到提高生活质量的目的。为了避免居民过多地依赖第一层次养老金以及增强第一层次养老金的可持续性，减轻财政负担，OECD提议，鼓励居民个人储蓄，发展更加多样化的养老项目。

2. 第二层次：与缴费相关的养老保险制度

第二层次是各国养老保障的主体部分，尤其是第一层次缺失或受益面很小的国家，对这一层次格外重视。这一层次也集中体现了现代社会保险制度中国家、企业、个人要分别承担责任的特点，其特征是强制性和储蓄性，目的是在保证基本生活的基础上，使职工的生活水平与退休前比不会相差太多。

（1）分类：公共养老保险和私人养老保险。根据对OECD成员国养老保险的分析，根据管理、资金、自愿或强制性、企业发挥的作用、缴费和养老金间的关联、风险承担等方面的不同，不同的国家有不同的养老保险模式。总体来看，第二层次按照责任主体分为两大部分：政府主办的和企业主办的，也称为公共的和私人的养老保险。按照OECD的分法，政府主办的公共养老保险主要由三部分组成：待遇确定型（DB型）、积分型（points）、名义账户制（NDC）。由企业主办的私人养老保险则相对简单：待遇确定型和缴费确定型。如果养老保险项目是企业办的，依据雇主承担的责任又分为职业的和个人的，其中职业养老保险，雇主要承担建立和支付养老金的责任，而个人养老保险是指职业养老保险之外的一切项目，在个人养老保险中，雇主主要扮演行政角色，比如记录员工缴费等，或者雇主根本什么作用也不发挥。根据OECD的调查，OECD成员国中有18个国家设有公共的待遇确定型养老保险，4个国家设有积分型养老保险，9个国家设有私人的缴费确定型养老保险，4个国家设有名义账户制养老保险。在这些项目当中，缴费确定型和待遇确定型是最传统，也是最普遍的两种模式，积分型是指将职工的缴费以积分转换的形式记录下来，退休时再将积分转换成退休金按月发放。法国、爱沙尼亚、德国、斯洛伐克这4个国家采用的是积分型。名义账户是和缴费确定型的个人账户相对的，个人账户中的资金是实账积累，而名义账户中仅是记账，实际收缴的资金以现收现付的形式发放给退休职工，等到拥有名义账户的职工退休时，再按记录的缴费及收益按月付给职工。由于职工退休后的养老金是按缴费来计算的，所以这其实是另外一种形式的缴费确定型。在OECD成员国中实行名义账户制的有意大利、波兰、挪威、瑞典（见表5-1）。从自愿性或强制性来看，通常由政府主办的是强制性的；由企业主办的，对企业是强制性的，对员工则是自愿性的（新西兰、英国）。在缴费方面，对企业是强制性的，对个人则是自愿的（澳大利亚）。个人养老保险可以选择公司也可以选择银行，在这方面是自愿的。在资金上可分为现收现付和基金积累。DB型和DC型的区别主要体现在缴纳费用和养老金之间的关联上，DB型是待遇确定型，通常根据一个计算公式来计算养老金，养老金和缴费时间、收入相关，和缴费的数量关联不大。DC型，即缴费确定型，养老金与缴费、资产积累的多少密切相关。传统的DB型养老金常以最后的工资为标准确定，现在也在逐步向多种方式转变，力争由多方面共担风险。在出现诸如寿命、投资等方面的风险而入不敷出时，谁来承担后果，不同的模式各不相同，公共养老保险由政府承担的风险多些，而私人养老保险，则由企业和个人共同承担。

从表5-1中可以看到，养老保障的第二层次相对复杂，有政府主办的公共养老保险，又有企业主办的私人养老保险。公共养老保险中主要有三种模式：待遇确定型、积分型、名义账户制。有些国家实行的是三种模式中的一种，也有些国家混合实行三种模式。总的来看，公共养老保险以待遇确定型居多。私人养老保险有两种形式：职业养老保险和个人养老保险。其中职业养老保险完全由企业负责，个人养老保险则由企业承担一部分管理责任。无论是职业养老保险还是个人养老保险，在模式上都可以分为两种：待遇确定型和缴费确定型。和公共养老保险不同，私人养老保险以缴费确定型为主。公共养老保险和私人养老保险并驾齐驱，甚至私人养老保险发展得更快，使第二层次养老内容更加丰富，政府、企业、个人都在各自不同的领域承担缴费责任，风险可以在较大范围内由较多主体分担。政府或企业设立的养老保险项目多，能够在一定程度上实现互补，也使雇员退休后收入来源多样化，对提高退休后的生活水平有一定保障。

表 5-1 OECD 成员国及 G20 成员中的非 OECD 成员国养老保障结构

国家	基础养老金	最低养老金	社会救助	公共养老保险	私人养老保险
澳大利亚	√				DC
奥地利				DB	
比利时		√	√	DB	
加拿大	√		√	DB	
智利	√		√		DC
捷克	√	√		DB	
丹麦	√	√			DC
爱沙尼亚	√			points	DC
芬兰	√		√		DB
法国		√		DB, points	
德国				points	
希腊	√			DB	
匈牙利		√		DB	
冰岛	√		√		DB
爱尔兰	√				
以色列	√				DC
意大利		√		NDC	
日本	√			DB	
韩国			√	DB	
卢森堡	√	√		DB	
墨西哥			√		DC
荷兰	√				DB
新西兰	√				
挪威	√			NDC	DC
波兰			√	NDC	
葡萄牙			√	DB	
斯洛伐克				points	DC

续表

国家	基础养老金	最低养老金	社会救助	公共养老保险	私人养老保险
斯洛文尼亚		√		DB	
西班牙		√		DB	
瑞典	√			NDC	DC
瑞士		√		DB	DB
土耳其		√		DB	
英国	√			DB	
美国				DB	
阿根廷	√	√		DB	
巴西		√		DB	
中国		√		NDC, DC	
印度		√		DB, DC	
印度尼西亚				DC	
俄罗斯	√			NDC	DC
沙特阿拉伯		√			
南非	√				

注：DB 是待遇确定型，DC 是缴费确定型，NDC 是名义账户制。

资料来源：*Pensions at a Glance 2015*，*OECD and G20 Indicators*（Paris：OECD publishing，2015），p.125。

（2）缴费：雇主承担较大比例。第二层次养老保险的主要特征就是养老金的多少与缴纳费用密切相关，不论是政府主办的还是企业主办的养老保险，都需要缴纳一定的费用，大部分养老保险项目是雇主和雇员共同缴费，有些养老保险项目雇主负责缴纳全部费用。在政府部门工作的雇员由政府充当雇主的角色，用政府财政收入为雇员支付费用。自雇人员则须缴纳由雇主和雇员共同承担的费用。从 2014 年 OECD 成员国的费率来看，公共和私人养老保险的费率相加（包含雇主和雇员共同的费率），有 13 个国家平均达到 24%，另外 21 个国家平均为 18%，费率最高的是匈牙利，高达 47%，最低的是新西兰，仅为 6%。费率在 10% 以下的有 4 个国家：澳大利亚、加拿大、韩国、新西兰。费率为 10%~20% 的有 10 个国家，包括智利、美国、日本等。其余 20 个国家费率在 20% 以上。在雇主和雇员缴费比例分配上，美国、瑞士等 8 个国家雇员和雇主均分，其余大多数国家是雇主负担的缴费比例要高于雇员，其中费率较高的三个国家意大利和匈牙利、斯洛伐克，雇主承担的比例都非常高。意大利公共养老保险费率为33%，其中雇员缴纳9.19%，雇主负担23.81%；匈牙利费率为47%，其中雇员缴纳18.5%，雇主负担28.5%；斯洛伐克费率为27%，雇员缴纳7%，雇主负担20%。在缴费比例分配上也有特例：澳大利亚、爱沙尼亚公共养老保险费率和丹麦、瑞典私人养老保险费率全部由政府承担；荷兰公共养老保险费率为4.9%，全部由雇员承担。[1] 可以看出，虽然有些国家费率较高，但雇主承担了大部分，所以雇员分担的比例并不高，而且费率高的国家，养老保险基金会比较充足，其可持续性远高于费率较低的国家，其养老金水平相对较高，退休年龄也相对较早。

(3) 收益：普遍上涨。第二层次的养老金收入和缴费、账户资金的利率、物价、地区经济发展水平密切相关，和支付原则也密不可分。在有些国家，比如美国，在计算第二层次的养老金时会倾向于保护低收入群体，越是低收入群体，其退休后的养老金替代率就越高。而在法国和瑞典，则会对高收入者缴纳的高于公共计划的部分给予高回报。根据OECD调查[2]，OECD成员国养老金替代率在2015年平均提高了1.5个百分点，其中16个国家出现了明显的提高，9个国家下降，另外9个国家没有什么变化。提高幅度最大的是比利时，提高了8个百分点，下降幅度最大的是智利，下降了3.4个百分点。第二层次OECD成员国的平均养老金替代率为53%，其中荷兰最高，达到90%，英国和墨西哥最低，为20%~30%。从养老保险的总体支出来看[3]，2011年，OECD成员国公共养老保险的支出平均占GDP的7.9%，其中较低的是墨西哥（1.8%）、冰岛（2.1%）、卢森堡（2.2%）、智利（3.2%）和澳大利亚（3.5%）；较高的是意大利（15.8%）、希腊（14.5%）、法国（13.8%）、奥地利（13.2%）、斯洛文尼亚（11.4%）。私人养老保险的支出平均占GDP的1.6%，其中较低的有韩国（0.1%）、斯洛文尼亚（0.3%）、意大利（0.4%）、捷克（0.5%）；较高的有荷兰（5.8%）、瑞士（5.0%）、丹麦（4.7%）、冰岛

---

[1] *Pensions at a Glance 2015*, *OECD and G20 Indicators* (Paris: OECD Publishing, 2015), p. 177.

[2] *Pensions at a Glance 2015*, *OECD and G20 Indicators* (Paris: OECD Publishing, 2015), p. 112.

[3] *Pensions at a Glance 2015*, *OECD and G20 Indicators* (Paris: OECD Publishing, 2015), pp. 178–181.

(3.7%)。私人养老保险支出比公共养老保险支出少的原因有三点。一是有些国家私人养老保险引入较晚,到2011年,大部分还处于缴费时期,所以支出较少。二是在养老项目成立之初是否具有强制性,决定了参与人群的多少。从私人养老保险的支出来看,支出占GDP比例较大的基本是强制性的或准强制性的,占比较小的则基本是自愿性的。由此可见,私人养老保险具有强制性会有效扩大覆盖面,从而在养老保险体系中发挥较大作用。三是私人养老保险为了提高雇员参与的积极性,缴费起点较低,所以支付也不高。参与私人养老保险一般享有税收优惠政策,在缴费、投资后的收益、养老金等方面都可获得税收减免,这也极大地鼓励了雇员主动参与私人养老保险。2013年,34个OECD成员国中有17个建立了私人养老保险,由国家设定费率,由企业来主办。有些国家私人养老保险覆盖面较大,覆盖劳动年龄人口的70%以上,冰岛达到87.9%。[1] 所以私人养老保险的支出虽然与公共养老保险有很大差距,但近些年发展速度很快,对建立多种形式的养老保险起到积极作用。

(4)不完全就业群体的特殊待遇。第二层次养老保险的主要特征就是养老金和收入密切相关,所以稳定就业十分重要。不过在全球经济不景气的情况下,那些自雇人员、短期或长期失业者、因为要照顾家庭辞去工作者等因为各种原因长期或短期退出劳动力市场的群体,会由于退出劳动力市场、中断缴费使养老金受到损失。有1/3的OECD成员国雇员中断就业5年,养老金不受影响,但在大多数国家,延迟退休和中断就业5年的职工,会和其他职工的养老金有6%的差距,中断10年,会有11%的差距。不过这和国家采取的措施有关,有些国家不为此采取任何措施,差距就更大些,比如智利和墨西哥,这种差距达到15%,法国和卢森堡,延迟5年退休就业者会比其他国家的职工增加3%~6%的收益。还有一些国家这类职工需要延迟退休4~5年才可获得和其他职工一样的养老金。低收入者的养老金每年会降低超过1%,如果国家在再分配时给予干预的话,这个损失会小一些,如果国家不采取任何措施,那么将降低2%~2.5%。[2] 缩小低

---

[1] Pensions at a Glance 2015, OECD and G20 Indicators (Paris: OECD Publishing, 2015), p. 186.
[2] Pensions at a Glance 2015, OECD and G20 Indicators (Paris: OECD Publishing, 2015), p. 75.

收入者或不充分就业者与充分就业者养老金的差距有以下几种办法：一是计算养老金时高度再分配；二是计算养老金时将职业生涯中收入最好的几年作为一个重要指标；三是允许职工在失业或不充分就业期间降低缴费额度，在就业或收入情况转好时再补缴；四是抵免政策（pension credits），这一政策始于20世纪90年代，是一种政府干预的再分配政策。有些OECD成员国实行这种抵免政策，职工因为生病、失业，因要照顾幼小的子女或老人等，暂时退出劳动力市场时，可以停止缴纳养老保险，而不会影响到养老金收入。这一政策对那些工作稳定性差或有特殊原因不得不离开劳动力市场的人来说，无疑有助于缩小退休时和其他人养老金的差距，尤其是50岁以上的居民，一旦失去工作想要再找到工作需要一定的时间。对于与就业相关的养老保险制度来说，抵免政策增强了制度的持续性。最近几年在养老保险制度改革中，抵免政策也在不断地改革，有些国家在这方面更加放开，有些国家则开始收紧政策，有些国家重视失业阶段的抵免，有些国家则重视职工辞职陪伴幼儿阶段或是继续深造阶段的抵免。比如，澳大利亚从2014年就开始缩小抵免政策的覆盖面，仅有军队和公务员系统保留了这一政策。比利时则缩短了抵免的时间，从2012年起，对无理由中断就业人员，仅给予12个月的抵免时间。但是在法国，通过2011年和2014年的改革，使这一政策更容易申请了，尤其是对深造的年轻人而言。如果到退休年龄还没有达到最低缴费标准，那么可以考虑让他们延迟退休。[①] 不过这些年OECD成员国在养老保险制度方面的改革，使养老金的发放更多地依赖个人及企业的缴费，缩减停止工作期间的优惠待遇，对不充分就业人员、就业不稳定人员十分不利。总之，第二层次养老保险中有两大群体需要得到额外关注：一是要照顾家庭成员的群体，二是失业群体。为了缩小这部分群体和其他稳定、长期就业群体在养老金方面的差距，避免这部分群体陷入老年贫困，由国家介入的再分配措施十分必要，比如抵免政策。

3. 第三层次：自愿性的正规养老项目

如果说第一、第二层次养老保险是强制性的，那么第三层次主要是自

---

① *Pensions at a Glance 2015*, *OECD and G20 Indicators*（Paris：OECD Publishing, 2015），p. 85.

愿性的、储蓄性的。与传统的个人储蓄、投资银行理财不同，这里的第三层次通常也是由政府或企业主办的 DB 型或 DC 型项目，以个人缴费为主，收入主要看市场投资运营的效果，目的是提高个人的老年收入。第三层次的作用在 OECD 成员国中日益突出，无论是资产还是参保人员都在不断增加，模式以 DC 型和混合型为主。2005 年澳大利亚第三层次的资产中有 50% 分布在 DC 型项目中，4% 分布在 DB 型项目中，47% 分布在混合型项目中，DC 型、DB 型、混合型项目中人员的占比分别为 66%、2%、32%。英国第三层次在 1995 年前后以 DB 型项目为主，1995 年参加人员为 516 万人，DC 型项目参加人员为 102 万人，不过后期逐步向 DC 型项目转变，到 2005 年，DB 型项目参加人员降为 366 万人，DB 型项目的资产占比也从 65% 下降到 40%。[1] OECD 成员国为了鼓励个人参加第三层次养老保险，采用了多种激励政策，包括从缴纳到投资到收益等多个环节的税收减免、配套补贴、固定费率补贴等多种形式，其中以税收减免最为普遍。按照 OECD 的推算，中高收入群体缴费时间越长，税收减免获利就越多，缴费 40 年，获得的税收减免相当于缴费额度的 19%，缴费 45 年相当于 21%，缴费 50 年则上升到 24%。[2] 这种收益水平远高于将资金投入传统理财，政府以此来鼓励居民多缴费、长期缴费，为老年生活积极储蓄，从而提高第三层次的地位，分担第一、第二层次的养老压力。在第三层次养老保险中，国家和企业并没有完全脱离责任，除税收减免外，还有些国家会直接进行补贴。比如德国，个人只要进行储蓄，政府就会给予补贴。由企业提供的项目常常由企业负责管理，政府负责监督，有些企业除在第二层次与雇员共同缴费外，还为第三层次注入一定比例的资金。这些措施会使在税收减免中获益较少的低收入阶层积极投入。资金收缴后会选择有资质的专业投资公司进行投资运营。在有些国家，第三层次养老保险已发展得相当好，成为公民提高养老金收入的一个较重要的支撑。比如在加拿大，雇主为雇员提供的第三层次的保险项目就有 1.5 万个，总资金达到 5000 亿加

---

[1] *Pensions at a Glance 2015*, *OECD and G20 Indicators* (Paris：OECD Publishing, 2015), p. 37.
[2] *Pensions at a Glance 2015*, *OECD and G20 Indicators* (Paris：OECD Publishing, 2015), p. 55.

元[1],在三个层次中的地位可与前两个层次相提并论。

(二) 国际养老保险制度改革趋势

随着人口老龄化及预期寿命的延长,养老金的支付压力变大,再加上全球经济不景气,从长期看,养老金入不敷出的现象将蔓延。为了使养老保险体系可持续,养老保险制度改革已成为全球性发展趋势和热点。在改革过程中,由于第二层次养老保险覆盖面广,涉及人口多,也最容易将风险分散,实现责任共担,所以第二层次的改革是三个层次中的重中之重。从 OECD 成员国的改革来看,主要有两大措施:一是模式方面的改革,二是参数方面的改革。模式方面的改革主要涉及 DB 型向 DC 型的转变,参数方面的改革则涉及养老金计算、领取条件的相关参数,比如缴费年龄、退休年龄、缴费比例、指数变动的依据等。改革的目标很明确:通过扩大个人缴费责任、提高缴费比例、延长工作时间,强化待遇和缴费之间的关联性,从而减轻支付压力,降低养老金入不敷出的风险,增强养老保险体系可持续性。

1. 趋势之一:养老保险模式由 DB 型向 DC 型、NDC 制转变

DB 型是 OECD 成员国最初普遍采取的模式,优点是待遇可预期,与缴费水平、投资收益都没有直接的联系,风险都由财政或企业承担,而且政府或企业也倾向于为职工承诺较高的待遇水平,所以比较受欢迎。但在经济不景气、人口预期寿命延长、国家提供的银行利率较低或基金进行市场化运作收益较低的时期,财政上的压力就会显现,可持续性受到挑战。所以近几年削减 DB 型养老项目或将 DB 型向 DC 型、NDC 制转变已成为全球养老保险制度改革的趋势。这一转变的最大特点就是养老待遇与缴费密切相关,所以个人缴纳的费用越多、时间越长、中断缴费的时间越短,基金在市场投资获利越多,个人在退休时领取的养老待遇就越高。也就是说,在整个养老保险制度中责任主体由政府、企业逐步向个人转移,政府的主要责任集中在监管、运营。如果养老保险项目是由企业主办的,那么

---

[1] 〔美〕柯杰瑞等:《中国养老保险制度改革借鉴》,企业管理出版社,2012。

企业除了负责管理、收缴、运营外,还有缴费责任,缴费比例通常和职工均分。在这个过程中,原来由政府和企业承担的基金风险大部分转移给了个人,个人要承担待遇降低或基金缴纳和支付出现差额的风险。所以在第二层次养老保险制度改革过程中,责任由集中到国家或企业中的某一方变为国家、企业、个人三方共同承担,个人承担了越来越多的责任。瑞典、意大利、挪威、波兰、希腊都已从 DB 转向 NDC 制,其他国家则削减了 DB 型项目,加大了企业养老保险的发展力度。①

由于 OECD 成员国在设立养老保险之初就是以 DB 型为主,所以经过几年改革后,从总体的项目、资产和人员来看,到 2015 年底,仍是以 DB 型为主。从 OECD 调查的国家养老项目来看(见表 5-2),DB 型养老项目的资产总和为 13.1 万亿美元,DC 型项目资产总和为 7.9 万亿美元。这种差距的出现主要是个别国家 DB 型项目的资产数量过大,拉高了 OECD 整体 DB 型项目的资产,最明显的就是美国、英国和加拿大,这三个国家 DB 项目的资产总和达到了 11.2 万亿美元,其中美国为 7.99 万亿美元,英国为 1.92 万亿美元,加拿大为 1.34 万亿美元。之所以美国 DB 型项目的资产如此巨大,是因为大量联邦及地方的政府雇员都被纳入 DB 型项目。② 去掉这三个 DB 型项目资产总量较大的国家,其余国家职业加上个人养老保险的 DC 型项目资产总量基本大于 DB 型项目的资产总量,就算在美国,私人养老金计划也是以 DC 型为主。从项目总覆盖的人群来看,DB 型项目中的人数高于 DC 型中的人数,不过从增长率来看,DC 型项目中的人员增长速度明显快于 DB 型。项目资产的增长呈现同样的趋势:2015 年 16 个 OECD 成员国中有 10 个国家 DC 型项目资产占 GDP 的 15% 以上。③ 相对而言,大部分国家的 DB 型项目无论在资产方面还是在人员方面都呈现下降或缓慢增长的态势。

从路径来看,DB 型养老项目的转变有三种方式:硬冻结(hard freeze)、软冻结(soft freeze)和部分冻结(a partial freeze)。采取硬冻结

---

① *Pensions at a Glance 2015, OECD and G20 Indicators*(Paris:OECD Publishing,2015),p. 98.

② *Pensions at a Glance 2015, OECD and G20 Indicators*(Paris:OECD Publishing,2015),p. 21.

③ *Pensions at a Glance 2015, OECD and G20 Indicators*(Paris:OECD Publishing,2015),p. 23.

措施的国家，DB 型项目不再接受新成员，老成员的福利计算方面也有所变化；采取软冻结措施的国家，DB 型项目不再接受新成员，但老成员还可以享受原来的福利；采取部分冻结措施的国家，DB 型项目不再接受新成员，同时针对某些群体修改 DB 型项目计算养老金的公式，以控制未来福利水平。[1] 也就是说，在把 DB 型养老项目向 DC 型转变时，有些国家采取了激进性措施，有些国家则比较缓和，给成员以缓冲期。

表 5-2　2015 年私人养老金资产及人员

单位：百万美元，千人

国家	资产 DB 型项目	资产 DC 型项目	资产 个人计划	人员 DB 型项目	人员 DC 型项目	人员 个人计划
澳大利亚	142946	452893	887106	—	—	14509
比利时	23554	—	—	568	909	—
加拿大	1338469	4755	—	5160	1097	5974
智利	—	—	154711	—	—	10811
捷克	—	—	15028	—	—	4803
丹麦	8759	523632	66184	15	4783	812
爱沙尼亚	—	—	3226	—	—	677
芬兰	118783	780	13336	—	—	—
法国	39008	164330	23026	884	10689	2614
德国	218473	—	—	9316	—	—
希腊	—	1236	—	—	112	—
匈牙利	—	—	4819	—	—	1209
冰岛	6049	16750	3851	189	880	239
爱尔兰	78169	47003	5674	126	282	—
以色列	108906	—	56322	790	—	4476
意大利	10236	101006	43145	160	3448	4090
日本	—	—	—	—	—	—
韩国	74703	34170	234443	3735	2467	17955
拉脱维亚	—	67	2849	—	13	1497

---

[1] *Pensions at a Glance 2016*, *OECD and G20 Indicators*（Paris：OECD Publishing, 2016）.

续表

国家	资产 DB型项目	资产 DC型项目	资产 个人计划	人员 DB型项目	人员 DC型项目	人员 个人计划
卢森堡	1275	215	—	11	4	—
墨西哥	26507	1676	147675	1131	263	47784
荷兰	—	—	—	5110	355	—
新西兰	6984	10141	22663	99	165	2422
挪威	34210	—	—	5209	—	1155
波兰	—	2736	37734	—	393	17988
葡萄牙	16295	2984	2009	187	149	297
斯洛伐克	—	—	8750	—	—	2970
斯洛文尼亚	—	—	—	—	—	—
西班牙	69923	9705	88327	8440	1662	9240
瑞典	56633	157369	116446	—	—	7619
瑞士	793291	—	—	4923	—	—
土耳其	19431	1880	15886	1081	550	5668
英国	1923951	49850	—	10973	6931	—
美国	7985785	6263961	9604933	72577	96379	52392

资料来源：*OECD Pensions Outlook*，2016，p. 22。

总之，由于老龄化、长寿、经济危机等方面的原因，第二层次中原来以DB型为基础的养老保险制度面临养老基金收不抵支的风险，为了增强可持续性，一些国家纷纷进行模式方面的改革，将DB型转换为DC型或NDC制，鼓励居民积极参与养老保险制度，长期缴费。这种改革实际从1990年以后就开始了：意大利从1993年开始冻结DB型项目，引入DC型项目；以色列养老保险从1995年开始整体向DC型转变；瑞典2007年将面向白领工人的ITP项目分为两部分，新入职者参加ITP1，也就是DC型项目，老员工参加ITP2，也就是原来的DB型项目。[1] 之后有越来越多的国家开始这种转变，至今这种转变仍在进行中，尚未完成。到2015年，除个别国家之外，DC型项目无论在资产上还是在人员上都呈普遍上涨趋势，DB型项目则出现了不同程度的萎缩。也有少数国家仍坚持DB型项目，比

---

[1] *Pensions at a Glance 2016*, *OECD and G20 Indicators*（Paris：OECD Publishing, 2016），p. 29.

如荷兰和瑞士，同样面临养老基金收不抵支的问题，不过这两个国家没有改变 DB 型养老保险模式，而是采取了其他措施。比如荷兰，如果出现资金不足的问题，雇主、雇员和领取养老金的退休人员会共同为该项目缴费，以维持该项目的正常运转。瑞典出现类似的情况则由项目创办方提供额外的资金。[1] 不过，这种国家仅是少数，大部分国家为了保证资金的可持续，不仅在养老保险模式方面有大幅度改动，还在一些影响养老金的相关参数方面做了调整。

2. 趋势之二：调整参数，缩减以前慷慨的养老福利

调整参数主要从以下几方面入手：提高退休年龄，限制提前退休，改变养老金的计算参数等。

（1）提高退休年龄。根据 OECD 的调查，2014 年，在 OECD 成员国和 G20 成员中，55~59 岁的群体有 67% 在工作，60~64 岁的群体有 44% 在工作，65~69 岁群体有 20% 在工作。[2] 从这组数据可以看出，提高退休年龄在多数国家仍有空间。事实上，许多国家都在提高退休年龄以降低人类寿命延长而导致的支付风险。从 OECD 的调查来看，OECD 成员国的雇员平均入职年龄为 20 岁，2014 年的平均退休年龄为 64 岁，其中平均退休年龄最低的斯洛文尼亚为 58.7 岁，退休年龄最高的是冰岛、以色列和挪威。到 2050 年平均退休年龄将达到 65.5 岁，其中最低退休年龄会提高到 60 岁，最高退休年龄将达到 68 岁，分别是以色列、英国、捷克。澳大利亚平均领取养老金的年龄在 2017 年是 65 岁，2023 年将达到 67 岁，目前该国正在探讨将领取养老金的年龄在 2035 年提高到 70 岁的可能性。在普遍提高领取养老金年龄的同时，性别差距在缩小。女性可以比男性提前领取养老金是许多国家的共识，这种时间差从几个月到几年不等。2014 年时间差最短的是斯洛文尼亚，两者相差几个月，最长的是奥地利、智利、以色列、波兰，女性可以比男性提前 5 年领取养老金。不过最近这些年除少数国家外，大部分国家在制定政策缩小这种差距，根据各国国情，有些是在

---

[1] *Pensions at a Glance 2016*, *OECD and G20 Indicators* (Paris: OECD Publishing, 2016), p. 30.

[2] *Pensions at a Glance 2015*, *OECD and G20 Indicators* (Paris: OECD Publishing, 2015), p. 22.

几年之内快速缩小，有些则比较缓和，男女达到同样退休年龄需要十几或几十年的时间。意大利规定到2018年，无论男女，领取养老金的年龄一律提高至67岁，相较于2014年，用5年的时间将女性领取养老金的年龄提高了5年。波兰则要求在2020年将男性领取养老金的年龄提高至67岁，只是女性比男性要晚20年实现这一目标。①

（2）限制提前退休。为了配合提高领取养老金年龄的规定，各国又分别做出了对提前退休和最低缴费期限的限制。想要提前退休，必须达到最低缴费年限才可以申请。由于OECD成员国把个人进入劳动力市场的平均起始时间定为20岁，所以平均最低60岁退休的话，需要缴纳40年的费用，OECD国家的退休年龄普遍高于60岁，而且在不断提高，所以最低缴费年限要求也在随之变化，许多国家都在40年之上，比如意大利，对最短缴费期的要求，男性42.5年，女性41.5年。法国在2035年最低缴费年限将从以前的41.5年提高到43年。有些国家退休年龄和最低缴费年限互相制约，比如斯洛文尼亚，该国是OECD成员国中退休年龄最低的国家，2014年为58.25岁，2019年提高到60岁，如果想要60岁退休，那么最低缴费就要在40年以上，缴费在40年以下的只能65岁退休。② 对提前退休的年龄同样有规定，基本在正常退休前5年以内才有资格申请，近些年对提前退休年龄的要求也在提高，而且提前的时间在缩短，有些国家缩短到3年以内，有些国家甚至禁止提前退休。奥地利规定的最早提前退休年龄，男性为62岁，女性为57岁；丹麦2014年是60岁，2023年将提高到64岁；荷兰取消了由于身体原因而申请提前退休的政策。③ 在限制提前退休的同时，对延迟退休者的鼓励同样重要。多数国家出台了鼓励雇主雇用年纪较大的雇员，对雇员延迟退休给予一定的奖励政策。这些政策包括税收优惠、每多工作一年养老金就提高一定比例等。

（3）改变养老金的计算参数。养老金的多少和缴费比例、平均工资、消费或零售价格上涨指数等参数密切相关。为维持养老制度的可持续性，

---

① *Pensions at a Glance 2015*, *OECD and G20 Indicators* (Paris: OECD Publishing, 2015), p. 23.
② *Pensions at a Glance 2015*, *OECD and G20 Indicators* (Paris: OECD Publishing, 2015), p. 23.
③ *Pensions at a Glance 2015*, *OECD and G20 Indicators* (Paris: OECD Publishing, 2015), p. 25.

除最简单有效的多缴费、提高个人领取养老金的年龄外,还有一个办法就是降低养老金。由于养老金是刚性的,直接降低养老金的阻力会很大,所以各国在进行养老保险制度改革时会考虑改变计算参数的办法,降低养老金增长的速度和幅度,将养老金支出控制在一定范围之内,从而达到间接降低养老金的效果。最常采用的办法有两种。一是改变平均工资的计算方法,将以前采用最后几年或最高几年的工资作为平均工资的办法,改为扩大平均工资的采用年限,由原先的5~10年的工资改为30年或40年,或一生的平均工资。这样平均工资就会明显降低,以这样的平均工资和其他缴费指数相乘得出的养老金自然会减少。二是养老金一般都会随物价或工资的上涨而调整,改革前是根据RPI(商品零售价格指数)的变化而调整,改革后会随CPI(消费者物价指数)调整,后者比前者要低0.5~1个百分点,从而有效控制养老金的上涨速度。

养老保险制度改革是一个综合性的改革,各国还会根据本国的经济、社会、文化发展特征,从扩大覆盖面、提高缴费比例、税收优惠、提高行政效率等多方面入手来改革(见表5-3)。

表5-3 部分OECD成员国2013~2015年养老保险制度改革重点

国家	改革重点
澳大利亚	缴费比例:强制性DC型缴费比例从9%提高到9.5%,2025年将提高到12%;工作激励:从2014年重新开启工资津贴项目;行政效率:建立电子商务平台,用于缴纳费用及基金转换
奥地利	工作激励:提前退休的惩罚将从4.2%提高到5.1%
加拿大	扩大覆盖面:为没参加DB型或DC型项目的雇主和雇员设立新的自愿储蓄计划;缴费比例:魁北克省的缴费比例从2013年的10.2%提高到2014年的10.35%,2015年提高到10.5%;工作:到2030年领取养老金年龄提高到67岁,废止一些行业低龄退休条例,比如警察行业;65岁之前的缴费是强制性的,65~70岁可以自愿;停止加拿大养老金计划(CPP)项目中提前退休申请条例;其他:发展私人养老保险支柱,政府建议在目前的公共及私人养老保险计划之外再引入积分制度
智利	扩大覆盖面:从2015年起,所有自雇人员都强制性地加入养老保险体系并缴纳费用;行政效率:最小管理费从账户持有者月收入的0.477%降至0.47%,提供给残疾人及遗属的保险从1.49%下降到1.15%
丹麦	工作:提高提前退休年龄要求,增加老年残障福利项目

续表

国家	改革重点
芬兰	2011~2016年，雇员或雇主的缴费比例每年提高0.4%；2015年养老金指数从1%下调到0.4%；半天工作者的退休年龄将提高到61岁，同时降低养老金的自然增长率，废止失业者养老金项目，1958年之前出生的长期失业者到62岁仍可领取全额养老金；雇员有权参与公司的投资决定；其他：2017年出台改革方案，在退休年龄、养老金参数等方面进行调整
法国	扩大覆盖面：缴费基金更慷慨地用于孕妇、深造者、失业者、学生、学徒及半天工作者；缴费比例：雇主和雇员的缴费比例都要提高，2014年提高0.15个百分点，2015~2017年每年提高0.05个百分点；最低缴费年限在2035年要达到43年，退休年龄为62岁，为艰苦工作领域的雇员建立个人账户，并对其进行职业培训，他们的缴费期限可以缩短；从2016年开始所有参保人员都将有一个电子账户，可以查询相关的信息，包括缴费记录、工作记录、获取收益等
德国	1992年之前生孩子的父母可以获得两年抵免；2014年缴费满45年者退休年龄从65岁下降到63岁；2015年，老年人、遗属、残障人雇主和雇员的缴费比例从9.45%下降到9.35%；从2016年起同等条件下，退休年龄每年增加2个月直到达到65岁
爱尔兰	DC型项目向未覆盖人群延伸，从2015年起残障、照护者将得到额外的福利，大概每年100欧元，职业养老基金资产税从0.6%下降到0.15%，从2016年起DB型项目要有附加资产来保证其安全
以色列	2014年，强制性养老储蓄缴费比例从15%提高到17.5%
意大利	引进新的养老基金投资方案，在保证基金安全的情况下进行更多样的投资，引入消费指数作为参数
日本	取得国家养老金的缴费年限资格从25年降低至10年，设立永久雇员养老基金，从2017年提供低收入者老年养老金，孕妇缴纳养老保险金免税，公务员和私人学校雇员养老金体系与雇员养老金体系合并
韩国	从2014年起设立新的基础养老金制度
卢森堡	从2012年起，基础养老金平均每年增加0.44%
荷兰	限制养老保险缴费的税收减免政策，2014年退休年龄从65岁提高到67岁，中止因身体原因申请提前退休的条款
新西兰	从2015年起政府削减了对储蓄账户的补贴，四年节省开支1亿新西兰元，账户提供者被要求在网站上公开相关信息
挪威	允许雇主在设计养老保险计划时有更大的自主权，从62岁开始申请者可提取全部或部分退休金

续表

国家	改革重点
波兰	公民可自由选择参加私人养老保险项目或是名义账户制项目。税收激励政策，养老金根据通胀率和工资增长的情况而增长，2014 年，51.5% 私人管理的养老保险基金转移到社会养老保险机构
英国	国家职业储蓄险从 2016 年起面向小型雇主，从 2016 年起新的国家养老金在较高水平上取代基础和最低养老金。领取养老金年龄在 2026 年提高到 66 岁，2028 年提高到 67 岁
美国	2014 年设立"我的退休账户"，鼓励个人为养老提供更多储蓄，基金将投资政府债券

资料来源：根据 Pensions at a Glance 2015，OECD and G20 Indicators（Paris：OECD Publishing，2015），pp. 34－43 相关内容翻译而成。

3. 趋势三：公务员养老保险向其他群体养老保险并轨，但差距仍在

有些国家养老保险体系中公务员养老保险是比较特殊的一部分，独立于其他养老保险项目之外，缴费比例、养老金计算方式等方面和企业职工养老保险均有明显不同，所得利益普遍较高，且一旦雇员从政府部门转移到其他部门工作，那么养老金就会受到损失，这在无形中阻碍了劳动力市场的流动，且高水平的养老福利大多由财政支付。面对经济压力、人口老龄化等情况，为了减轻财政压力、促进社会公平、推动劳动力市场自由流动，各国纷纷进行了改革。20 年前，OECD 成员国中有 11 个国家有独立的公务员养老保险制度，近年这些国家在改革中逐步将公务员养老保险向企业养老保险转移，尤其是新员工一律加入企业养老保险。目前在 OECD 成员国中仅有 4 个国家公务员养老保险独立于其他职业之外：比利时、法国、德国、韩国。其余国家都已将公务员养老保险和其他保险合并，不过合并之后仍有些许差别：有 10 个国家为公务员设立附加养老保险，有 4 个国家的公务员养老保险在形式上和其他职业有差别，但收益和其他保险相差无几，有 17 个国家无论是在形式上还是在实质上都没有任何差别，已完全统一。[1] 没有进行制度完全并轨的国家，也对制度进行了局部调整，以限制

---

[1] Pensions at a Glance 2016，OECD and G20 Indicators（Paris：OECD Publishing，2016），p. 157.

公务员在养老方面的特权，缩小和其他养老制度的差距。常见的调整包括提高公务员的缴费比例、提高退休年龄、降低养老金的自然增长率、提高最低缴费年限要求。比如，韩国2015年将公务员养老金的自然增长率由1.9%降低到1.7%，同时将雇主和雇员的缴费比例从7%提高到9%。最低缴费年限从33年提高到36年，德国公务员退休年龄也逐步从65岁提高到67岁。[①] 经过二十几年的改革，各国公务员养老保险已经越来越靠近其他职业养老保险，不过在有些国家差距仍存在，尤其是在有独立制度或有附加养老保险或仍有老员工留在旧体制中的国家。这些差距主要体现在以下几方面。

（1）缴费时间相对短、退休年龄相对早。尽管有些国家对公务员的缴费时间、退休年龄要求有所提升，但仍和企业职工有差距。比如西班牙，企业职工要领取全额养老金，在缴费时间上的要求是36年，退休年龄为65岁。对公务员的要求则是缴费满35年，退休年龄为60岁。[②] 这就意味着公务员的缴费期缩短，但领取养老金的年龄相对较长。

（2）养老金自然增长率较高。自然增长率体现养老金的增长水平。OECD成员国公务员养老金自然增长水平均较高，有些甚至是企业的2倍以上。比如，加拿大公务员养老金自然增长率是1.375%，企业职工是0.64%；德国公务员是1.79%，企业员工是0.83%。[③] 自然增长率不同意味着时间越长，公务员和企业职工养老待遇差距越大。

（3）政府财政负担较重。对缴费确定型养老保险来说，缴费基本由雇主和雇员按比例共同承担，受雇于各级政府的公务员的雇主是政府，所以雇主那一部分缴费由政府财政承担。从分担比例来看，有些国家政府的分担比例较高。比如，在澳大利亚和冰岛，澳大利亚企业雇主的缴费比例是9.5%，相比之下，政府的缴费比例是15.4%；冰岛企业的缴费比例是

[①] *Pensions at a Glance 2016*, *OECD and G20* Indicators (Paris: OECD Publishing, 2016), p. 160.

[②] *Pensions at a Glance 2016*, *OECD and G20* Indicators (Paris: OECD Publishing, 2016), p. 161.

[③] *Pensions at a Glance 2016*, *OECD and G20* Indicators (Paris: OECD Publishing, 2016), p. 162.

15.79%，政府的缴费比例是19.79%，员工的缴费比例同为4%。[1] 政府缴费比例较高使公务员的养老金高于企业职工。同时，公务员养老金自然增长率并不是随着缴费比例增长，而是在缴费比例没有明显增长的情况下，仅自然增长率提高。这意味着政府需要付出额外的资金才能支撑。一些国家力图对此做出改变，从而提高公务员的缴纳额度，比如，韩国公务员的缴费比例比企业职工要高4个百分点；在另一些国家，公务员仍保持着较低的缴费比例，比如，在以色列，公务员缴费水平要比企业职工低1/4。

（4）替代率较高。无论是缴费时间、增长率不同，还是缴费比例不同，最终都会造成养老金不同。OECD成员国全职公务员的养老金替代率为41%（墨西哥）~106%（英国），而且公务员养老金替代率几乎都高于企业职工，强制性养老项目平均高20个百分点。英国和美国这一差距更大，公务员养老金替代率比企业职工分别高出84个百分点和52个百分点。企业职工会参加一些附加的自愿性养老项目，如果加上自愿性养老项目，替代率的差距要小一些，公务员比企业职工平均高出12个百分点。在这种情况下，英国的这种差距仍高达55个百分点，而美国则下降到19个百分点。加拿大强制性养老保险替代率相差30个百分点，但加上企业职工的自愿性养老项目后，这一差距缩小到2个百分点。有10个国家已将公务员养老保险和企业职工养老保险整合，在整合的养老保险中替代率没有差距，但这些国家设立了专门针对公务员的附加养老保险，附加养老保险同样拉大了公务员和企业职工养老金替代率的差距。差距较小的是澳大利亚，不到4个百分点。替代率差距较小的国家还有以色列、意大利和土耳其，不过这些国家公务员退休年龄普遍比企业职工早5~7年[2]，这显然是另外一种形式的差距。

OECD成员国公务员平均缴费比例为4.6%~8.05%，自然增长率为1.25%~2.32%，替代率又比企业职工高出20个百分点，所以在缴费少、时间短、增长快、养老金高的情况下，政府需要从税收收入中提取较高比例来作为支撑，平均支出达GDP的2.3%。在经济危机的冲击下，这些国

---

[1] *Pensions at a Glance 2016*, *OECD and G20* Indicators（Paris：OECD Publishing，2016），p. 163.

[2] *Pensions at a Glance 2016*, *OECD and G20* Indicators（Paris：OECD Publishing，2016），p. 166.

家的财力也越来越紧张，也在采取措施降低公务员养老金支出水平，包括前面提到的提高退休年龄，提高缴费比例，以及削减公务员数量、把新入职的公务员转入企业职工养老保险等。由于改革是循序渐进的，因此仍有大量公务员留在原来的体制中。有些国家公务员数量庞大，所以在养老模式由 DB 型向 DC 型转变时，短期内仍不能彻底改变原有状况，随着新老雇员的更替，老雇员逐步退出劳动力市场，加入企业职工养老保险的新雇员逐步增多，改革将逐步显现成效。

三 我国养老保障整合框架设计

全球老龄化发展形势不容乐观，据 OECD 测算，2015 年全世界 65 岁及以上老年人口占总人口的 8%，到 2050 年这个比例将上升到 18%。OECD 成员国比世界平均值要高一些，将达到 16%~27%。[1] 相比之下，中国的情况要更加严峻。"到 2023 年，老年人口数量将增加到 2.7 亿，与 0~14 岁少儿人口数量相等。到 2050 年，老年人口总量将超过 4 亿，老龄化水平推进到 30% 以上，其中，80 岁及以上老年人口将达到 9448 万，占老年人口的 21.78%。"[2] 由于人口基数大，老年人口的绝对数量大，所以 2050 年中国将成为世界上老龄化最严重的国家，仅 80 岁及以上人口的占比就超过 OECD 成员国 65 岁及以上老年人口的占比。老年人口越来越多，人口出生率则在低水平徘徊，意味着用这一代人的缴费养上一代人的现收现付制越来越困难。这是养老保险制度发展所处的第一个社会发展背景。第二个大背景是经济发展滞后，各国负债率普遍提高。OECD 成员国的负债水平已从 2007 年占 GDP 的 55% 上升到 2014 年的 88%，所以无论是从巩固公共财政，还是从降低负债率的角度，依赖财政的养老保险制度都必须改革。改革会降低预期养老金支出，从而增强养老保险的可持续性。2013 年，OECD 预测到 2050 年养老金支出将达到 GDP 的 12%，不过根据 2013 年以后的改革情况，支出占比会下降，从占 GDP 的 12% 下降到 2050

---

[1] *Pensions at a Glance 2015*, *OECD and G20 Indicators*（Paris：OECD Publishing, 2015），p. 183.

[2] 《〈中国人口老龄化发展趋势预测研究报告〉发布》，中国社保网，http：//www.spicezee.com/xinwen/98782.html。

年的 10.1%。① 根据 OECD 的测算，按改革中及改革后一段时间内养老金水平及老龄化的发展状况，养老金支出占各国 GDP 的比例还会不断增长。2010~2015 年 OECD 成员国平均养老金支出占 GDP 的比例为 9.0%，2050年会达到 10.1%，增长最快的是土耳其，从 6.3% 增长到 17%。中国 2010~2015 年养老金支出占 GDP 的 3.4%，到 2050 年将达到 9.2%。② 将来的基金压力可想而知，所以调整结构、完善制度、抑制养老金过快增长、分散基金压力很有必要。

从 OECD 各成员国改革的办法及经验来看，虽然有几个大的趋势一致，但各国根据本国国情，改革侧重点仍有所不同，养老保险制度还是根据本国养老体系、社会环境确定，而且各个制度之间也是相互配合、相互补充，从而形成一个统一的体系。比如，在替代率方面，以 DC 型为主要或单一模式的地方，这一模式的替代率就相对高一些，而在有些国家已经通过现收现付制或 DB 型给居民提供了较高水平的养老金，那么 DC 型的替代率就可以低一些。职业年金制度会依据相关养老保险项目的情况而做出适度的安排。所以我国养老保险制度调整，无论是结构方面还是具体的制度安排方面都要从整体的、全面的角度考虑。

（一）我国养老保险制度改革与 OECD 成员国的异同

1. 养老模式不同

20 世纪 70 年代 OECD 成员国养老保险制度基本已经成形或接近成熟，许多国家都是依照贝弗里奇的普惠原则建立高福利养老保险体系，国家或地方财政承担了相当大的责任。但很快各国经济出现不同程度的下滑，并在之后出现了经济危机。也就是从那时开始，各国意识到经济发展可以一直支撑养老福利的想法不切实际，如果经济发展长期停滞不前，养老金发放将成为问题，因此，OECD 成员国养老保险改革从 20 世纪 70 年代就陆续开始了，到 20 世纪 90 年代改革范围扩大，趋势更加明显，一直到现在

---

① *Pensions at a Glance 2015*, *OECD and G20 Indicators* (Paris: OECD Publishing, 2015), pp. 16-17.
② *Pensions at a Glance 2015*, *OECD and G20* Indicators (Paris: OECD Publishing, 2015), p. 183.

改革仍在不断探索和实践中。无论是模式还是参数的改革，其最终目的都是分散养老压力，将集中在国家的责任逐步向企业和个人转移，从而增强制度的可持续性。相比之下，我国养老保险制度建立的时间较晚，在OECD成员国将养老模式由DB型向DC型或名义账户制转变时，我国刚刚明确建立企业职工养老保险制度，这一制度的模式是名义账户制。OECD 34个成员国中仅有4个采用的是名义账户制，其他国家都是向责权更加明确的DC型转变。名义账户制介于DB型和DC型中间，采用了DB型的现收现付，又采用了DC型的基金制，可以说集中了两种模式的优点，但两种模式的缺点也无法避免。在我国的发展过程中，由于转制时没有缴费积累的"老人"一直在欠账，欠账问题迟迟得不到解决，名义账户制已出现资金支付压力，近几年学界关于做实账户，将名义账户和个人账户分离的呼吁，实质上是要由名义账户制向DC型转变。这是在养老保险制度改革时建立多个承担主体，分散资金筹集压力中我国和别国的区别之一：OECD成员国中养老模式的转变以由DB型向DC型转变为主，名义账户制仅是极少数，我国是少数几个采取名义账户制的国家之一。

2. 公务员和事业单位养老保险改革方向趋于一致

削减某些群体的养老福利，将其与其他群体养老保险整合，减轻国家财政支付压力是OECD成员国养老保险改革的另一趋势，我国从2014年开始的将机关事业单位养老保险制度向企业职工养老制度合并与此趋势相同。通过这一改革措施，公务员和事业单位职工从国家供养的体系转变到与企业职工相同的名义账户制中，个人要缴纳养老保险费，减轻了政府财政负担，体现社会公平。在OECD成员国中，有17个国家做到了公务员养老保险和其他群体从形式到内容的完全统一，有10个国家为公务员设立了附加险，附加险再次拉开了公务员和其他职工养老金的差距。我国为公务员和事业单位职工设立的年金制度可以看作附加险，虽然企业也可设立年金制度，但范围较小，所以机关事业单位职工与企业职工养老保险的差距在一定程度上仍然存在。

3. 提高退休年龄上还有差距

在OECD成员国，提高退休年龄是最普遍也是减缓养老压力最有效的手段。我国在长期保持低退休年龄（女55岁，男60岁）的情况下，也开始逐步提高退休年龄，已将达到一定职称、职级的女性退休年龄延长到60岁，目前正在研究全民提高退休年龄的方案。不过从中国老龄化发展的速度来看，退休年龄的提高水平还比较低。OECD各国平均退休年龄已达到65.5岁，个别国家已达到68岁，我国仅提高了女性的退休年龄，在个别企业中女性45岁就可以退休，提高退休年龄的空间还很大。按照目前的退休年龄，在预期寿命延长、老龄化发展迅速的状况下，未来的养老金支付将存在巨大压力。

4. 我国对缴费年限的要求过于宽松

OECD成员国从雇员平均20岁入职开始计算，一直到领取退休金，如果在国家规定的退休年龄退休的话，那么缴费年限在43年以上；如果在国家规定的退休年龄之前申请退休，达不到这一缴费时间，那么国家还要求有最低缴费年限，最低缴费年限也在40年左右；如果达不到最低缴费年限想要领取养老金，那么养老金就要按一定比例减少。相比之下，我国对养老保险的缴费年限要求过于宽松，无论居民参加哪种养老保险，只要缴费满15年就可以，对提前退休的职员惩罚力度小，以至于年轻职工不考虑参保，仅在差15年到退休年龄时才参保，或是参保之后想方设法提前退休，造成参保人群年龄老化、基金储备不足等问题，给养老保险制度的长期发展埋下隐患。

5. 养老金计发办法不同

OECD成员国为了减少未来养老金发放数额，逐步将计发方法中以最后几年收入或职业生涯中最好的几年收入作为计发参数，改变为以整个职业生涯的平均收入作为计发参数，养老金上涨指数也不再与工资或通胀率挂钩，而是以上涨幅度较小的消费者物价指数为参数，这样养老金上涨的速度会有所减缓。我国在这方面并没有随国际趋势调整，在计发中以上一年地区职工平均工资为参数进行计算。在上涨指数方面，并没有固定地与某个指数挂钩，而是综合考虑消费者物价指数、职工工资增长指数以及地区经济发展状况，采取定额增长或按养老金的一定比例进行增长。我国养老金计发办法之所以没按照国际趋势进行调整，是因为养老金本身并不高，城镇企业职工养老金替代率仅为 40%~60%，城乡居民养老保险的替代率就更低，与 OECD 成员国有些超过 100% 的替代率无法相比。我国目前正处于养老金不断增长的阶段，与 OECD 成员国养老金达到较高水平、从高水平往下调整不是一个阶段。我国养老金按一定比例增长仅进行了十几年，过去曾长期没有上涨，一些早年退休的职工养老金极低，与现在的职工收入及物价水平已相当不符，所以在养老金上涨幅度方面并没有按相对固定的指数进行。我国与其他发达国家养老保险所处发展阶段不同，所采取的措施也就有一定差别。

6. 强制或自愿性质不同

OECD 成员国的第一、第二层次养老保险基本是以强制性为主，参加养老保险纳入法律条款，以强制性的手段将符合条件的居民全部纳入养老保险体系，具备法律强制性，企业和个人均须按法律规定按比例缴纳养老保险费，缴费能力不强的居民可以获得一定程度的减免或财政资助，只是在第三层次才有一些项目是自愿性质的，但也有些国家在第三层次仍是强制性的。事实上，强制性或准强制性养老保险项目的覆盖情况、费用收缴情况都好于自愿性质的项目。我国无论是城镇企业职工养老保险还是城乡居民养老保险都是自愿性质的，其依据仅仅是各级政府下发的政策，这种政策具有指导意义，不具备法律强制性。在这种情况下，扩大覆盖面成为养老保险制度建设多年的目标，各级政府为扩大覆盖面做出了诸多努力。即使在这种情况下，一些需要进入养老保险体系的群体也仍未进入，所以将参加养老保险的自愿性改为强制性是未来我国养老保险制度改革需要考虑的问题。

7. 三支柱结构不同

我国的三支柱通常指的是各类社会养老保险、企业年金、银行储蓄理财，和 OECD 成员国及世界银行所界定的三支柱有明显不同。OECD 成员国的三支柱或三层次中每一层次的目的都很明确：第一层次是为了保障民众的生活底线，避免陷入老年贫困；第二层次是为了使老年人的退休生活水平和就业时相当或不至于低太多；第三层次则是为了使老年人实现某种程度的体面生活。以此为标准，第一层次主要由政府财政负责，具有一定意义的普惠性。第二层次由企业负责，企业和个人共担缴费责任，政府负责监管。当然，在第二层次中又划分为公共的、由政府主办的以及私人的、由企业主办的两部分。第三层次由政府或企业制订养老保险计划，完全属于私人养老保险，市场化运作，政府出台鼓励、引导政策。从OECD成员国这三层次的发展来看，第二层次的比重大些，但第一、第三层次也不弱。如果与OECD成员国养老保险的三个层次比较，那么我国养老保险在结构上还没有形成这种比较清晰的三层次，结构较为单一，城镇企业职工养老保险和城乡居民养老保险只能是第二层次中的公共养老保险，企业年金可以算作第二层次中的私人养老保险，可以将社会救助看作第一层次，不存在OECD成员国意义上的第三层次，因为我国居民参与的储蓄、理财、商业养老保险纯粹是个人意愿，政府和企业完全没有参与。如果按国内学界普遍认可的三层次来看，即第一层次为公共社会养老保险，第二层次为企业年金，第三层次为商业养老保险，公共社会养老保险也仍然是一支独大，企业年金及商业养老保险还很弱小。根据《中国养老金发展报告2015》，第一层次养老金总资产占69.3%，第二层次占16.5%，第三层次占14.2%。同样的结构在养老金收入占比中也有体现：由第一层次提供的养老金占96.55%，第二层次占0.6%，第三层次占2.85%。这就意味着多样化养老保险体系并没有建立起来，职工退休后收入来源单一，并且替代率不高，第一层次的替代率仅为44.08%，第二层次替代率为0.26%，第三层次替代率为1.26%。[①] 退休职工陷入老年贫困的风险较大，社会化养老的压力大部分放在了公共社会养老保险上，以致公共社会养老保险资金在可持续上存在较大风险及压力。

（二）中国养老保险制度整合框架设计

1. 改变并完善三层次结构，分散社会养老压力

（1）增加第一层次项目，降低老年贫困发生率。OECD成员国养老保险第一层次主要包含三个项目：基础养老金、最低养老金、社会救助。有些国家仅有一个项目，有些国家则有两个项目作为补充。我国养老保险第

[①] 张丽敏：《商业养老保险获政策红利有助养老体系完善》，《中国经济时报》2017年7月11日。

一层次仅有社会救助一项，社会救助之中有多个项目，最大的一项是最低生活保障，其他的还有特困人员供养、受灾人员救助、临时救助、专项救助等，不过比例都较低，涉及的人口较少，所以在救助中以最低生活保障为主体。从涵盖的人群来看，能够纳入最低生活保障的人口占总人口的比重大约在5%。从保障水平来看，2005～2015年，城市低保标准占人均可支配收入的16%～18%，农村低保标准占人均纯收入的20%～30%。[1] 无论是在范围上还是在标准上都不太理想。从对老年贫困人口的救助来看，老年贫困人口多，还无法做到应保尽保。据学者统计，2013年，全国60岁以上老年人消费水平处于贫困线以下的占22.9%，也就是4000多万人，老年贫困发生率超过10%，而仅有11.89%的60岁以上老人能够获得社会救助。[2] 而且即使可以得到社会救助，社会救助的标准也较低，大约是当地平均收入的25%，老年贫困与老年疾病往往交织在一起，所得救助在患病的情况下只是杯水车薪，大量贫困、处于贫困线边缘的老年人只能依靠子女生活。随着老年群体的快速扩大，老年贫困问题已成为我国必须重视的社会问题，而养老保险结构中的第一层次仅有社会救助一项，显得很单一，且无法顾及庞大的老年贫困群体，所以增加第一层次的项目十分重要。在普惠型社会福利国家，第一层次养老金替代率能达到40%～50%，居民靠第一层次养老金就能保证基本生活，不过这需要强大的政府财力支持。我国老年人口众多，人均收入少，仅有部分地区人均GDP过万元，所以要将第一层次的保障水平提高到发达国家的水平目前还无法实现，同时，由于我国地区间、群体间收入差距较大，不适于做普惠型保险。综合考虑各方面因素，第一层次可以在社会救助之外增加最低收入养老保险。将老年人的社会养老保险、社会救助收入相加，减去基本生活支出，包括生活用品支出、住房支出、医疗支出，将得出的数值作为最低收入标准。这一标准应该比目前设定的最低生活保障水平高，可以将在社会救助线边缘的群体纳入，所有收入相加达不到最低收入线时，差额可以从最低收入养老保险中支付。保险所产生的费用全部由各级财政承担。从财政支付能力上看，按照目前4000多万名贫困老年人，再加上贫困边缘老年人，将符

---

[1] 王伟进：《强调自立自强　应对低保福利化》，《中国经济时报》2017年1月4日。
[2] 褚福灵：《中国社会保障发展指数报告2012》，经济科学出版社，2013。

合条件的群体设定为 5000 万名老年人，每人每年支付 1000 元，按 2015 年的 GDP 来看，每年多支付的资金占 GDP 的 0.07%，而 OECD 成员国第一层次的养老金支付最少达到 GDP 的 5%，相比之下，我国多支付的最低收入养老保险金并不高。所以在第一层次加入最低收入养老保险，财政既有能力支撑，又可以使老年人免于贫困。当然这仅仅是在基本生活上为老年人提供保障，在这之外还需要医疗救助及住房保障的支持，才能共同筑造起社会安全网。在经济发展水平不断提高的情况下，最低收入养老保险水平和覆盖群体也可适度调整，最好将占人口 20% 的最低收入人口都纳入，以减轻和分散第二层次的养老压力。

（2）调整第二层次结构，扩大私人养老保险范围。我国第二层次养老保险的问题在于公众对政府主办的公共养老保险依赖过大，由企业主办的私人养老保险覆盖范围太小，项目单一。城镇企业职工养老保险制度、城乡居民养老保险制度都是由政府主办，所以都可以看作公共养老保险制度，也是我国覆盖范围最大、最主要的保险制度，尤其是城镇企业职工养老保险制度，与就业相关，涵盖了各类企业职工、自我雇用者。由于这一层次过于强大，职工退休后的生活严重依赖这一层次的养老金，对上调养老金的需求较高，养老基金压力可想而知。同时也正是公共养老保险的强大，挤压了企业主办的私人养老保险的发展空间。从城镇企业职工养老保险来看，这一保险是多数职工退休后的主要甚至是唯一生活来源，所以养老金必然要保持在一定水平上，办法有两个：由国家财政来补足不足的部分，或者提高企业和个人的费率。我国城镇企业职工养老保险制度的费率一直在调整，个人费率从最初的 3%，不断上涨，最后稳定在 8%，企业费率也不断上涨，有些年份有些地区甚至达到 30%，后来为了减轻企业负担，开始逐步下调，2019 年之前，全国企业平均费率仍达到 20% 左右，尽管部分经济发达地区降到 10%，但经济欠发达地区还超过 20%。如此高的费率使多数企业无力再为职工建立一份额外的保险。2019 年，《国务院办公厅关于印发降低社会保险费率综合方案的通知》下发，费率将由以往的 20% 降至 16%，同时缴费基数的核定由于加入了城镇私营单位就业人员的平均工资而下降。此次调整可以确保企业社保缴费负担在经济下行期有实质性减轻，但下调后多数中小企业仍无力为职工提供年金。目前我国私人养老保险仅仅有企业年金一种形式，并且仅在少数效益较好的企业中建立，大多数企业并未建立这一保险。如前文分析，目前发达国家养老保险制度发展的趋势之一就是大力扶持发展多种形式的养老保险制度，一方面，居民收入可以多样化；另一方面，多支柱支撑，养老保险制度可以更持续、健康地发展，风险也可以相应转移，同时可以将集中在政府的责任向企业和个人分散。我国近些年在养老保险制改革中也意识到了这一问题，提出养老责任由国家、企业、个人共同分担，并相应地建立名义账户制。不过这种风险的分散仍是在单一支柱内进行的，并没有形成多支柱的局面，万一这一层次的基金入不敷出，最后仍由政府承担补足的责任，所以为了分散这一层次的风险，仍须发展其他形式的养老保险制度。鉴于企业能力普遍不足，可考虑在中小企业间建立联盟，共同建立一个养老保险计划，相关职工都可参与。或者国家可以建立统一的私人养老保险制度，订立规则，由企业和个人执行。在这一过程中国家给予政策扶持，以给企业或个人减免税收或注入一定比例资金的形式鼓励扩大私人养老保险制度。以此将原有的公共养老保险拆分成公共养老保险和私人养老保险，公共养老保险体现一致性和公平性，私人养老保险体现多样性和差异性，万一哪一类养老保险出现问题，也不会导致整个养老保险体系坍塌，能够保证养老保险制度的安全。通过这种途径改变第二层次养老保险的结构，由目前的以公共养老保险为主，变为公共养老保险和私人养老保险并重、共同承担保障未来居民养老责任的体制。

（3）第三层次培育投资市场，政府介入扶植养老保险项目。第三层次的养老，我国和OECD成员国有很大不同，我国第三层次基本是个人自愿性质的各种投资理财、储蓄、商业保险，盈亏自负。而OECD成员国第三层次虽然也是自愿性质的，但是由一个个养老保险项目组成，这些项目由国家或企业设立，主要由个人缴费，缴纳的资金由专业投资公司进行市场化运作，属于统一管理统一营运，对所缴费用或投资所得，政府会有税收上的减免。相比之下，这种方式更加正规，居民投资的风险更小。不过这两种方式的背景有很大差别。欧美国家的消费观念是提前消费、借贷消费，储蓄的观念不强，所以政府要千方百计地鼓励居民存一部分钱用于养老。我国则恰恰相反，居民储蓄意愿很强，有钱更愿意存起来，养老保险的覆盖率之所以还没有达到100%，很大程度上是因为居民认为钱存起来或自己投资比买养老保险要安全划算。储蓄、投资基金、股票、理财产品是居民比较偏爱的几种方式。

　　从理论上讲，建立第三层次的目的就是多一种养老金，使居民退休后能提高生活水平，所以在居民已积极主动储蓄的情况下，不必再额外设立第三层次养老保险项目。不过从实际运作情况来看，居民仅注重投资收益而忽视投资风险，所以自行投资的风险较大。居民购买理财产品，正常情况下是拿出闲钱去投资，但在受到外界蛊惑、刺激时，尤其是当资本市场、股票市场异常繁荣、获利较高时，居民往往缺少风险意识及相关专业投资知识，将用于养老的资金投入股票市场或购买一些理财类产品，很容易亏损或遇到诈骗，而且越是中低收入家庭越倾向于购买理财产品，相比之下，其承受的损失也就格外大。所以要加强第三层次养老保险发展，一方面，要培育投资市场，规范投资环境，让居民有更多投资渠道，提高投资盈利水平，从而达到提高晚年生活水平的目的。尤其在目前金融市场监管漏洞多、资金诈骗盛行的情况下，加强监管力度、提高网络运营的安全性、保证居民投资理财安全性格外重要。另一方面，需要政府或企业设立养老保险项目，以自愿储蓄形式为主，资金筹集后，请专业的投资理财公司进行市场化投资运营，居民达到一定年龄后可以连本带息一次性或按月提取资金，保证资金的安全性，确保资金在居民年老时能够提取使用，而不是中途亏损或被骗，从而影响老年生活水平。在这一过程中，可以考虑规范发展商业养老保险。

　　商业养老保险在我国发展水平较低，居民的认可度不高，按学者的分析，从2014年商业保险保费收入占GDP的比重来看，商业保险深度只能达到0.4%，商业保险资产占GDP的比重为2.6%。2017年全国人身保险深度也仅为3.23%。[①] 商业养老保险发展落后与保险项目自身吸引力不足有关，也与居民的参保意识有关。商业养老保险吸引力不足的主要原因在于缴费较高但保障水平相对较低，投保者缴纳的费用中有近一半被提取为佣金用于管理费支出，交易费用高，投保者获取的养老金现值自然就会下降。以某公司推出的一款养老保险为例，这款养老保险需要每年投入20456元（相当于每月1705元），从35岁开始投保，到60岁领取养老金，

---

① 郑秉文：《第三支柱商业养老保险顶层设计：税收的作用及其深远意义》，《中国人民大学学报》2016年第1期。

投入时间为25年，累计投入为40.8万元。60岁以后，每月可以领取养老金2132元，16年后收回本金，从第17年即77岁开始获利，投保者到80岁除本金外能额外领取10.4万元。也就是说，投保目前的商业人寿保险，获利多少取决于投保者的寿命，寿命越长，获利越大。而且从投入来看，针对的是中等偏上收入群体，中低收入群体没有购买能力。如果单纯是为了增加老年收入，那么从商业养老保险中获取的利益并不比储蓄或理财产品高，加上商业养老保险期限长，投保者的寿命也不确定，在这种情况下，没有外界的刺激，居民投资商业养老保险的动力就会不足。目前还有一些人寿公司推出了一些养老保障产品，比如中国人寿推出的"国寿福寿嘉年养老保障管理产品"，时间短、投资金额起点低、利润大，以该产品2015年的要求为例，1000元就可以进入，一共233天，预期年化收益率却可以达到6.5%。吸引力较大，不过与其说它是养老保险产品，不如说它是理财产品。

　　如果要把商业养老保险作为第三层次养老保险的主要项目，就需要政府去规范、引导。首先，规范商业养老保险的盈利模式与盈利比例，将盈利控制在一定范围内，最起码投入商业养老保险所得要高于在银行储蓄的利息，或者与其他理财产品相比有明显的优势，让普通民众看到实惠。其次，可以借鉴发达国家税收优惠政策，使参加商业养老保险的投保者享受一定的税收减免政策，从而起到鼓励投保的作用。目前，国内已经有城市在试行加快发展商业养老保险的措施，比如2015年，上海开始试行在商业养老保险中的个税递延政策。2017年，国务院发布了《关于加快发展商业养老保险的若干意见》，提出要大力发展商业养老保险，鼓励商业保险机构投资养老业，为个人和企业提供多样化的养老保险，国家提供相关的政策支持，"对商业保险机构一年期以上人身保险保费收入免征增值税"，并且规定在2017年底前启动个人税收递延型商业养老保险试点。个人税收递延型的激励意义在于购买养老保险的费用可税前列支，从要纳税的基数中把购买商业养老保险的这一项费用扣除，基数缩小，税率也会相应降低，可以有效降低个人所得税，从而激励个人购买商业养老保险。这一实施意见无疑会为商业养老保险的发展注入活力。政策激励和商业养老保险的内部调整同步进行，能最大限度地提高居民参保的兴趣，提高参保率，从而提高第三层次在养老保险体系中的比重。

2. 完善养老保险制度建设，提高未来制度的可持续性

在进行结构调整的同时要注重养老保险制度建设的完善，两者可以起到相互促进的作用。我国养老保险制度自建立以来就不断地摸索、改革，已取得一些成绩，但问题同样不少。与国际社会一样，在老龄化日趋严重、全球性经济低迷、人口出生率下降等压力下，养老保险基金的可持续性将是一个大问题。为此，我国的养老保险制度改革要吸取国际社会养老保险制度改革的经验，提高制度的吸引力和可持续性。同时要根据本国的经济社会发展环境以及养老保险制度发展阶段，在改革中做到既顺应国际趋势，又保持自身特色。

（1）在模式上，将名义账户制转变为缴费确定型。缴费确定型已成为国际社会养老保险制度改革的主要趋势之一，这一模式的优点在于责权明确，比待遇确定型更能体现缴费的作用，利益上也更加一目了然，同时财政负担更轻，短期内更容易实现财政自动平衡。我国最初的"企业养老"可以看作待遇确定型，养老责任由企业一方承担，在企业转制过程中，养老责任需要分散，所以建立个人账户和统筹账户，个人也需要承担缴费责任。由于在转制之前大量职工没有积累，仅靠个人账户的缴费无法支付离退休职工的养老金，这里的个人账户与缴费确定型个人账户的不同之处在于它是名义上的，仅以记账的方式存在。名义账户制把转制过程中的社会风险、经济风险控制在最小范围内，在20世纪90年代是符合我国国情的。制度运行了几十年，其缺点也暴露无遗：个人账户空账运行，使本应长期积累后进行市场化投资以获取额外收益的资金无法进行投资，只能应付当下离退休职工养老金的支付；统筹账户由于统筹层次低，无法在较大范围内调剂使用，又由于地区间老龄化程度、经济发展水平差异大，个别地区养老保险基金已出现收不抵支现象，而且这一状态呈扩大化趋势。所以当务之急是改变名义账户制养老保险模式，把个人记账式的账户做实。我国目前的经济发展水平已和当初刚刚建立名义账户制时不可同日而语，已有能力还清以前的历史欠债。做实个人账户就意味着养老保险模式从名义账户制向缴费确定型转变，职工收益和当前缴费密切相关，现收现付制彻底转向基金制，职工个人账户基金可以投资，使职工养老金获得额外收入，从而提高职工老年生活水平，刺激职工缴费的积极性，也使基金可以实现

短期内的自动平衡，从而减轻政府财政负担。在做实个人账户的同时需要提高统筹层次，从实质上的县市统筹提高到国家统筹，以发挥统筹账户在不同地区间、代际间的调剂作用，从而使养老保险基金实现在全国范围内的财政平衡，促进养老保险制度良性、健康发展。

（2）在参数上，调整相关参数，确保未来支付可持续。生育率降低、老龄人口增加、寿命延长是全球性趋势，这一趋势意味着未来缴费的人要少于领取养老金的人，养老金可能会出现支付困难，所以调整相关参数，保证未来养老保险基金有钱可以支付是养老保险制度改革的一个重要方面。我国与其他国家一样面临这一问题，并且由于之前的两次生育高峰以及之后的计划生育，未来人口结构失衡导致的养老金支付风险会更加严重，所以尽早调整与养老金相关的参数，将风险控制在一定范围内是必要的。

第一，在退休年龄方面，要规范、约束提前退休现象，逐步提高退休年龄。在 OECD 成员国平均退休年龄达到 65 岁并进一步提高的情况下，我国的男 60 岁、女 55 岁，甚至有些企业男 55 岁、女 45 岁的退休年龄就显得太低。在 20 世纪六七十年代生育高峰期出生的两代人达到退休年龄时，基金支付会面临较大压力。因此，应尽快确定延迟退休的标准，先将女性退休年龄整体提高到 60 岁，之后再逐步提高到 65 岁。在提高退休年龄方面，国外一般有两种做法：一是一次性提高 3~5 年；二是每年提高几个月，直到达到预期退休年龄。第一种方法比较激进，但效果比较明显；第二种方法比较缓和，给不同年龄段的人以不同的缓冲时间。对我国来说，这两种方法可以合并使用，由于原来的退休年龄过低，所以将女性退休年龄整体提高 5 岁，达到和男性一致的退休年龄完全可行。在整体退休年龄达到 60 岁的基础上，再采用按每年提高几个月的方法，将退休年龄提高到 63~65 岁。我国和 OECD 成员国的最大不同在于我国人口多，劳动力富余，大幅提高退休年龄意味着年轻劳动力工作机会减少，为本已严峻的就业形势增加压力。所以在第一阶段将女性退休年龄提高到 60 岁后。第二阶段退休年龄的改变宜采用缓和的方法。

第二，要大幅提高最低缴费年限。提高退休年龄的目的是增加缴费，同时把支出控制在一定的年限内，所以提高退休年龄只有配套提高最低缴费年限，才能达到让职工多缴费、长期缴费的目的。OECD 成员国对最低缴费年限的规定平均达到40年，我国规定的是15年，相差甚远。对机关事业单位或大企业职工来说，是否设最低年限影响不大，因为这样的单位常常意味着终身制，从入职那天起单位就会为其缴纳养老保险。不过大多数中小企业常常为了节省人力开支而逃避为职工缴费。对自己缴纳全部费用的自我雇用者来说，缴费年限直接决定纳缴费用的多少，所以才会有居民缴费意识不强，出现四五十岁才考虑缴纳养老保险的情况。因而提高最低缴费年限需要和提高退休年龄同时进行。OECD成员国大多是按20岁入职开始计算缴费时间，鉴于我国青年一般18岁上大学、22岁大学毕业，可以将入职年龄从22岁开始计算，22岁入职、60岁退休的话，工作年龄为38年，那么最低缴费年限可以定为35年，本科及以上在读时间可以自动算为已缴费时间。没有固定工作时期也要缴费，只不过缴纳的费用低。这样才能敦促居民长期缴费并逐步培养长期缴费的意识。

第三，要对提前退休做出限制。除对一些特殊风险行业做出可以提前退休的规定外，其他行业的职工要退休必须满足两个条件，即达到法定退休年龄和最低缴费年限，否则每早退休一年或每差一年缴费年限，所获取的养老金就要按一定的百分比扣除，差的年数越多，所扣除的百分比越高，而且要规定最高提早退休的年龄不能超过3~5年，以此控制地方和企业合谋的提前退休。

第四，对超过最低缴费年限的给予奖励，以鼓励居民长期缴费。如果最低缴费年限是35年，每多缴一年，养老金将按一定百分比增加，多缴的年数越多，养老金增加的百分比就越高，在奖惩并重的情况下，能达到遏制缩短缴费时间、自愿延长缴费年限的效果。目前各省区市也实行了养老金与缴费年限或者工作年限挂钩的机制，不过奖励政策并不明显。以吉林省为例，在增加调整退休人员工资时规定，参保人员缴费31~35年，每多一年，每月增加3.5元，缴费超过36年，每多一年，每月增加4.5元。[①]这种奖励政策基本达不到激励效果，还需进一步完善。改变相关参数从提高退休年龄、提高最低缴费年限入手，在此过程中配合使用能看得见效果的奖惩机制，达到让居民多缴费、长期缴费的目的，从而保证基金的安全性和可持续性。

---

① 数据从相关部门获取。

（3）在人群上，为特殊群体、特殊时期提供优惠政策。让尽可能多的群体进入养老保险制度，受养老保险制度的庇护，免除老年贫困是养老保险制度建设的宗旨，同时进入的人群越多，未来基金安全就越有保障。我国养老保险制度经过几十年的摸索，不断扩大覆盖面，从最初仅覆盖某些特定企业职工到所有企业职工，从城镇职工到农民，从正规就业群体到灵活就业及非就业群体，现今，制度已覆盖所有人群。不过参保率并没有达到100%，未参保人群以城镇或农村中的贫困人口、就业不稳定人口为主。这部分群体也是社会弱势群体，不参保主要有三方面的原因：贫困、因暂时或永久性退出劳动力市场而中断缴费、因就业流动而中断或退出养老保险。在制度设计上，应为这类群体设计特殊规定，帮助他们跨过参保障碍，或渡过暂时的难关。

第一类是收入低于某种标准的群体。这类群体缴纳养老保险费，可以对其给予一定比例的减免。我国养老保险对重度残疾人或有重大疾病的人群有相关政策，但政策覆盖面过窄，应酌情扩大减免范围。尤其是在贫困地区的农村，靠最低生活保障仅能维持生存的老年人，现金收入有限，连每年100元的养老保险费也不舍得缴纳，但又不符合减免条件，这样的老年人都应该纳入减免范围。疾病也是造成贫困的另一重要因素，对曾参加养老保险，但因病致贫，无力继续缴费的，应纳入减免范围。第二类是暂时性离开劳动力市场，因收入降低而无力缴费的群体，包括生养孩子的女性群体、暂时性失业群体、因为国家政策调整而下岗的群体。比如，去产能过程中需要转移安置的职工、需要辞去工作照顾家里老年人的群体，这些群体都需要国家有特别的养老扶持政策，来帮助他们渡过离开劳动力市场、无力缴纳养老保险的难关。在这点上可以借鉴OECD成员国的经验，按实际情况，给这些群体3~5年的缓冲期，在此期间由财政替他们缴纳最低层面的养老保险费，使其保险不至于中断缴费。这对国家鼓励生育二胎、鼓励转岗也是一种配套的激励政策。第三类是就业流动，地区间养老政策不统一导致的缴费中断或退保群体。国家这些年一直在制定养老保险的转移衔接办法，出台了很多政策，不过效果不十分理想，由于手续繁杂并且有很多各不相同的限制性条件，许多要在各地打工的群体，尤其是农民工干脆就退保。对这个问题，提高统筹层次到全国统筹是根本性解决办法，或尽快实行全国社保一卡通，凭借统一的社保卡，可以在各地自由缴费，个人账户自动相加得到总和，统筹账户也由各地缴纳后自动生成总和。不过在短时间内无法实现的情况下，需要对流动群体给予特殊的服务政策，流动人口流动到某个地区后，社区掌握其基本情况，上报到社会保障部门，由社会保障部门集中到社区讲解、办理相关养老保险转移接续手续，为流动人口提供方便，尽量减少流动人口因不了解办事流程而退保的现象。

总之，我国养老保障制度建设的背景和国际形势一样复杂，在改革方向和结构调整上也基本和国际趋势一致，比如，从国家独立承担居民的养老责任到把责任分散至国家、企业、个人，在养老支柱上由单一支柱向多支柱发展，将机关事业单位养老保险和企业职工养老保险并轨等。改革已取得一些成绩，不过问题也不少：在结构上还存在过度依靠一个支柱，其他支柱发展缓慢的问题；在制度建设上还存在碎片向细小发展、未来基金支付压力变大等问题。因此需要借鉴国际经验，加大调整步伐，彻底改变一支独大的养老结构，整合相关资源，充实第一支柱，改革第二支柱，鼓励发展第三支柱。明晰养老保险模式，解决制度建设中出现的不合理、障碍性因素，理顺制度内部的层次、衔接关系，尽早将养老保险基金风险控制在一定范围内，最终实现养老保障制度的健康、可持续发展。

第六章 优化整合对策建议

优化养老保障制度建设、消除制度建设中的顽疾，理顺小制度间的层次关系，加强制度间的转移衔接，将小碎片合并，不断提高参保率，是养老保障整合的一个方向。要优化养老保障制度建设，就要不断提高制度的覆盖能力，尤其是对灵活就业人员、农民等群体的吸纳接收能力。要将失地农民养老保险整合到现有体系下；维护因企业去产能而失业、转岗职工的养老保障权益，在缴费等方面给予一定程度的帮助，减少中断缴费或退出养老保险现象的发生；整合信息平台建设，实现信息的互联互通；加大衔接力度，实现保险的层次性；加强监管力度，确保基金安全；优化基金统筹方案，同时配以税收、管理等体制机制方面的改革，尽快将散落在各县市的统筹基金提高到全国统筹等。

一 整合失地农民养老保险

从前文分析可以看出，2010年之前的多种失地农民养老保险模式已经逐渐被现在的两大养老保险体系——城镇企业职工养老保险和城乡居民养老保险整合，尤其是在一些对失地农民养老问题较为关注的地区，在政府加大补贴力度的情况下，大部分失地农民已被纳入城镇企业职工养老保险体系，一部分被纳入城乡居民养老保险体系。为提高这部分失地农民的老年生活水平，政府提高了补贴待遇，将失地农民纳入现有的两大养老保险体系，但根据失地农民的特点，保障水平还略有不同。这也将是未来我国养老保险制度整合的方向：同一制度不同层次，以满足不同群体的差异化需求。从全国范围看，能够较好地安置失地农民的省份并不多，尤其是经济欠发达地区，关于失地农民养老保险的解决方案还是按2010年前出台的政策，在经济社会环境都发生变化的情况下，对失地农民养老问题的解决并没有与时俱进，甚至对其放任不管，连以前的政策也执行不到位。由于中央在 2004～2007 年连续几年强调解决失地农民养老保险的重要性，并且提出要先落实社会保障的费用，然后才能批准土地征用的要求，各地在出台地方性文件时也都提出这一要求，可是在落实时却没有完全按照文件的要求去做。失地农民养老保险工作进展慢、效率低，据一次针对某个县的调查[①]，2011 年征地，到 2015 年需要参加养老保险的缴费信息都没有全部录入，当年满 60 周岁可以领取养老金的失地农民也是在拖了 4 年后才开始领取，2011 年 30 个批次的参保个人账户、参保金额、占地面积等到 2015 年仍有 29 个没有全部落实。近些年失地农民参加养老保险都如此困难，再加上以前多种政策多种补偿方式并行时期的失地农民，增加了把失地农民全部纳入养老保险体系的难度。为此，本书建议从以下几方面入手，促进失地农民参加较高层次的养老保险，提高失地农民参保的积极性和主动性，把分散的养老碎片变成一个体系中的不同层次，以达到整个养老保险体系整合的效果。

（一）统一将失地农民纳入现有养老保险体系，采用"保险+补贴"的模式

废除各省份多年没有改变的关于失地农民参加养老保险的政策规定，把全部失地农民纳入现有的两大养老保险体系，把在城镇就业的失地农民以及获得补偿安置费用较高的失地农民全部纳入城镇企业职工养老保险，纳入城镇企业职工养老保险中的失地农民应该占失地农民的绝大多数。这样可以增加城镇企业职工养老保险的缴费人数，缓解基金压力，平衡基金收支，增强城镇企业职工养老保险的可持续性和活力。同时，因为城镇企业职工养老保险的养老金比较高，可以使失地农民在老年时获得足够维持生活的养老金。城乡居民养老保险实施以后，有些失地农民已参加城乡居民养老保险，有些省份认为这部分失地农民已经参加了养老保险，就没有必要再关注。实际上，目前的城乡居民养老保险还不足以起到养老的效

---

① 李青：《W 县被征地农民参加居民养老保险面临的困境及对策研究》，硕士学位论文，山东财经大学，2016。

果，仅仅可以作为城乡居民生活的补充。如果农民有土地，那么主要还是依靠土地收入或子女补贴来生活，在征地之后，赖以生存的土地不复存在，仅靠城乡居民养老保险不足以维持生活，所以对这部分失地农民不能弃之不管，而应将有条件的失地农民统一转入城镇企业职工养老保险。已达到一定年龄的失地农民或因特殊原因无法参加城镇企业职工养老保险的失地农民，可以纳入城乡居民养老保险。无论是将失地农民纳入城镇企业职工养老保险还是城乡居民养老保险，要达到不低于失地之前的生活水平，单靠失地农民自身的力量无法实现，需要政府补贴。可以提炼、推广现有比较成熟的地方经验，从政府土地出让金中提取一定比例的资金，直接划拨到养老账户中，对参加城镇企业职工养老保险的，可以以企业的身份，划拨到统筹账户。这样失地农民仅负担个人缴费部分就可以，个人缴费可以从个人的征地补偿款和安置费用中划拨到个人账户。对参加城乡居民养老保险的失地农民，同样从政府土地出让金中提取一定比例，直接划拨到失地农民个人账户，并鼓励这一部分失地农民利用个人获得的征地补偿款和安置费用多缴费，提高缴费档次，这样城乡居民养老保险的"基础养老金＋个人账户养老金＋政府补贴"就足以让这部分失地农民维持或提高老年生活水平。这样的养老方式也是一些地区已经开始实施的、被证明行之有效的方式，但要在全国范围内推广，还需要政府采取一些强制性措施。

（二）建立健全法律法规，加大强制力度，即征即保

征地是现代化、城镇化建设的需要，是国家的需要，所以安排好失地农民的生活、养老是关乎民生和国家利益的一件大事，也是关乎新型城镇化建设中农民市民化取得成效的一件大事。在新型城镇化建设中，最容易转化成市民的就是失地农民。这部分农民在失去土地后到城镇定居、就业、参加城镇企业职工养老保险，逐渐适应城镇的生活和文化，由于没有土地的牵绊，转为市民的阻碍也最小，而在这个过程中，是否有能力参加城镇企业职工养老保险，或者即使参加城乡居民养老保险，所得到的养老金能否维持城镇的生活水平至关重要。政府要承担起相应职责，在征地的过程中，立足于失地农民、失地地区的实际情况，把失地农民纳入养老保

险体系。在这一过程中，政府应起到规范、引导、强制的作用，让所有被征地农民都有险可保，以解除失地农民的后顾之忧。

首先，规范土地补偿分配办法。目前征地补偿款主要包括土地补偿费、安置补助费以及地上附着物和青苗的补偿费，其中土地补偿费是支付给村集体经济组织，剩余两项支付给失地农民，有些地区土地补偿款的一部分也支付给失地农民。地方政府在制定分配方案时应综合考虑各级政府与农民的利益，对失地农民的补偿不仅要从土地的市场价值考虑，还要把失地农民的养老问题考虑进去，合理确定补偿标准、分配标准，使分配和补偿能够支撑失地农民参加养老保险，并且养老金给付水平可以维持或提高失地农民的老年生活水平。其次，尽快制定全国统一的法律，将失地农民参加养老保险作为法律固定下来，详细规定在征地补偿款中一次性划拨一定比例到养老保险账户，政府同样从土地出让金中一次性划拨一定比例到养老保险账户。

目前失地农民参加养老保险都是按地方发布的政策条款来实行，没有法律强制性，执行力度不强，地方政府不愿从土地出让金中再划转养老保险费，失地农民一旦拿到征地补偿款也不愿再缴纳养老保险费，所以有法可依才是让各方承担责任的最有效途径。制定法律条款需要反复论证，是一个相对比较缓慢的过程，在这期间，中央最好能下发文件，再次强调不为失地农民办理养老保险，不把相应款项打到养老账户就不能批准征地，建立反查机制，谁批准，谁负责，强制实现即征即保的目标。中央最近一次下发文件强调让失地农民参加养老保险是在2007年，如今已过去十多年，在一些省份已经有成熟经验、土地补偿和安置费用也大幅提高的情况下，再次下发文件具备实施的基础，也可以为法律条款的制定争取时间，把更多的新失地农民以及以前失地但没参加养老保险的农民纳入保障体系。

（三）成立协调工作小组，加大部门间配合和衔接力度

失地农民参加养老保险，涉及征地的国土部门、发放费用的财政部门，还涉及管理养老保险的人力资源和社会保障部门，要掌握一些基础数据，还必须有乡镇、村组织的配合。所以要想把失地农民参加养老保险的

事情做好,就需要这些部门形成相互协调的机制,而不是靠某一个部门主动或自觉。建议从相关的国土、财政、人社、乡镇部门抽调人员组成工作小组,全程参与、相互合作,使工作有效衔接。在国土部门进行征地工作的基本信息统计时,工作小组就参与进去,在记录统计农民的土地信息时,把人口、劳动力、参加养老保险情况、收入、地址等信息一并统计,在此基础上登记参保人员的信息,分析失地农民的参保条件,确认参加哪种类型的养老保险,确保在建立个人账户时有详细的信息可供查询。在乡镇、村组织的配合下,把人社部门需要的基础信息统计工作和国土部门的信息统计一起做,可以避免重复劳动,也可以掌握准确信息。结合当地物价水平和经济发展状况及失地农民的养老保险缴费能力,科学测算应付的征地费用,在计算补偿和安置费用时,一并计算需要政府和个人缴纳的养老保险费,确保失地农民缴得起养老保险费。公布失地农民参加养老保险的实施方案,在向失地农民解释补偿和安置费用标准的同时,宣传讲解养老保险实施方案,包括缴费依据、基数、缴费比例、政府补贴和支付、养老金等情况,印制宣传单或宣传手册同时下发,让失地农民在土地被征用之时就了解参加养老保险的重要性及参保流程。失地农民对参加养老保险有任何疑问,都可以咨询,引导失地农民正确认识参加养老保险的权利和义务,不参加养老保险的风险和危机,增强失地农民的参保意识。在国土部门提供的汇总材料及工作小组获取的相关数据的基础上,人社部门负责参加养老保险人员的登记、建立账户等工作,财政部门按照国土及人社部门提供的参保人员数量、缴费金额一次性划拨足够的金额到指定账户。涉及个人缴费的,从个人所得征地补偿款和安置费用中划出;涉及政府补贴的,从政府土地出让金或集体经济组织所得补偿金中划出。由各部门联合组成的工作小组在基础数据、基础讲解完成后主要负责部门间的沟通协调,确保一个部门的工作完成后,及时向另一个部门提供资料和信息,尤其是要协助财政部门提供相关信息资料,以便归纳筹集养老资金后及时下拨。核实好的参保人员基本信息和缴费、补贴信息要及时录入信息管理系统,保证失地农民参加养老保险信息的公开透明,失地农民想要查询自己的参保情况、养老金情况可以随时查询。

（四）加强监管力度

　　加大对失地农民参加养老保险情况的监管力度，尽可能把政策在执行过程中的风险降到最小，最大限度地保证失地农民的利益，把养老基金从征缴到支付过程中的漏洞堵住，确保基金安全。监管主要体现在三个方面。一是监督检查各地对养老政策的落实情况，失地农民是否都参加了养老保险，尤其是青壮年劳动力，是否都纳入城镇企业职工养老保险，征地时已满60周岁的农民是否都纳入城乡居民养老保险，并且符合条件的是否都已领取养老金。二是监督检查政府补贴是否到位。在征地计划批准之前，应由政府和集体经济组织承担的补贴金额要一次性划到指定的养老保险账户，否则不能批准征地项目。如果养老保险资金没有划拨到位就已经征地，那么谁批准的项目，谁就要负相应的责任。对在缴纳保险费的过程中，地方政府是否有擅自降低补贴比例或补贴数额的行为，或者资金是否打到指定账户也要监督检查。在实际操作中，一些保障部门负责保险费用的筹集、管理和使用，保障部门又受当地政府的管理，挤占挪用养老保险基金的事情也时有发生，所以也要加强对地方政府挤占挪用养老保险基金行为的监管，杜绝损害参保农民利益的事情发生，保证基金专款专用。三是要加强对养老金发放环节的监督。由于前期调查基础工作没做到位，一些地区出现死亡不销户而冒领养老金的现象，还有一些失地农民更改年龄，在征地前把年龄改到60周岁，这样不用缴费就可以直接领取养老金，加大了养老金的支付压力，所以养老金发放环节也要重点监督检查，要公布举报电话和奖惩措施，杜绝冒领养老金情况的发生，保证基金安全。为使监督管理落到实处，要建立健全监督管理机制，发挥基层村支部工作人员的积极性，及时了解、上报失地农民的家庭成员增减、迁移情况，协同当地养老保险基金监察部门把本地监察情况落实好，做到事前预防。为了避免当地监察部门既当运动员又当裁判员，不能切实履行监督职责，上一级审计部门也要介入，定期进行全面监督审查，做好事后的管控工作。如果有不按规定执行或擅自降低失地农民养老保险标准的，一经查实，严肃处理，为新征地地区做好示范。

二 加强制度对灵活就业人员的接纳度

灵活就业人员可选择的养老保险制度有两种：一是城镇企业职工养老保险，二是城乡居民养老保险。从理论上来看，灵活就业人员中高收入群体可以按个体参保的方式参加城镇企业职工养老保险，中低收入群体则可以参加城乡居民养老保险。而且这两种养老保险制度的参保条件较低，两种养老保险的缴费最低每年仅需100元，最高可以上年度企业职工平均工资的300%为基数缴纳，从缴费水平来说，不存在缴费过高、门槛过高、灵活就业人员不能进入的问题。但从实际参保情况来看，灵活就业人员参保率一直处于较低水平。据官方统计，2005~2008年，灵活就业人员的参保率在11%左右。[①] 笔者在分析城乡居民养老保险制度发展状况一章中曾提到，城乡居民养老保险制度中，符合参保条件而未参保的群体最多的就是流动群体，因为流动到外地打工，当地找不到人所以无法将其纳入城乡居民养老保险，无论是在城市还是在农村，这一部分居民都是不参保的主体。这部分流动群体大多是灵活就业人员，所以灵活就业群体、农民工群体、流动群体是高度重合的。这部分群体中有些在大企业工作，直接参加了城镇企业职工养老保险，有的有技能或从事个体经营、私营。有参加城镇企业职工养老保险的能力但没有参保的，大部分是在个体、私营经济打工，工作不稳定、收入不高。这部分群体由于参保意识不强、户籍限制、转移接续手续繁杂、年轻等因素选择暂时不参加任何养老保险。

从城乡居民养老保险和个体参加城镇企业职工养老保险的缴费和给付标准来看，两者之间没能实现很好的连接。城乡居民养老保险缴费低、保障水平低，城镇企业职工养老保险保障水平高、缴费水平也高。以吉林省为例，如果灵活就业人员选择参加城乡居民养老保险，那么最高缴费为每年2000元，达到领取养老金的年龄时，每月可领取314.2元养老金，在农村仅高于最低生活保障线，在城镇还达不到最低生活保障线的标准。如果灵活就业人员以个体就业的身份参加城镇企业职工养老保险，按最低的缴费标准补缴15年，平均一年需要缴纳6722.4元，女性到55周岁时每月可

---

① 《中国人力资源和社会保障年鉴》（工作卷），2009。

领取797.44元，男性到60周岁时每月可领取850.36元。从两种养老保险制度的缴费和给付标准来看，参加城乡居民养老保险，养老金不够用，参加城镇企业职工养老保险，则缴费能力不足，因此近些年不断增多的中断缴费人群中灵活就业人员占了大部分。对中低收入的灵活就业人员来说，他们更关心的是生存问题以及应对突发风险时的经济支撑能力，养老保险问题在他们尚年轻时还不是生活的重点。所以扩大这部分群体的养老保险覆盖面，需要采取多种措施，提高制度的吸引力，同时增强该群体的参保意识。

（一）加快推进全民参保登记，掌握灵活就业人员的基本情况

灵活就业人员所从事的行业多，从业方式灵活、流动频繁，统计起来难度较大，目前灵活就业人员的基本参保情况都是经过大致测算得到的，而只有掌握灵活就业人员的详细情况，才能了解这一群体的参保需求，才能针对需求调整政策。所以扩大灵活就业人员养老保险覆盖面的第一步就是要掌握其基本信息。单独搜集灵活就业人员的信息，难度很大，不过可以利用全民参保登记的时机，掌握灵活就业人员的情况。早在2014年，人力资源和社会保障部就印发了文件[1]，决定2014年至2017年，在全国范围内实施全民参保登记计划，并先期确定了首批试点地区，首批试点地区包含重庆、南京、昆明等50个城市。在获得试点经验的基础上，2017年，人社部门再次下发文件，决定所有省区市都要全面开展全民参保登记工作。提出要在2017年底前"全面完成辖区内全部目标人群的登记工作，基本实现参保登记数据省级集中管理，为建立国家级全民参保登记信息库，完成各省登记数据联网入库做好准备"[2]。由人社部门牵头进行的全国范围内的参保登记，其执行力度是地区性行为所不能比的，借此东风，必能将各个省区市全部未参保人员，尤其是灵活就业人员的情况摸清。从全民参保登记试点地区的实践看，采取的方式以相关信息对比、基础数

---

[1] 《人力资源社会保障部关于实施"全民参保登记计划"的通知》（人社部发〔2014〕40号）。

[2] 《人力资源社会保障部办公厅关于全面实施全民参保登记工作的通知》（人社发〔2017〕28号）。

据采集为主，以入户调查为辅，与以往信息采集需要面对面地记录不同，此次更多地运用了现代信息手段，借助已有的信息平台来筛选未参保人员信息，比如，借助"金保工程"平台或一些智慧社区平台的数据进行对比分析，分析出重点的未参保人员后再进行真实直观的入户调查，最后完成参保登记。整个过程高效、快捷、准确，这些试点经验值得在全国推广。

在推进全民参保登记计划时，由于涉及的部门和平台各异，人社部需要充分利用公安、民政、计生、卫生、司法等部门的数据进行对比筛选，掌握未参保人员的准确资料，因此要和这些部门签订数据交换、使用方面的协议，建立起各部门间的协调机制，争取得到多部门的支持。有条件的地区还可以将参保登记与参保扩面同时进行，在对比分析一系列的数据后，掌握未参保人员的基本情况，将资料分类汇总，将未参保原因进行细化，分析出未参保人员适合参加哪一种养老保险，将资料发放给相关的社区工作人员或社保经办人员，在进一步入户调查核对信息时，同时做好积极动员的工作，动员未参保人员参加适合的养老保险，如果是中断缴费，则想办法帮助其恢复参保。参保登记和参保扩面工作同时进行，可以节省人力物力，提高工作效率。有些地区已经开始操作，取得了明显的成效，比如南京，"将经过比对确定的15.35万名社保关系暂时中断人员名单分解到各区，由各区组织开展续保扩面，带动全市五项保险参保净增44万人次"[1]。这种在前期试点中积累的好经验都值得在后期全面实施中推广、借鉴。

（二）放开户籍限制，让灵活就业人员自由参保

从灵活就业人员参加养老保险的条件来看，城乡居民养老保险有严格的户籍限制，各省区市基本都要求参保时回到户籍所在地。这和城乡居民养老保险需要各级政府补贴有关，不同省区市的补贴数额不同，经济发达地区地方补贴较高，经济欠发达地区地方补贴较低。拿上海市和吉林省来

---

[1] 《人力资源社会保障部相关负责人谈全民参保登记计划》，中央人民政府网，http://www.gov.cn/zhengce/2016-02/06/content_5040028.htm。

比较，上海市基础养老金 2018 年达到每月 930 元，全国最高。吉林省几次提高标准后，每月只有 103 元，补贴资金由各级政府分摊，分摊的比例也各不相同，而且在东部经济发达地区国家只负责一半的基础养老金，所以城乡居民养老保险和地方利益息息相关。灵活就业人员作为流动群体如果参加外地的城乡居民养老保险，相当于占用了当地的资源，所以灵活就业人员只能回户籍所在地参加城乡居民养老保险。城镇企业职工养老保险不存在政府补贴的问题，所以相对宽松，有的省区市没有户籍限制，完全放开，有的省区市要求本地户籍，有的省区市有行业等方面的要求。有学者对此做过总结，"从全国来看，对灵活就业人员的参保政策主要有四种：一是完全放开，以山西、吉林、四川、陕西、宁夏、新疆、西藏为代表；二是规定了灵活就业的农村转移人口不能按灵活就业人员的身份在当地参保，以湖南、贵州、云南、甘肃为代表；三是按户籍地限制参保，对本地户籍放开，不允许外地户籍的灵活就业农村转移人口参保，以福建、浙江、江苏、辽宁和广东部分地区为代表；四是按就业情况限制参保，允许在本地已就业或曾长期就业或在特定行业的灵活就业农村转移人口自愿参保，以上海、天津、黑龙江、河北、海南为代表"①。对户籍的限制造成了灵活就业人员参保的人为障碍，尤其是中低收入灵活就业人员，户籍所在地工作人员与其联系不上，参加城镇企业职工养老保险经济能力不足，参加城乡居民养老保险又有户籍的限制。所以放开户籍限制，打破地域限制，让灵活就业人员在就业地自由参保对养老保险扩大覆盖面工作意义重大。城镇企业职工养老保险没有政府补贴，可以完全放开户籍的限制，让有条件的灵活就业人员以个体身份参加，充实当地养老保险基金，让养老保险制度更具活力。城乡居民养老保险涉及不同层次、不同数额的政府补贴，情况比较复杂，经济欠发达地区政府补贴少、流动人口少，即使全部放开户籍限制影响也不会太大。经济发达地区政府补贴多，流动就业人口又多，全部放开恐怕地方财政承担不了。所以在经济欠发达地区可以全部放开户籍限制，让灵活就业人员在就业所在地参加城乡居民养老保险，国家相应加大支持力度，某一个城市外地参保人口如果超过一定比例，国家

---

① 孙涛：《灵活就业流动人口社会养老问题研究——基于四川、浙江的调研》，《西北师大学报》（社会科学版）2015 年第 3 期。

可有相应的倾斜政策，费随人走，人在哪里参保，补贴就跟到哪里，先放开经济欠发达地区城乡居民养老保险的参保条件，为全国推广积累经验。经济发达地区则需加快户籍制度改革，放宽积分的条件，为居住证赋予更多的权利，在本地居住达到一定年限的灵活就业人员可以参加当地城乡居民养老保险，到条件成熟时再全部放开户籍限制。

（三）增加缴费档次，完善激励机制，增强养老保险的制度吸引力

2019年之前，两大养老保险制度无论是在缴费水平上还是在激励机制上，都不能吸引灵活就业人员。从缴费水平来看，城乡居民养老保险每年缴费最低100元，最高3300元；城镇企业职工养老保险的缴纳最低是以上年度社会平均工资的40%为基数，最高是以上年度社会平均工资的300%为基数，更多的是60%～100%。从具体缴纳的金额来看，以吉林省为例，灵活就业人员需要缴纳的最低档金额为每年6000元，吉林省城镇企业职工养老保险的缴费最低档是以上年度社会平均工资的60%为基数，就算有些地区能够把基数降到40%，需要缴纳的绝对数目也超过每年5000元，城乡居民养老保险和城镇企业职工养老保险之间还存在一个3000～5000元的缴费空间。从2015年城乡居民收入和支出来看，城镇居民人均剩余近1万元，拿出3000～5000元缴纳养老保险是可以承受的，所以可以考虑将城镇企业职工养老保险的缴费基数下调至30%左右，同时把城乡居民养老保险的缴费档次上调至4000元左右，这样在缴纳金额上两大养老保险制度可以连接起来。具有4000元以下缴费能力的灵活就业人员可以选择城乡居民养老保险，具有4000元以上缴费能力的就可以选择城镇企业职工养老保险。增加缴费档次，灵活就业人员可以有更多的选择。

2019年《国务院办公厅关于印发降低社会保险费率综合方案的通知》明确提出，要"调整就业人员平均工资计算口径。各省应以本省城镇非私营单位就业人员平均工资和城镇私营单位就业人员平均工资加权计算的全口径城镇单位就业人员平均工资，核定社保个人缴费基数上下限，合理降低部分参保人员和企业的社保缴费基数……确保退休人员待遇水平平稳衔接。完善个体工商户和灵活就业人员缴费基数政策。个体工商户和灵活就业人员参加企业职工基本养老保险，可以在本省全口径城镇单位就业人员

平均工资的 60% 至 300% 之间选择适当的缴费基数"①。对个体工商户和灵活就业人员来说，调整之后费率下降，缴费档次增加，由原来的 5 档增加到 14 档，可选择的范围更广。从通化市按新标准颁布的缴费标准来看，费率下调后，每一档次的缴费额度相比之前都明显减少，缴费档次跨度很大，从 7000 多元到 36000 多元不等，缴费档次之间相差 2000 多元（见表 6-1），拉开档次的同时可以满足不同群体的需求，并且最高档以上可以实现与城镇企业职工养老保险的对接。

表 6-1 2019 年费率综合下降后通化市个体工商户和灵活就业人员养老保险缴费标准

单位：%，元

缴费档次	缴费金额
一档　60	7269.6
二档　80	9693.6
三档　100	12117.6
四档　110	13329.6
五档　120	14541.6
六档　140	16965.6
七档　160	19387.2
八档　180	21811.2
九档　200	24235.2
十档　220	26659.2
十一档　240	29083.2
十二档　260	31504.8
十三档　280	33928.8
十四档　300	36352.8

资料来源：通化市人社局。

增加缴费档次是从入口上吸引灵活就业人员，增强激励就要从出口想办法。目前两大养老保险制度在长缴、多缴方面激励不足，或者起到相反的作用，高档次缴费没有体现高收入，增加缴费年限也没有给付上的明显不同，导致多数人仅缴 15 年的费用，或等到将近退休时一次性补缴。要让参保人员长期缴费，可以考虑适当提高最低缴费年限，将目前缴费 15 年的

---

① 《国务院办公厅关于印发降低社会保险费率综合方案的通知》（国办发〔2019〕13 号）。

最低年限提高到 20 年，如果缴费达不到规定的年限，领取养老金时养老金就要打折扣。如果缴费年限超过 20 年，每多缴纳 1 年，养老金发放时就发一定的比例。目前城乡居民养老保险规定每多缴纳 1 年，养老金就增加 10 元钱。这个多发的数目不足以达到激励效果，最好能够按照养老金总额的百分比加发，并且多缴 5 年、多缴 10 年加发的比例应有显著提高。在缴费时间已达规定年限的前提下，如果想提前领取养老金，也可以，但是养老金要扣除一定的比例。美国在这一点上已经有很细致的规定：公式是每个月扣除养老金 1% 的 5/9，最高到 36 个月，然后按 1% 的 5/12 扣除。这样算下来，如果一个 65 岁才能领养老金的员工想要在 62 岁领，那么他只能得到 80% 的养老金；如果法定退休年龄在 66 岁的员工想要在 62 岁领取养老金，那只能得到 75%；67 岁退休想在 62 岁领，那么只能得到 70%。国外这样比较成熟的经验都可以借鉴，一方面，提高缴费年限有较大的奖励措施，一方面，提前退休有较严厉的惩罚措施，奖惩分明，可以激励符合条件的未参保人员尽早参保，尽量长期缴费。

（四）加大宣传力度，提高灵活就业人员参保意识

越是年轻越不参保，越是快领取养老金的参保的越多，这种逆向选择在两大养老保险体系中普遍存在，尤其是城乡居民养老保险，在制度成立之初满 60 岁的老人可以直接领取养老金，将近 60 岁的可以补缴，所以吸纳了一大批老年人，导致整个制度的抚养比严重偏小。城镇企业职工养老保险制度近些年领取养老金人数的增长速度要快于缴费人数的增长，所以参保结构老龄化的问题也较为严重。灵活就业人员整体比较年轻，从统计年鉴数据可以看到，16~39 岁城镇就业人员中，做雇员的占 58%，做家庭帮工的占 53.6%[①]，要把这一年轻群体纳入制度，对改变养老保险参保结构年龄老化的状况十分重要。不过年轻人能够想到养老问题的很少，除非在大企业或事业单位，单位为其参保，对于大多数灵活就业人员来说，生存是首要任务，参保是年纪大一些后才需要考虑的问题，灵活就业人员整体参保意识不强。要提高这部分群体的参保意识，在制度设计上，增加激

---

① 《中国劳动统计年鉴 2015》，中国统计出版社，2015。

励机制是必要的，同时，加大宣传力度，改变参保意识也十分重要。

灵活就业人员居住分散、就业不稳定、流动性强、交往范围小，尤其是从农村到城市打工的灵活就业人员，交往范围仅限于工作地或者老乡之间，对养老保险政策接触较少，而经办机构人员少，经费紧张，经办能力落后，主动宣讲政策的次数有限，导致有一些在城市打工的灵活就业人员不知道、没听说过养老保险政策。所以应加大宣传力度，引导符合条件的灵活就业人员参加养老保险。宣传力度可以通过两个渠道加大：社区和基层经办机构。社区是外地打工人员居住和生活的区域，社区居委会作为基层社会组织，是外地打工人员最容易接触到的组织，在沟通、了解流动人口状况方面是任何别的组织都无法相比的。目前省市社区的网格化管理做得很有成效，在网格化管理下每个小区每栋楼都有社区的管理人员，应充分利用这一管理优势，充分调动网格长、网格管理员的积极性，了解掌握灵活就业人员的参保情况，在社区多组织活动，聚拢社区居民，尤其是到城市打工的灵活就业人员，让他们在活动中有交流的机会，增强归属感，愿意在就业地定居、养老。基层经办机构应和社区紧密联系，和社区居委会一起，利用社区的场地设置宣传展板，或采用集中宣传、个别讲解的方式，让流动人员有机会了解养老保险政策，逐步将他们纳入养老保险制度。在城乡居民养老保险参保条件受户籍限制的情况下，也要让灵活就业人员了解参保程序，动员他们在户籍所在地参保，以解决户籍所在地经办机构找不到人，无法宣讲政策，就业地又不管的问题。宣讲政策，让灵活就业人员了解参保的权利义务，改变他们的参保意识，是提高灵活就业人员参保率的基础性工作，也是最终让灵活就业人员加入养老保险体系的前提。

三 保持去产能地区职工参保的持续性

去产能对养老保险领域最大的影响就是企业和职工中断缴费。在重化工领域产能全面过剩的情况下，去产能涉及的企业多、人员多。官方公布的仅钢铁、煤炭行业涉及的人员就达到180万人，如果再加上水泥、玻璃、电解铝等行业，预计涉及的人员会达到300万人，再加上与这些行业相关联的上下游产业，有学者测算造成的失业规模能达到 300 万~600 万人。[①]
从地区分布来看，过剩产能主要分布在东北、华北、西南等老工业集中的地区。这些地区共同的特征是经济发展长期依赖老工业，新兴工业也在发展，不过经济总量小，规模小，还不足以吸纳大规模去产能后的失业人口。本着对职工负责的态度，这一轮去产能并没有直接让职工下岗，而是采取了几方面的措施：培训之后转岗、内部安置、提前退养、公益性岗位承接。根据相关文件[②]，内部安置的职工在企业减产的情况下，采取放假、轮岗的办法保证不下岗，由企业发放基本生活费及缴纳养老保险费。还差 5 年就达到退休年龄的职工，可以选择提前退养，由企业发放生活费，生活费不低于当地最低生活保障标准，职工和企业共同承担缴纳养老保险费的责任，直到职工达到退休年龄。如果企业申请破产，那么对于有要求的职工，要预留出为职工缴纳的养老保险费和生活费，由当地政府代发、代缴，或者给予一次性经济补偿。公益性岗位由岗位接收单位负责缴纳养老保险费。转岗的职工则需要把养老保险关系转移到接收企业，转岗后灵活就业的则要按个体就业的身份参加城镇企业职工养老保险。

总的来看，这四条途径可以妥善安置职工并且使其养老保险达到可持续的状态。实际上在操作的过程中，大量职工的养老保险无法接续。为了尽可能减少这种情况的出现，中央和地方政府除了在安置就业方面采取积极措施外，在养老方面也想了许多办法，比如发放稳岗补贴、为吸纳去产能人员就业提供养老补贴等。但总的来看，支持的力度和途径与职工需要相比还远远不够，还需要在已有的政策上继续加大力度并寻找更多的解决办法。

（一）加大失业保险的作用

失业保险的主要功能是保障基本生活、预防失业、促进就业。在去产能导致大批职工需要转岗、待岗，养老保险面临断缴时，正是失业保险发

[①] 张杰、宋志刚：《供给侧结构性改革中"去产能"面临的困局、风险及对策》，《河北学刊》2016 年第 4 期。
[②] 《人力资源社会保障部国家发展改革委等五部门关于做好 2017 年化解钢铁煤炭行业过剩产能中职工安置工作的通知》（人社部发〔2017〕24 号）以及各地下发的相关文件。

挥作用的时候。能缴纳失业保险的职工基本都在就业相对稳定的企业中，这样的企业职工不会轻易失业，所以失业保险收缴的费用远高于发放的费用。从 2015 年看，参加失业保险的职工有 1.7 亿人，领取的有 227 万人，领取失业保险的仅占参保人员的 1.3%。年末基金累计结余超过 5000 亿元，全国所有省区市失业保险基金都处于富余状态。此次去产能虽然没有让大批职工直接下岗，但相当多的职工以待岗的形式留在原来的岗位上，在这种情况下，无论是对失业职工还是待岗职工都应该充分发挥失业保险金的作用。目前各级政府已经将失业保险金利用到去产能的过程中，一是 2016 年、2017 年连续两次阶段性下调失业保险费率，为企业和职工减负。通过 2016 年的调整，将 21 个省区市的失业保险费率调整到 1.5%。除河南和甘肃实行单位 1.2%、个人 0.3% 的费率标准外，其他 19 个省区市均为单位 1%、个人 0.5% 的费率标准。有 10 个省区市实行 1% 的费率标准：广东、北京为单位 0.8%、个人 0.2%；湖北、陕西为单位 0.7%、个人 0.3%；四川为单位 0.6%、个人 0.4%；江西、广西、湖南、重庆、青海为单位 0.5%、个人 0.5%。① 通过 2017 年的调整，将失业保险费率为 1.5% 的地区，全部降到 1%。虽然每次调整的幅度都不大，但每次调整对企业和职工来说都减轻了不少负担。以吉林省为例，2017 年吉林省将失业保险费率由 1.5%（单位费率 1%，个人费率 0.5%）整体下调 0.5 个百分点，降为 1%。其中，单位费率下调 0.3 个百分点，由 1% 降为 0.7%；个人费率下调 0.2 个百分点，由 0.5% 降为 0.3%。据当地人社部门测算，调整费率后，预计全年基金收入将由 17 亿元下降到 11.9 亿元，也就是说，下调 0.5 个百分点将减少基金收入 5.1 亿元，相当于为企业和个人减负 5.1 亿元，其中，企业减负 3.06 亿元，个人减负（相当于增加收入）2.04 亿元。② 这对企业和个人渡过难关起到一定作用。二是提高失业补助的标准，增强其缴费能力。仍以吉林省为例，2017 年在下调失业保险费率的同时提高失业保险金发放标准。提高前，失业保险金平均标准为 868 元，在此基础上提高 15%，分摊到个人，意味着每人每月多领取失业金 130 元，平均水平为 998 元，最高水平达到每月 1256 元，全省到 2016 年底共有

---

① 根据各地发布的政策整理。
② 吉林省人力资源和社会保障厅提供。

2.72万名领取失业金人员，全年支出达到3.26亿元。[①] 提高失业保险金发放标准，为转岗企业职工缴纳养老保险费提供了一定的经济基础。三是发挥失业保险金在稳岗补贴上的作用。发挥稳岗补贴在去产能中的作用始于2014年，实施范围主要是三类企业：兼并重组企业、化解产能过剩企业、淘汰落后产能企业。2015年，国家进一步扩大范围[②]，所有符合条件的企业都可以申请用于稳岗的失业保险金。目前各省区市都已进入实施阶段，将每年上缴的失业保险金返还50%给符合条件的去产能企业做稳岗补贴，稳岗补贴用于给职工发放基本生活费和缴纳养老保险费。稳岗补贴保证了企业能够为在岗职工缴纳养老保险费，对稳定养老保险收缴费用发挥了积极的作用。

从目前来看，失业保险金在企业去产能过程中已发挥了一定的作用，建议继续增强失业保险金的作用，在保证基金安全的情况下扩大受益面。降费率和提高失业保险金发放标准已经达到极限，有的省区市失业保险金已接近当地最低工资标准，在费率上单位和个人共承担1%，已经很低，没有再进一步操作的空间。不过在稳岗补贴方面，可以调整补贴方向，让稳岗补贴发挥更好的作用。建议加大将失业保险金用于稳岗补贴方面的力度，降低申请条件，调整使用方式。当初设立稳岗补贴主要是为了稳定就业，尽可能地减少裁员，所以在条件设置上，基本条件之一是把裁员控制在一定比例内，要求上年度没有裁员或裁员率低于城镇登记失业率。实际上与其让员工没有活干，处于待岗的状态，不如把稳岗补贴更多地用于帮助员工缴纳养老保险费上，让职工没有后顾之忧，大胆地、主动地从原有的企业"走出去"，找到新的工作，而不是仅仅依靠企业发放的基本生活费来维持生活。同时，企业也能真正减负，转型创新，走上发展之路。所以在发放稳岗补贴时，如果职工还在原企业，应将稳岗补贴用于支付职工的生活费和养老保险费。如果职工主动选择离开企业，应把应发放的生活费和应缴纳的养老保险费都折算成企业和职工应缴纳的养老保险费，一次

[①] 以上数据由吉林省人力资源和社会保障部门提供，各地区失业金标准不同：长春市区失业保险金标准调整为1256元/（人·月）；吉林市区失业保险金标准调整为1184元/（人·月）；四平、辽源、通化、白山、松原市区，延吉市、珲春市、前郭县的失业保险金标准调整为1035元/（人·月）；白城市区、长白山管委会、长春市九台区、白山市江源区及其他县（市）的失业保险金标准调整为960元/（人·月）。

[②] 《国务院关于进一步做好新形势下就业创业工作的意见》（国发〔2015〕23号）。

性为职工缴纳五年或十年，几年过去后，职工能在市场立足，也有能力缴纳剩下的养老保险费。这样既可以保证养老保险缴费不中断，又可以让职工安心创业。

（二）实行保险补贴政策，鼓励用工单位主动吸收去产能就业困难职工

社会保险补贴政策始于 2008 年，当年为了应对金融危机，促进就业，国务院下发了 5 号文件①，各类企业、政府开发的公益性岗位吸收就业困难群体并为其缴纳养老、医疗、失业保险费的，对企业缴纳部分，给予全额补贴，对从事灵活就业并缴纳社会保险费的就业困难群体，给予一定数量的保险补贴。补贴年限不超过三年，对还有五年就退休的灵活就业人员，可以补贴到退休。这个政策从 2008 年以来各地一直在执行，在大规模去产能之前，主要针对下岗失业人员、零就业家庭人员。在去产能之后，应在原有就业困难人群基础上，把社会保险补贴政策重点向去产能过程中的就业困难群体倾斜，这部分职工和 20 世纪末下岗潮时的下岗职工有共同的特征：年龄偏大、技能不高、自主创业精神不强、不愿离开本地就业。如果以年龄划分，那么仍然集中在"40、50"或"45、55"群体中。对这部分群体的就业和参加社会保险应从两方面积极推动：一方面，给企业补贴政策，让企业愿意接收；另一方面，给个人补贴，让个人有钱缴纳社会保险。有企业接收这部分就业困难群体，那么就要补贴给企业社会保险，相当于替企业承担为就业困难群体缴纳保险的费用，推动企业积极主动地接纳这部分群体就业。就业困难群体由于父母、孩子等家庭上或社会关系网等方面原因，往往不愿意离开本地就业，而本地经济发展又不是太好，正规就业岗位少，所以只能选择灵活就业。如果就业困难群体选择灵活就业，那么更要加大保险补贴的力度，要鼓励灵活就业人员缴纳社会保险费，政府给予高数额的补贴，以此鼓励在企业去产能过程中的转岗人员继续缴纳保险费，尽量避免中间断缴。由于灵活就业人员缴纳社会保险费需要负担个人缴纳和企业缴纳的两部分费用，每年需要缴纳的费用较高，所以建议提高补贴，补贴至少达到当年总费用的 1/2 或 2/3，或者在三年的

---

① 《国务院关于做好促进就业工作的通知》（国发〔2008〕5 号）。

补贴期限内，可以采取递减的方式，第一年全额补贴，第二年补贴当年总费用的 2/3，第三年补贴当年总费用的 1/2，使灵活就业的转岗职工有个缓冲期，如果过了缓冲期就业和收入情况还不容乐观，建议适当延长补贴期限。目前从各地实施的情况看，缴费方式基本是先缴后补，这个方式可以使补贴有依据并且避免个人或企业欠缴，不过这种缴费方式会让灵活就业人员比较为难，尤其是年缴费，一次性拿出 5000 元以上的费用，一部分人会无法承担，因此可考虑先计算补贴的金额，待灵活就业人员缴纳完个人应负担的费用后，再把补贴的资金一次性缴纳到社会保险基金中，以此减轻个人的缴费压力。

（三）鼓励生活困难群体贴息贷款参加养老保险政策

贷款缴纳养老保险费，利息由政府补贴，这一政策可以帮助因企业破产而下岗，生活困难无法接续养老保险费的职工继续参保。这一政策 2007 年在吉林长春实行，所涉范围先是国有企业，之后扩展到集体企业和低保户，长春取得比较明显的效果后，吉林省其他一些城市也开始推广。2014 年以后，陆续有一些城市开始实施生活困难人员贷款缴纳养老保险费的措施，比如柳州、洛阳、安阳等城市，从全国看，这一措施并没有大范围实行，仅限于个别城市。全国相关企业去产能后，无法连续缴纳养老保险费的下岗职工增多，在这种情况下，建议大力推广政府贴息贷款助保的办法，帮助生活困难无力缴纳养老保险费的职工垫付费用，等领取养老金时再按月扣除贷款的本金。在具体办法上，可以总结现有几个城市的措施，把好的经验归纳到一起再进行扩面实施。在实施范围上，侧重于因去产能导致企业停产、破产，而与企业解除劳动关系、以前参加过至少五年城镇企业职工养老保险，转岗后以个体身份参加城镇企业职工养老保险的人员。还有个条件是生活困难，无力缴纳养老保险费。关于生活困难的标准，柳州出台的政策规定得比较详细，明确界定为九种，可以作为参考，包括夫妻双方均失业的生活困难人员、抚养未成年子女的单亲家庭失业人员、"零就业"家庭人员、享受城镇居民最低生活保障的失业人员、刑释解教等有特殊困难难以实现就业的其他生活困难失业人员、低收入家庭成员；生活有困难的重度残疾人员；经劳动能力鉴定委员会鉴定为"完全或大部分丧失劳动能力"的生活困难人员；无子女的生活困难人员。①

各地可以依据本地去产能企业生活困难职工情况进行进一步界定。在贷款额度方面，可以选择中低档缴费水平，为保证安全，本人每年也要缴纳一定额度（500~1000元），其余部分再办理贴息贷款。贷款分为两个阶段，按长春市的规定②，叫宽限期和还款期，贷款到还款之日叫宽限期，还款之日到还款结束叫还款期，目前已经实行这一政策的城市基本规定这两个阶段相加不能超过12年，其中还款期要比宽限期长几年。各地区可以根据困难群体的实际情况以及资金的安全评估情况，规定这一期限。在政府贴息方面，目前多数地区政府只负责宽限期的利息，还款期的利息由借款人负责，在资金充裕地区可考虑还款期的利息也由政府承担，毕竟生活困难群体选择的都是最低档次缴费，养老金也是最低养老收入，从养老收入中扣除本金，所剩不多。在贷款偿还方面，借款人办理完贷款手续，并且缴纳完个人应缴的部分后，银行会把贷款打入个人账户，等借款人达到领取养老金的年龄后，银行会直接扣除一部分养老金用于还贷，其余的部分作为养老金发放。如果借款人在借款期间办理转移手续，那么养老保险要在还清贷款后才能转移。通过政府补贴贷款的方式，可以最大限度地帮助生活困难、灵活就业人员接续养老保险关系，把因经济能力中断缴费的风险降到最低。

（四）多方筹措经费，保障去产能企业职工缴纳社会保险费

去产能的职工安置需要大量的经费，中央虽已安排1000亿元资金，职工安置费用中的基本生活费、社会保险费、经济补偿费、拖欠的工资、社保、转岗的培训费等，需要的资金数额庞大，其中，基本生活费和经济补偿是急需的，这两项费用支出后，地方极有可能没有多余的经费帮助下岗职工缴纳社会保险费。国有企业职工还好些，因为中央在经费支出中明确提出主要用于国有企业职工的安置，大量民营企业，也需要去产能，民企职工安置力度会小，同样，在支付经济补偿后，社会保险会无暇顾及。

---

① 《柳州市生活困难灵活就业人员享受政府贴息助保贷款暂行办法》。
② 《长春市生活困难人员接续养老保险关系政府贴息贷款暂行办法》（长府办发〔2007〕52号）。

中央安排的资金仅仅是启动资金，更多的资金还需要各地自行筹措。在这种情况下，应充分调动多方热情，共同筹资，除中央发放、地方配套的专项奖补资金外，应通过多种渠道再筹措资金，主要用于帮助下岗、待岗、转岗生活困难职工缴纳社会保险费。为此，可以动员各省区市的总工会利用工会经费为有需要的职工提供帮助并减免生活困难职工的工会经费；动员慈善机构开展捐赠活动，实行一对一包保；引导企业家承担社会责任，主动为去产能企业想办法；动员生产经营效益好的企业缴纳互助金，用于帮助压减产能的企业渡过难关。目前河北省已经开始实行互助金的办法，不过互助金是在产企业筹措的，具体做法是不去产能的企业要拿出一部分资金支持去产能的企业。这一措施比较见成效的是武安市，"该市让16家钢企根据各自承担的任务数，按每万吨铁、钢产能各100万元的标准，缴纳钢铁产能指标置换交易金……利用这笔交易金，武安建起全国首个县级钢铁产能指标交易平台。市场竞争力强、效益好的企业，在保证装备都为优势产能（450立方米以上高炉、40吨以上转炉）的前提下，上缴交易金，便可以将压减任务转移给其他企业；市场竞争力弱、效益差的企业，因缴不起交易金，只能被动承担压减任务，但能获得相应补偿"[①]。这一方法取得了比较好的效果，可以借鉴武安市的做法，把缴纳互助金的企业范围扩大，动员经济效益好的企业加入，形成长期互助金，待去产能结束后，这笔互助金仍可用于返还经营一时出现困难的企业相关费用。比如，湖南省向直接关闭矿井的企业返还其采矿权价款和地质环境治理备用金，重庆市返还退出矿井闲置土地的资金，支出部分福利彩券用于帮助去产能企业职工。总之，除中央和地方的专项资金外，地方还需通过多种渠道筹措资金，为去产能职工的长远生活考虑。这部分资金要用到最基本的养老和医疗保险领域，帮助职工保持基本社会保险不中断，最好能为生活困难职工趸缴至法定退休年龄，解除职工的后顾之忧。

四 推进机关事业单位养老保险并轨进程

机关事业单位养老保险从2014年开始并轨，2015年国务院发布2号

[①] 《武安建起全国首个县级钢铁产能指标交易平台》，新华网，2017年1月15日，http://www.he.xinhuanet.com/sToutiao/20170115/3622160_c.html。

文件决定对机关事业单位养老保险进行改革后，2016年各地陆续发布了改革方案，2018年底全国各地的改革方案均已出台。在这期间完成了机关事业单位的工资调整，在调整工资的同时扣除了一定的费用作为机关事业单位养老保险并轨的个人账户资金，为并轨提供了前期成本。之后进入操作之前的准备阶段，开始建立数据库、收录个人信息、整理并轨涵盖的人群等工作。2019年，并轨方案已开始实施。整体来看，机关事业单位养老保险并轨工作有长足进展，但改革仍处于进行中，尚未完成。原因在于机关事业单位前期分类改革、人事制度改革没有全部完成，其中的利益牵扯直接影响到后期养老保险并轨的进展和一部分职工最后的归属。机关事业单位养老保险和城镇企业职工养老保险并轨意味着要改变机关事业单位原来由财政供养的养老制度，将其与城镇企业职工养老保险制度合并成一种模式，即"统筹+账户"，统筹部分由单位负责缴纳，个人账户部分由个人负责缴纳，但基金是独立运行的，而且机关事业单位养老保险并轨后还要强制设立职业年金，以保证并轨后职工收入不下降。从这点看，此次改革后机关事业单位和城镇企业职工养老保险还存在一定区别，正是由于这种区别，单位和职工不愿意脱离机关事业单位的行列。机关事业单位并轨后需要缴纳20%的基本养老保险费和8%的职业年金，两部分费用加起来占工资总额的28%，远远超过企业需要承担的费用，这笔费用从哪儿出和机关事业单位性质息息相关。机关较为简单，全部由财政负责。事业单位的情况较为复杂，内部分为三类，并轨后统筹账户的资金来源各不相同：公益一类事业单位由财政完全负责统筹账户的缴费；公益二类事业单位是财政和单位共同负担；三类事业单位要转变成企业，由单位独自负担职工统筹账户部分的缴费。分类改革没完成，有些二类、三类性质的事业单位还没有明确其属性，直接影响到并轨后的缴费以及职业年金等问题。而人事制度改革没完成直接影响职工切身利益，本次养老保险并轨是以编制为基础进行的，在编职工才能以机关事业单位职工的身份参加养老保险，不在编的职工直接纳入城镇企业职工养老保险或以个体身份加入城镇企业职工养老保险。目前在机关事业单位工作的职工有4000多万人，以在编身份参加养老保险的仅有2000多万人，近一半没有编制的职工不能以机关事业单位职工的身份并轨，意味着这部分职工社会统筹部分的缴费以及职业年金需要单位负担，一部分经济效益不好的单位会负担不起，从而中断这部分员工的养老保险，或不建立职业年金，从而使这部分职工利益受损。国家要求机关事业单位养老保险并轨的同时进行基金市场化操作，以此提高基金的投资效益，从而发挥保值增值的作用，而且中央已下发了基金入市的文件，但各地实施方案没有同步跟进，主要原因在于基金操作没有经验，信息系统合并存在技术障碍，导致已存入账户的基金无法尽快入市。

总的来看，前期改革留下的"尾巴"使后期养老保险并轨难以顺畅进行，前期改革的遗留问题会延续到后期养老保险并轨中，前期没有解决的技术难题会影响后期的进展，所以如何扩大覆盖面、保证公平性、解决技术难题是机关事业单位养老保险并轨需要解决的几个重要问题。

（一）尽快完成事业分类改革

按照国务院的部署，事业单位分类改革从2011年起步，到2015年完成，之后进入事业单位改革的第二步：管理体制和运行机制改革。第二步的改革预计到2020年完成。不过第一步改革到2017年也没有完成，改革中遇到诸多问题，核心问题就是事业单位想留在体制内，享受财政拨款。概括来说，事业单位分类改革有三方面的阻碍：从政策上来说，分类标准不明晰，使事业单位有了选择的余地；从主观意愿上来说，事业单位不愿改革、地方政府动力不足；从发展前景来说，有些事业单位虽然经营性质明显，但经营能力有限，改变单位性质后，生存有困难。通过前期的清理整顿，各地容易分类的基本都已完成，剩下的都是难改但还必须要改的，要想推动事业单位分类改革，就要从三大阻碍入手，对症下药。

第一，明确分类的标准和界限。由于分类标准模糊而产生的争议有两方面：一是公益性事业单位和生产经营性企业之间的界限；二是公益二类事业单位和公益一类事业单位、公益二类事业单位和生产经营性企业之间的区分。在现有的文件中，仅有笼统的划分。建议在原有文件基础上，进一步细化和规范分类标准，在全面掌握事业单位业务范畴下，将属于经营开发活动的业务尽可能详细地列出，比如有经营开发性质的培训、新闻、科研开发；从事市场有偿中介服务的评估、认证、咨询、检测检验、勘察设计等；直接与企业相关，技术研究成果转化后可以获得相应经济回报的科研机构；通过市场化方式生产和供给的服务，如公共设施管理、公共事业作业等。还可以通过经营类收入占比来区分，经营类收入达到单位全部收入一定比例的，可划为企业。对有经营性质但从事基础公共服务，无法得到相应经济回报的单位，则要剥离，仍列为事业单位。对于公益二类和一类事业单位的划分也一样，进一步界定标准，以公益性为标准比较模糊，不易操作，建议仍以盈利多少及编外聘用人员的多少作为划分标准，编外人员已占1/3或1/2以上，盈利占总收入的1/2以上，就可以划分为公益二类事业单位，同时将公益二类事业单位中有公益属性的部分分开，由财政负责。

第二，中央再次下发文件，明确有生产经营性质、有市场生存能力的单位转为企业。2000年前后，中央曾下发一些文件[1]，明确提出一些有经营性质的事业单位要向企业转制，逐渐脱离原部门，但至今还未进入操作阶段。这些单位主要包括和政府有一定隶属关系的单位，如各级宾馆，属于中直驻省级所属事业单位，如各类勘探业（地质、工程等）、技术开发类科研机构，如建设部、铁道部、交通部、信息产业部、药品监管局等部门所属技术开发类科研机构，国土资源部等部门所属公益类研究和应用开发并存的科研机构等。当年下发的文件距今已近20年，相关单位仍没有从事业单位转变为企业，但其又有明显的经营性质，对这种情况，中央应再下发文件，明确已认定转企但尚未调整到位的，以及还没认定但经营性质明显的事业单位要转成企业，并规定转制时间，制定转企改制工作方案。对符合转企条件的中直驻省级所属事业单位，要参照国际通行的模式改造成现代企业，按相关规定做好资产清查、评估，核实资产和债务，在管理上应归地方的要及时移交地方管理。地方政府所属经营性单位，要尽快脱离和政府的关系，实行企业化经营，政府需要服务也要按市场规则购买服务。符合条件的事业单位一律转成企业，对在市场中没有发展前景或转企后无法生存的单位，予以撤销或整合，打断地方政府及事业单位等待、观望、攀比的状态。转企后尽快注销事业单位法人，核销事业编制。

第三，政府出台扶持政策，多方面鼓励符合条件的事业单位转为企业

---

[1] 《国务院办公厅关于印发地质勘查队伍管理体制改革方案的通知》（国办发〔1999〕37号）；《国务院办公厅转发建设部等部门关于工程勘察设计单位体制改革的若干意见的通知》（国办发〔1999〕101号）；《国务院办公厅转发科技部等部门关于深科研机构管理体制改革实施意见的通知》（国办发〔2000〕38号）。

经营。在税收方面,对转企业的单位5年内实行税收减免政策,降低其进入市场的经济压力。在职工养老上,从中央出台政策之日起,之前参加工作的职工按机关事业单位职工养老保险并轨方法参加养老保险,由各级财政负担这部分职工的统筹账户资金,职工原来的连续工龄视为缴费年限,改企前退休的人员养老金按原办法计发,改企前参加工作改企后退休的按并轨后的办法执行。改企后的职工则全部纳入城镇企业职工养老保险,由企业负责统筹部分的缴费。也就是说,改企前的职工养老由财政负责,改企后的职工养老由企业负责,个人承担并轨后应承担的缴费。这样做的好处是,一方面可以减轻事业单位转成企业的经济压力,另一方面不影响机关事业单位养老保险并轨的进程。在培训方面,对不善经营的单位给予现代企业制度方面的培训,使其了解市场规则和管理办法,积极按照市场规则开展多种经营和创收,提高经济效益。对安置不了的富余人员,要做好就业培训工作,使其掌握一定技能,有转岗的机会。

(二)尽快明确编制改革中的养老问题

加快由编制管理向岗位管理的改革步伐,在划分公益二类事业的同时明确其编制管理问题,在目前已经确定要划分成公益二类事业单位的医院、高校,尽快总结、推广北京、深圳的经验。按深圳2015年公立医院人事制度改革的经验[①],将公立医院的编制全部取消,不再实行编制管理,所有人员均实行合同制,薪酬分配、晋升、考评等不以编制为基础。为保持公益性,政府划拨经费以GDP及卫生总费用做参考,按比例划拨。这一改革比较彻底,打破了因编制不同而形成的保险、福利方面的差异,所有职工都在一个平台上参加养老保险,解决了职工以何种编制身份参加养老保险的难题,为并轨的顺畅实施提供了条件。以先行探索地区的医院、高校为突破口,逐步扩大试点地区和单位,政府以招标等形式向公益二类事业单位购买服务,以保证其公益性部分的正常运转,完成公益二类事业编制改革,使不同编制人员平等地参加养老保险。对于养老保险并轨先于编制改革的单位,按目前的办法,以并轨时单位性质参加养老保险,改革完

---

① 《深圳公立医院人事制度综合配套改革指导方案》,2015年5月。

成后再转换，编内和编外职工参保的差别在于编内职工以机关事业单位职工的身份参加养老保险，有职业年金，而编外职工需参加城镇企业职工养老保险，这部分职工有可能没有职业年金，到退休时领取的退休金和编内职工会有一定差距。要改变由编制不同引起的养老金的不同，需要采取强制性措施，没有完成编制改革的机关事业单位在建立职业年金时必须把编外职工统一纳入，所需经费由原单位按原渠道自行筹措。确实没有能力承担的单位，并轨之日之前参加工作的编外职工养老金的差额部分由财政承担，不能使改革中的个人利益受损，从而使职工愿意改革。养老保险并轨中和编制相关的问题还涉及公益一类事业单位中的编外人员以及公益二类事业单位中因效益不好而中断缴费的人员。公益一类事业单位原有编外人员基本参加了城镇企业职工养老保险，在编制改革中，要将基础服务类人员的聘用方式逐步改为劳务派遣方式，由劳务派遣公司来为这些人员缴纳五险一金。中断缴费的单位基本属于公益二类事业单位或改征事业单位，要乘养老保险并轨之时，敦促原单位为职工补缴所拖欠的养老保险费。市场竞争力差、发展前景不乐观的单位，可以在事业单位分类改革时撤并或冻结编制。所涉及的职工，符合退休条件的补缴拖欠养老保险费后可办理提前退休，退休待遇仍按原来的标准执行；不符合退休条件的则补缴欠费后纳入城镇企业职工养老保险，其间应由单位补缴的费用，撤并的单位从变卖的资产中扣除，冻结编制等待转企的单位则由原单位想办法补缴，使职工能平稳地参加养老保险并轨。在把事业单位不同编制的职工都纳入养老保险制度的同时，鼓励有条件的企业实行企业年金制度，缩小因年金而造成的企业和机关事业单位职工养老金的差距。

（三）解决信息系统互联互通的难题

虽然在政府的重视下，各地通过建立统一的"金保工程"在一定程度上使信息化的问题得到缓解，但是由于养老保险涉及的人群复杂，个人变化的信息不能及时更新，不同业务、不同部门之间信息无法共享。各地信息化建设的基础不同，尤其是农村，数据不完整也不规范，有些地区"甚至停留在手写录入，尚未建立系统"①，所以要实现信息系统的互联互通还有很长一段路要走。最关键的就是如何建立统一标准的数据库，有统一标准的数据库才能实现将来的数据分析、处理和服务。由于数据库长期以来都是各级地方政府自行投入资金建设，各自有各自的标准和口径，水平各不相同，要想将这些局域网对接，主要存在三方面的困难。一是录入的信息标准各不相同。各地录入信息的起始年份不同，信息范围各异，有的地区个人信息采集的范围广，有的地区很简单，而且在标准上不同，业务数据和统计数据不一致的情况时有发生，地区间使用的专业术语也有所不同，加大了对接的难度和工作量。二是缺乏专业的技术人才。社保信息化建设人员不仅要懂技术，还要懂业务，复合型人才欠缺。三是技术要求高。目前的信息化运作有的是社保部门自己运作，有的委托给第三方运作，软件开发上多头开发，要把不同的新老软件对接存在升级、维护等方面的难题。所以要解决信息系统建设方面的难题需要从多方面入手，多部门共同协作。社保信息化建设的最终目标是建立国家级的、统一的、涵纳多种保险、信息结构一致的数据库，利用该数据库，打破"信息孤岛"格局，实现大数据分析。信息集中存储，各省区市间社保信息都可以互联互通，不同险种的社保信息数据可以共享，社保信息系统与公安、税务、民政等信息系统可以互通，收集一次数据，相关部门都可使用，避免重复劳动、提高工作效率、方便查询。不过由于社保信息的数据量较大、存储时间较长、使用频率较高等特点，这一目标在技术上要求很高，需要整合现有的局域系统并且要有跨区域的基础架构，而且行业间、地区间的信息整合也需要总体谋篇布局和顶层规划，没有中央的政策和资金方面的支持无法完成。技术的开发，地区间、行业间的协调也不是短时间内能完成的，所以这一目标只能是长远的最终目标。

目前可以做一些基础工作，为建立全国统一数据库创造条件。一是要将现有的信息系统进行改造升级，把还没纳入信息系统建设的农村纳入，而且数据要向上集中，从县、乡、镇逐步集中到省、市，改善目前信息系统分散建设、维护不足的问题，为养老保险领域的新变化提供支撑。在信息向上集中的过程中，要统一信息的口径和标准，争取在信息集中到省一

---

① 《社保信息化：以技术和理念解决信息孤岛问题》，《经济观察报》2016年12月21日。

级时，有统一的时间、信息范围、专业术语，与业务数据及其他行业的数据相协调，为更高层次的集中创造条件。在此过程中，以前没有录入的、残缺的信息，要组织人员进行采集、补录，人员信息有变化的，要及时变更信息，做到源头数据的准确、全面、及时。二是要注重对复合型人才的培养。组建一支专门的人才队伍，负责信息化的各项事务，包括规划、应用、监管、系统的改造升级等与信息化有关的事务。对这一支队伍加强培训，系统培训社保业务及计算机业务，采用集中学习、考察交流等多种方式，在最短的时间内培养出相应的人才，保证信息化建设的快速推进。三是加大技术开发力度。无论是对现有的系统进行升级改造，还是要建立一个整合的系统，都离不开技术的支撑，所以需要加大技术开发力度。可以在这一过程中引入社会力量、社会资本，由社会力量开发技术，由需要的部门来购买或合作开发，以提高效率，更好地解决技术上的难题。四是加大投入。建设信息系统，前期的数据采集、补录，后期的数据分析、对比、核实，以及系统的维护、运营、升级、技术开发等在人力、物力方面都需要庞大的资金投入。在经济发达地区，地方政府投入较多，经济欠发达地区则地方政府投入较少，信息化建设也相对落后，建议中央政府适当加大投入，尤其是扶持经济欠发达地区尽量加快信息向上集中的速度，为社保方面的相关改革提供基础支撑。

五　提高基金统筹层次，结束碎片化的统筹局面

提高基金统筹层次，是养老保险制度整合的重中之重。提高统筹层次的努力，国家从20世纪90年代初就开始了，政策设计之初想从县市统筹过渡到省级统筹再实现全国统筹。不过至今完全实现省级统筹的省份不超过十个，大部分省份是以省级调剂金的形式来实现省级统筹的，实际上基金从收缴、管理到使用还是散落在各个县市。这为养老保险制度整合以及体系建设带来了许多问题：无法有效解决劳动力地区间流动时保险关系转移衔接的问题，虽然不断出台、修订原有政策，以解决劳动力跨地区转移时养老保险"便携性损失"问题，但至今也没有完全解决，这不仅影响流动群体参加养老保险的积极性，同时对劳动力跨地区流动造成一定的阻碍；无法提高整体抗风险能力，养老保险基金收不抵支的省份逐渐增多，

政府补贴负担加重，另外，基金结余向少数省份集中的趋势越发严重，养老保险基金无法充分发挥蓄水池的作用；经济欠发达地区劳动力源源不断地涌向经济发达地区，为当地提供养老缴费，优化了当地养老抚养结构，基金大量结余，企业可以不断降低养老保险的缴费比例，竞争力不断提高，而经济欠发达地区正相反，年轻人离开本地，缴费职工持续减少，养老结构不断老化，企业负担沉重，竞争力不强，造成地区间经济社会发展环境的不公。虽然中央已出台相关政策，鼓励养老保险基金投入市场，多渠道投资，但散落在各县市的基金无法有效集中进行投资，从而使基金保值增值困难。要解决上述问题，必须提高统筹层次至全国统筹。

2018年之前，学界对实现全国统筹进行了大讨论，认为实现全国统筹的路径主要有两个。一是实现真正意义上的统收统支、垂直管理式的全国统筹，不过难度较大。二是与省级调剂金方式一样，从各省区市调剂一定比例的养老资金，形成全国调剂金，用以填补收不抵支省份的亏空。这种形式比较容易操作，但随着收不抵支省份的增多，这笔调剂金也最终会不够调剂，而且调剂金也无法改变基金散落在各县市的局面。如何实现全国统筹，学界提出了两种思路。一是在现有制度基础上加强政府补贴，从而实现全国统筹。在政府承担多大的补贴力度及在何种层面上承担补贴责任上，郑功成认为要在剥离历史欠账基础上固化国家财政补贴责任，历史欠账用国有资产及财政性资金来弥补，将新制度和旧制度责任划分清楚后，按中央和各级政府各负担10%的比例，补贴养老收支缺口，并将分担比例固定。[1] 穆怀中等人设计了分层平均统筹和分比例统筹，认为分层平均统筹在2035年前后会出现缺口，分比例统筹出现收支缺口则会晚几年。[2] 二是改变现有制度结构，多设几个养老层次，把基础养老金替代率降低，从而在低水平上实现统筹，发挥地方附加养老金和职业年金的作用，从而实现统一性和差异性。[3]

---

[1] 郑功成：《从地区分割到全国统筹——中国职工基本养老保险制度深化改革的必由之路》，《中国人民大学学报》2015年第3期。
[2] 穆怀中等：《基于财政支付适度水平的养老保险全国统筹路径选择》，《城市发展研究》2016年第12期。
[3] 肖严华：《21世纪中国人口老龄化与养老保险个人账户改革——兼谈"十二五"实现基础养老金全国统筹的政策选择》，《上海经济研究》2011年第12期；龚秀全：《中国基本养老保险全国统筹的制度转换成本与路径研究》，《人口与经济》2007年第6期。

2018年,《国务院关于建立企业职工基本养老保险基金中央调剂制度的通知》(国发〔2018〕18号)下发,明确提出"建立养老保险基金中央调剂制度,作为实现养老保险全国统筹的第一步。加快统一养老保险政策、明确各级政府责任、理顺基金管理体制、健全激励约束机制,不断加大调剂力度,尽快实现养老保险全国统筹"。显示了中央要实现全国统筹的决心,并且确定实现路径分两步走:先实行调剂金制度;后实现统收统支。2019年4月,国务院办公厅印发《降低社会保险费率综合方案》,提出"各省要结合降低养老保险单位缴费比例、调整社保缴费基数政策等措施,加快推进企业职工基本养老保险省级统筹,逐步统一养老保险参保缴费、单位及个人缴费基数核定办法等政策,2020年底前实现企业职工基本养老保险基金省级统收统支"。这两个文件的出台,为中国养老保险基金统筹确立了方向,为实现省级统筹奠定了基础,制订了时间表。中央调剂制度2018年6月发布,7月就开始实行,各省区市按3%的比例上解,调剂金规模达到4000多亿元,极大地缓解了养老保险基金当期收不抵支省份的压力,扭转了累计结余为负数的省份的基金状况,东北三省获益额最多,在70亿元以上,起到了较强的再分配效应。2019年调剂金按3.5%的比例上解,预计规模能超过7000亿元,会进一步缓解财政支付压力,缓解地区支付压力。

实现省级统筹是前提条件,而最终实现统收统支式的全国统筹还有三个关键问题:如何在平衡全国基金的同时还能不伤害地方利益;在原本财权、事权不对等的状态下,财权再次上移后事权如何划分,才能保证地方积极落实中央的政策;在地方经济发展水平差距巨大的情况下,基金收缴、发放的标准如何制订,才能既体现共性又体现差异性。

(一)实现全国统筹的两种方案

建议在将养老保险基金地方统筹提升到国家统筹时采取两种方案。

1. 方案一:深度调整

改变目前养老保险第一、第二、第三支柱结构,其养老金替代率分别调整为25%、25%、20%,其中第一支柱由"国家+个人"或"企业+个人"负责缴费,第二支柱由"企业+各级政府+个人"负责缴费,第三支柱由个人保险组成，企业或政府自愿补贴。三支柱加起来养老替代率为70%或更高，与现在50%~80%的替代率相比没有大的改变，对经济欠发达地区来说养老金替代率会相对提高，对经济发达地区来说会根据当地的发展水平有所提升。对养老保险体系来说，养老保险结构由单一依赖一种养老保险变为三支柱结构，风险分散，整体抗风险能力会有所提高。在责任分担层面也体现出国家、各级政府、企业、个人的作用。在养老保险基金统筹层次方面，国家级统筹主要体现在第一支柱，在这一支柱的统筹资金全部归中央，国家或企业缴费进入统筹账户。如果由国家来支付第一支柱的养老金，那么发放标准一致，这一支柱可看作国民基础养老金，统筹账户资金不必打入地方，而是在职工退休时由国家统一发放。如果第一支柱的统筹部分由企业负责缴费，则费率按全国上年度在岗职工平均工资的10%缴纳，2019年之前各地企业的费率为10%~20%，10%是最低费率，将最低费率作为全国费率不会引起较大反响，2019年费率下调后，全国大多数企业缴纳的费率均为16%，而部分经济发达地区则低于16%，实际费率为10%左右，第一支柱的替代率下降后，费率整体下调到10%对基金收入的冲击不大，可以平稳过渡。第二和第三支柱缴费以地方政府和企业为主，所以统筹仍留在地方，以体现地方差异。第一支柱的发放体现的是公平，所以在统筹账户方面各地没有差别，发放标准也就没有差异，按照缴费水平，各地一致。第一支柱中的个人账户按地方上年度全国在岗职工平均工资的一定百分比缴纳，存入个人账户，同样由中央统一管理，个人账户资金上移的好处是资金集中后可以统一进行市场化运营，改变目前保值增值困难的状况，有较好的分红，可以刺激职工多缴纳。按全国在岗职工平均工资来缴费，对于一些经济欠发达地区来说，职工缴费比例实际上提升了，但是多缴费后分红也高了，会使职工更愿意接受新的缴费方式，有利于改革的顺利推进。第二支柱主要责任在地方政府和企业，这一支柱可以把现有的企业年金纳入，并以法律的形式规定企业必须为职工设立企业年金，这一年金可以由企业自愿全部缴纳，也可以由企业和个人分摊，地方政府以减免税收或补贴的方式提供引导和支持。第三支柱是个人自愿参加一些由政府提供的保险或投资，企业也可自愿提供资金支持。第三支柱不是单纯的商业保险或个人投资，政府要负担选择投资项目、保证投资安全等方面的责任，使第三支柱的资金投入后能有一定的分红，职工愿意加入,从而提高职工在退休时的收入。

深度调整是一个长期过程,会促进养老保险体系的可持续、健康发展,由于替代率由不同的支柱来分担,基础统筹层次提高到全国统筹阻力不会太大,但由于需要第二、第三支柱的配合以及法律强制措施的出台,短时间内无法调整到位,方案一可以作为长远目标。

2. 方案二:省级统筹基础上实现全国统筹

随着《降低社会保险费率综合方案》的出台以及实现省级统筹时间表的确定,实现全国统筹已具备了条件和基础,可以在养老保险结构不变的情况下将各地区养老保险基金统筹到中央。需要解决三个问题:是否将各地所有结余基金都提到中央;养老保险基金全国统筹后,缴费比例如何确定;养老金发放额度如何确定。在解决第一个问题时需要将养老保险基金结余的个人账户和社会统筹账户区分开。历史欠账的存在是养老保险基金收不抵支的一个重要原因,在实行"统筹+个人"账户之初,有些"老人"和"中人"没有缴费积累,但也"视同缴费年限",视同缴费的资金本应当时就由各级财政补足,不过当时没有立即补足,而是期望随着时间的推移逐步化解,以至于等到这些人陆续达到退休年龄时,统筹以及个人账户没有缴费或缴费不足,只好从当期收缴的账户中支付,致使统筹和个人账户虽然有两个账户,但混合使用,有些个人账户长期空账运营,相当于用下一代职工缴纳的养老保险费供养上一代没有积累的职工。所以要提高统筹层次至全国统筹,首先就要清理历史欠账,做实个人账户,将个人账户资金从统筹账户中分离出去,使两个账户真正做到收支独立。做实个人账户所需的资金从各地结余基金中扣除,不够的部分由全国社保基金补足。清算完历史欠账后形成账目清晰的统筹和个人账户,在此基础上将各地剩余基金的80%上移到中央,之所以设定80%,是因为在近十年的养老保险基金收入中有80%左右属于征缴收入,剩下的20%是各级政府的补贴。在经济发达地区,企业为职工缴纳养老保险费可以得到地方政府的配套补贴,属于各级政府的补贴理应留下,由地方政府为本地职工发放,体现地方经济的不同发展程度,减轻地方阻力。征缴收入全部提到中央,虽然基金结余多的省区市会有意见,但在养老保险政策发展的过程中,在相当长的时间内,流动群体在流动时只能提走个人账户的资金,统筹资金是留在当地的，为当地基金结余贡献了收入。征缴收入上移到中央后，由全国统一调配使用，可以扩大养老保险基金抗风险的能力。对养老保险基金全国统筹后的缴费比例问题，个人缴费比例已从本人缴费工资的11%下降到8%，实行全国统筹后，个人缴费比例不变，企业缴费统一降到目前的最低缴费比例10%，同时强制企业建立企业年金，按企业6%，个人4%的比例缴纳。这样一方面和机关事业单位养老保险真正并轨，另一方面可以保证企业整体费率没有大幅度浮动。目前企业的养老保险是16%，调整后"基础+企业年金"的费率是16%，可以保证缴纳数额与以前相比没有太大变化。统一费率后也平衡了各地因费率不同而给企业带来的负担的不同，同时改变了养老金的结构。在养老金发放方面，由于企业养老保险费是以企业工资总额为基数缴纳的，所以虽然费率相同，但缴纳的数额存在差异，在养老金发放方面不能统一，仍按当地上年度平均工资的20%发放。这样不同地区职工养老金水平仍不同，体现当地生活水平。建议将统筹提高到全国统筹时将社会统筹账户和个人账户一并提升，这样可以将两个账户的资金一同进行市场化投资，以保证基金的保值升值。如果只把社会统筹账户进行全国统筹，个人账户还分散在各地，虽然阻力会小些，但是会增加经办的工作量，也不利于资金的集中管理。

（二）实现全国统筹的配套改革

要实现养老保险基金全国统筹，需要对现有的体制机制进行改革，为养老保险基金的征收、发放提供组织保障。为此，一方面，要改变现有的征缴办法，从由经办机构负责征缴改为由税收机构负责征缴，以税代费；另一方面，改变管理体制，由现行的多头管理体制改为垂直管理体制，以此化解地方政府可能带来的阻碍。

1. 在征缴体制方面，改变两条线并行的局面

对征缴方式的规定要追溯到1998年，财政部、国家税务总局等部门联合下发了文件[①]，提出可以由两个部门负责征收养老保险费：社保经办机

[①] 《财政部 劳动部 中国人民银行 国家税务总局关于印发〈企业职工基本养老保险基金实行收支两条线管理暂行规定〉的通知》（财社字〔1998〕6号）。

构和税务部门。地方政府可决定采用两个部门中的任意一个来执行征收任务，从此，由社保经办机构和税务部门征收养老保险费的方式延续下来。从各地实践来看，31个省区市中，有11个是由社保经办机构来征缴费用，剩下的20个由地方税务部门征缴。虽然有些省区市是由税务部门征缴，但税务部门也没有完全的权力，仅仅是代征，前期的申报、受理、基数核定等相关工作还是由社会保障部门负责，一些基本事项由社保经办机构确认后，税务部门才能征缴。后期如果企业出现拖欠情况，税务部门没有直接处罚的权利，只能将发现的问题报给社会保障部门，而社会保障部门惩处的力度不大，所以不利于养老保险费的清欠。同时两部门共同征缴，多头管理并行的方式导致在实际运作中出现行政成本增加，手续繁杂，部门间存在重复劳动，工作容易互相推诿，经办效率降低，由于两部门间没有数据接口，数据信息在不同部门间传递时会出现不及时不准确，个人或单位出现错缴、漏缴等问题。因此需要尽快改变二元征缴体制，将其合并为由一个部门全权经办。由社保经办机构来征缴费用，优点是可以照顾到灵活就业人员以及流动人员的参保问题，缺点是基层经办人员少、工作量大，经办力量不足，对企业的约束力不强，企业易出现拖缴、欠费问题。养老保险基金实现全国统筹，养老保险费统一上缴，基层经办机构扩大征缴面的热情可能会减弱，会使全国统筹面临更大面积的收不抵支的风险。鉴于目前大多数省区市实行的是税务部门征缴方式，而且税务系统网络一直延伸到城乡基层，有全面征收养老保险费的基础，从提高效率、降低成本、扩大保险覆盖面的角度考虑，建议统一由税务部门征缴，建立以税代费的征收体制，从参保登记、受理申报、个人信息查询、确定缴费基数到征缴、处罚、清理欠款都由税务部门统一执行。在此过程中和银行密切合作，根据银行提供的企业发放工资的人数，以及企业纳税登记信息，税务部门直接以养老税的方式扣除企业和个人应缴纳的养老保险费，以充分发挥税务部门强制缴税的优势，有效地整治企业拖欠、漏缴职工养老保险费的情况，同时税务部门定期进行稽查。将养老税作为税收的一部分，同时进行稽查，可以有效约束地方的行为，降低征缴成本，节省资源，为提高养老保险基金统筹层次创造条件。社保经办部门则主要将精力放在完善基础数据库建设、宣传养老保险政策、动员群众参保方面，从而扩大参保面，尤其是把动员灵活就业人员和流动就业人员参保作为主要任务。这部分群体将是未来城镇企业职工养老保险扩大覆盖面的主体，这部分群体的收入又很难进入税务体系，所以应由社保经办机构配合社区人员，全面掌握这部分群体的信息，并将这些信息提供给税务部门，通过税收手段强制将符合参保条件的人员纳入养老保险。各地税务部门统一强制性征缴养老保险费后，统一上缴中央相关部门，再由相关部门根据各地实际情况进行养老保险基金分配，从而达到统一调剂的作用。

2. 将养老保险经办机构管理模式改为垂直管理

目前大多数省区市养老保险经办机构采用的都是属地管理模式，养老保险经办机构在业务上对上一层机构负责，但与上级经办机构不存在行政隶属关系，人事任免、业绩考核、基金调度使用等方面都归当地，属于地方性管理，条块分割。属地管理的好处是由于基金归地方管理，养老金的发放也由地方负责，地方政府的积极性较高，为了减轻养老金发放压力，地方政府会积极扩大保险覆盖面，加大征缴和监管力度。不过缺点也显而易见：由于基金归地方管理，可能会出现地方挪用、挤占养老保险基金的问题，基金安全存在一定风险；基金分散在各个地方，难以实现大范围内、长期的收支平衡，难以发挥互助共济的作用；养老保险缴费基数、缴费比例、养老待遇由地方政府根据本地情况制定，出现较大程度的地区差异；各地政策各不相同，为跨地区流动人员养老关系的转移接续带来麻烦等。如果要实现养老保险基金全国统筹，必然要变属地管理为垂直管理，也就是说把目前条块分割的体系转变为纵向的管理体系，建立从中央到地方的经办机构，每一层次经办机构都要向上一层次负责，省级向中央负责，下级部门的人事任免、财权都统一收归中央，省级经办机构是责任主体，中央对各省区市实行垂直管理，省级经办机构对市县级经办机构实行垂直管理，形成以条为主的组织架构。

在这种架构下，养老保险基金的征缴、支配、管理权收归中央，由中央政府责成税务部门统一征缴费用，征缴的费用直接上缴中央设立的专门账户，再根据各地实际，由中央专门账户下拨到各省区市账户，由各省区市再逐一分配，从而实现基金全国统筹。各地所需业务经费纳入省级财政预算，由中央统一下拨。基金积累收归中央，降低了地方挤占、挪用养老保险基金的风险，在全国范围内实现互助共济，同时可以简化组织关系，降低管理成本，提高运行效率。实行垂直管理后，由于经办机构还分散在各地，所以仍涉及和地方政府的关系，和有业务往来的税务部门及银行的关系，如果处理不妥当，会出现新的矛盾。为此，实现垂直管理后，需要明确经办机构、各级政府的权责问题，地方政府如果设立了附加性的养老保险，那么这一部分养老保险的征缴、发放、管理还须由地方政府与经办机构共同完成。此外，地方政府还要加强对经办机构的外部监督，以督促经办机构提高工作效率，规范工作流程。经办机构要协调好与当地税务部门、银行等有业务往来的机构的关系，协同合作，建立与这些部门的数据对接系统，及时、准确地提供信息，做到信息共享，业务操作顺畅。

附录：中国养老保障70年[*]

——在整合中走向高质量

贾丽萍[**]

摘　要：中国养老保障建设70年，是制度不断分化—整合、在整合中提升质量的历程。价值理念从"效率优先、兼顾公平"转变为"以人民为中心"的共享公平观，国家责任从有限到强化，劳动力市场从封闭走向开放，构成养老保障制度改革的逻辑线索。中国养老保障经历了"从无到有"后，正在进行"从有到好"的转变，需要应对新时代经济、社会转型带来的挑战，注重群体间、地区间的不平衡、不充分等问题，以"整体推进和重点突破相促进"的原则，在整合中提升质量，最终实现人民在养老保障领域的美好向往。

关键词：中国养老保障　整合　高质量

1949年新中国刚刚成立，党和政府就着手养老保障的构建，中国人民政治协商会议通过的《共同纲领》中提到，要"逐步实行劳动保险制度"。据此，劳动部和中华全国总工会于1950年起草了《劳动保险条例》草案，广泛讨论后，于1951年正式颁布实施[①]，1953年做了一定程度的修订，标志着中国养老保障制度的正式开始。新中国成立之初国民经济处于恢复期，经济困难，经验不足，仅有解放战争时期小规模实行的《暂行劳动保险条例》做参考，在此情况下开展的养老保障建设只能量力而行、循序渐

---

[*] 本文是对本书部分内容的缩写，发表于《社会科学战线》2019年第10期，收入本书时部分内容有改动。

[**] 贾丽萍，吉林省社会科学院研究员，研究方向为社会保障。

[①] 邵雷、陈向东编著《中国社会保障制度改革》，经济管理出版社出版，1991，第36～37页。

进，从而奠定了中国养老保障从一部分人群开始，多重试点，逐步扩大范围，随时出现碎片，随时整合的建设模式。

一 整合贯穿 70 年中国养老保障制度变迁全过程

关于养老保障整合的研究集中在 2000 年以后，但整合的实践从探索阶段即已开始。中国养老保障制度变迁过程并非单向度的分化—整合，而是在分化中孕育整合，在整合中暗含新一轮分化。整合贯穿养老保障建设全程，2000 年以后蓬勃发展，至今仍未结束。

1. 国家保障时期分化的开始和整合的初步尝试（20 世纪 90 年代前）

按照 1951 年颁布的《中华人民共和国劳动保险条例》（以下简称《劳动保险条例》）及 1953 年颁布的《中华人民共和国劳动保险条例实施细则修正草案》，制度设立之初就已经出现了从行业到所有制的分化：100 人以上的国有企业先被纳入保障范畴，其他企业逐步纳入。当覆盖面扩展至 13 类不同的产业后，行业间的分化不再明显，所有制间的差别扩大，集中体现在国营企业和集体所有制企业之间。1983 年，国家把城镇集体所有制企业的社会保险权力下放到各地，要求各地自行探索经验，导致集体经济组织在不同地区、不同行业、不同系统、不同单位都有各不相同的制度，并且同一企业由于先后政策导向不同，执行的条例也各不相同。

这一时期养老保障制度开始了局部整合的尝试，主要体现在基金的收缴和管理上：1980 年财政部、国家劳动总局发布了《城镇集体所有制企业的工资福利标准和列支问题的通知》，统一了费用提取办法和收缴标准，将提取办法统一为"在营业外或其他费用项目列支"，在收缴标准上，规定"凡是经济条件允许的企业，都可改按工资总额的 11% 提取。经济条件不允许的，也可以低于这个标准"[1]。这是最初的整合，为后来整个制度进一步整合打下了基础。在基金统筹方面，1953 年的《劳动保险条例》规定，企业须缴纳全部工人与职员工资总额的 3%，其中 30% 存于中华全国

---

[1] 《财政部、国家劳动总局关于城镇集体所有制企业的工资福利标准和列支问题的通知》（1980〔80〕财字 17 号）。

总工会户内，作为劳动保险总基金，作用相当于社会统筹基金，用于全国范围内企业退休金的调剂。

20世纪90年代之前是中国养老保障制度形成的时期，受经济、经验所限，这一制度一开始就是从某种人群、行业不断推广开来的，在这一过程中有一部分人群、一部分行业先纳入制度，另一部分逐步纳入，这是分化开始的时期。这一时期分化体现在职工被纳入保障体系时间的先后，并且以企业为主，群体间的界限并不很清晰，群体或行业的利益也没有固化，群体、行业间养老待遇、管理方式有些微差异，但差距不大，而且这种差距在不断调整中越来越小，比如在退休年龄、养老金替代率、养老金提取方式等方面，都在发展过程中慢慢统一。在基金统筹方面，最初的统筹层次较高，一部分基金由全国统筹，可以实现统筹基金在全国范围内的调剂使用、风险共济，这恰恰是我国养老保障制度发展几十年后所追求的。

2. 企业职工养老保险制度整合与职业间养老保障分化（20世纪90年代）

第一阶段养老保障的分化主要体现在不同企业之间、企业内部的碎片化。在20世纪90年代，配合市场经济体制改革，不同企业之间、企业内部的大大小小、不同种类的养老保险开始向一种形式发展，或者说，第一阶段的分化状况经过不断整合已达到统一，即不同行业间、所有制间的养老保险逐步统一为城镇企业职工养老保险。第二阶段的分化主要体现在身份间。

20世纪90年代的改革最初是以各地区自行制定缴费标准、自行试点来进行的，因而早期出现不同地区、不同企业间养老规定的差距，尤其是1991年发布的《国务院关于企业职工养老保险制度改革的决定》明确提出，"考虑到各地区和企业的情况不同，各省、自治区、直辖市人民政府可以根据国家的统一政策，对职工养老保险作出具体规定，允许不同地区、企业之间存在一定的差距"[①]。养老保险基金提取比例和积累率由各地根据实际情况自行确定，使同一体制下企业、地区间缴费比例各不相同，

---

① 《国务院关于企业职工养老保险制度改革的决定》（国发〔1991〕33号）。

直接影响到未来养老保险基金的统筹、异地支付等问题。1995年劳动部颁布了《关于深化企业养老保险制度改革的通知》，强调养老保障制度"适用城镇各类企业职工和个体劳动者"。也就是从这个时候开始，仅限于全民所有制企业的养老保险制度开始扩大覆盖面，开始覆盖各种类型的企业和个体。这一文件还提出改革目标为"基本养老保险应逐步做到对各类企业和劳动者统一制度、统一标准、统一管理和统一调剂使用基金"。这意味着企业基本养老保险制度内部开始了整合，整合经历了如下进程：先是把各类性质企业职工养老保险统一，接着把个体、灵活就业人员也纳入其中，然后把行业统筹移交地方，将原来较低的统筹提升到省级统筹，统一缴费比例。企业职工养老保险体系内的碎片化逐步消解，形成了统一的就业关联、企业和职工共担责任、社会化的城镇企业职工养老保险制度。

20世纪90年代中国养老保障的分化主要体现在身份上，不同就业身份的养老保障差别拉大，企业职工、机关事业单位职工、农民这三种就业身份的养老保障在不同改革进程和方向下形成了不同模式，并且泾渭分明，逐步固化。企业养老保障在模式上趋于整合；农村养老保险制度由于权力下放到各县（市），所以在大框架一致的情况下，各县（市）在具体的规定上有所不同；机关事业单位也是各地区自行改革，总的框架仍是沿用了以往的退休体制。可以说这一时期的分化不再是一种体系下的小碎片，而是表现在企业、机关事业单位、农村完全不同的模式上：企业是统账结合的部分积累制；机关事业单位是财政全包制；农民是个人缴费的完全积累制，也可以说是一种养老储蓄，具有部分商业保险的性质。三种模式在缴费、管理、运作上截然不同，而且各自封闭发展，不同的体制之间没有转换衔接的途径，从而导致三类群体间或者是城乡间、职业间养老保障制度的分离。

3. 碎片达到高峰后走向制度合并和体系整合（21世纪以来）

进入21世纪后，中国养老保障制度受到空前关注，21世纪最初十年是中国养老保障制度快速发展的时期。为了达到人人享有保障的目标，政府采取了两种方案：一是扩大现有制度覆盖面，覆盖一切可以覆盖的群体；二是针对不能覆盖进原有制度的群体建立新制度。在20世纪90年代形成的相对稳定的三类养老保险制度中，最有可能扩大覆盖面的就是城镇企业职工养老保险制度,所以这一制度最大限度地去覆盖所有能覆盖的群体,不过由于其本身是与就业或收入关联性非常高的制度,将其推广到全体居民有些困难,比如农民,以及社会发展过程中出现的几类特色鲜明的群体。因此,国家针对群体特征,又建立起几项相应的养老保险制度,包括农民、城市居民、失地农民,再加上原有的企业和机关事业单位职工养老保险制度,这一时期主要的社会养老保险制度就达到五个,碎片化也主要体现在这五种养老保险制度间的分化。

这一阶段社会流动加剧,多重身份交叉的现象逐渐增多,集中体现在农民身上,一个农民可以集农村户籍居民、被征地农民、在城镇打工农民等多种身份于一身,一些人利用多重身份参加多重保险,给管理造成困扰,也使国家的补贴大幅增加。同时城镇和农村有些养老保险项目高度雷同,企业和机关事业单位职工养老金差距拉大,不同体制养老保险制度衔接不畅,对全国劳动力市场的流动造成了阻碍。养老保险基金无法发挥大的蓄水池作用,从而无法在较大范围内抵抗风险,公平性不断受到质疑。在这种情形下,养老保障制度开始了整合及理顺体系的过程,向形成同一体系下不同层次制度的阶段发展。整合和调整主要体现在两大方面:一是制度的合并统一,二是不同制度间的转移接续。制度的合并统一主要是把原先独立运行的四大养老保险制度合并成两大制度,即机关事业单位和企业职工养老保险制度并轨,"新农保"和"城居保"合并。通过这四项制度的整合,中国养老保障制度形成了与收入相关联的两大体系:收入达到一定程度的城镇企业职工养老保险制度、收入低于一定程度或无固定收入的城乡居民养老保险制度。通过转移接续方面的调整,这两大体系之间可以相互衔接。至此,中国养老保障制度的系统性已出现大致轮廓:工资关联和非工资关联的制度可以覆盖大部分人口。

二 70 年中国养老保障整合发展的逻辑线索

中国养老保障制度变迁、制度整合的过程是经济社会结构转型,价值理念不断转换的结果。新中国成立的 70 多年间,中国的经济社会结构、价值理念发生了翻天覆地的变化,对养老保障制度变迁构成了极强的推力。70 多年来,中国经济结构从计划经济到市场经济的改革过程中,经济制度从公有制为主转变成公有制为主体的多种所有制共同发展的格局；分配制度从按劳分配到多要素按贡献参与分配；劳动力市场由封闭走向开放。在社会结构上，国企改革，单位功能弱化，由单位所承载的福利传输方式随之改变；家庭小型化使核心家庭增多，传统的养老方式面临挑战；户籍制度放松，流动人口增多；职工内部结构发生了公有制职工、非公有制职工、农民工职工、共享经济平台职工的分化。在价值观念上，出现了几次关于公平、效率的讨论。这些转变决定了养老保障制度在发展中面临诸多两难选择：发展理念是补缺型还是普惠型；覆盖范围是整体纳入还是渐进覆盖；实现路径是多重试点还是直接定型；模式选择是待遇确定型还是缴费确定型；目标设计是考虑需求的满足还是经济的可承受。可以说，中国养老保障制度在发展中的两难境地，也是整个社会转型中的两难，而养老保障制度的每一次重大改革，无论是碎片化的扩展还是系统化的整合，都是经济、政治、社会、文化变化对养老保障制度提出的新要求，也是养老保障制度改革的基础。在经济社会转型中，在不断试错和多重试点中，在体系和结构的不断分化整合中，中国养老保障制度离高质量发展的目标越来越近。

1. 价值理念转换：从"效率优先、兼顾公平"到"以人民为中心"的共享公平观

社会保障作为一种财产的转移和再分配，遵循的原则或道德基础是公平和正义，即通过再分配的形式消解市场经济造成的人的商品化，从而减小贫富差距，实现公平正义。从养老保障理论研究的发展脉络来看，如何实现公平和正义是其理论发展的核心内容，其中分配正义理论更是发挥着巨大作用。"经济伦理对正义的理解与现代社会伦理的正义理解是一致的，其基本原则是权利与义务的对等分配。"[①] 分配正义理论对初次分配、再次分配要实现的正义目标做了详尽阐述，并在未来的实践中达成共识：初次分配的目标是创造公平的起点，再次分配要产生公平的结果。绝对的平等无法实现，但可以通过补救的再分配措施将不平等降到最低水平，以缓解最初形成的不平等。西方的分配正义理论有三种倾向，一是平等主义取

---

① 万俊人主讲，张彭松整理《现代经济伦理十一讲》，团结出版社，2003，第77页。

向，以罗尔斯和德沃金为代表。罗尔斯正义论的最大特点是对"最少受惠者"的偏爱。罗尔斯认为，权利、机会、收入和财富等社会基本物品的不平等，只能在有助于提高社会最少受惠者的相应地位时才是正当的。① 第二种倾向是个人自由取向的分配正义论，强调权利的至高无上，以诺齐克和哈耶克为代表。第三种是以满足需求和提高能力为取向，以阿马蒂亚·森和瓦尔泽等人为代表。② 近年以科恩为代表的马克思主义学派提出社会主义正义具有较强的优越性，其优越性在于机会平等原则和可以调节不平等的共享原则，通过共享，达到公正互惠的目标，"我为你提供服务不是因为这样做我能得到作为回报的什么，而是因为你需要或你想要我的服务，而你给我提供服务也是出于同样的原因"③。在社会福利思想中公平、正义的争论主要表现在两方面：一是公平具有优先性还是效率具有优先性，二是个人的权利更根本还是社会的公正更根本。这些争论始终贯穿并影响着社会保障的发展历程。

新中国成立之初，在"按劳分配"和国有经济占主导的情形下，养老保障的价值观念是平均主义至上，在摆脱贫穷、快速发展经济的思路下，"效率优先"一度成为社会公认的价值观。党的十三大、十四大、十五大都提到了效率和公平的问题，党的十三大提出"在促进效率提高的前提下体现社会公平"，党的十四大提出"兼顾效率与公平"，党的十五大提出"坚持效率优先，兼顾公平"④。20世纪80年代末到90年代末，在公平和效率关系的摸索中，中国养老保障制度实现了不同程度的调整。为了提高效率，适应国有企业完成从计划经济到市场经济的转变，1991年国家决定对养老保障制度进行改革，将其意义明确为"企业职工养老保险制度改革，对减轻国家和企业负担，促进经济体制改革以及合理引导消费有重要作用"⑤。作为国企改制配套措施，企业职工养老保险制度完成了从国家保障到社会化保障的过渡，在这一过程中，"效率优先、兼顾公平"是改革

---

① 〔美〕约翰·罗尔斯：《正义论》，何怀宏、何包钢、廖申白译，中国社会科学出版社，1988。
② 贾丽萍：《欠发达地区农村养老保障建设研究——以吉林省为个案》，吉林人民出版社，2011。
③ 〔英〕G. A. 科恩：《为什么不要社会主义？》，段忠桥译，人民出版社，2011，第40页。
④ 《江泽民文选》（第2、3卷），人民出版社，2006，第550页。
⑤ 《国务院关于企业职工养老保险制度改革的决定》（国发〔1991〕33号）。

的基本价值理念。21世纪，在中国经济发展已达到一定水平后，在效率和公平的争议中，公平的重要性凸现，国家对社会保障的再分配功能有了越来越清晰的认识。2002年党的十六大提出"再分配注重公平"，党的十八大提出"再分配更加注重公平"，党的十九大更是对公平和效率的关系做了开创性调整，不再把两者作为分配制度内的关系。习近平总书记强调，"全面深化改革必须以促进社会公平正义、增进人民福祉为出发点和落脚点"，"不断克服各种有违公平正义的现象，使改革发展成果更多更公平惠及全体人民"[①]。以人民为中心，发展成果由人民共享的新时代人民论成为养老保障制度发展的价值理念。在更加强调公平、把"人民对美好生活的向往作为中国共产党的奋斗目标"的情况下，作为再分配重要手段的养老保障制度在21世纪的改革中显示了其公平、公正、发展成果由人民共享的本质：设立农村养老保障制度并最终将其与城镇居民养老保障整合；将以农民工为主的流动人口纳入养老保障体系，并消除其"便携性损失"；将由国家财政负担的机关事业单位养老保障整合到企业职工养老保障中。价值理念从注重效率到注重公平乃至以人民为中心的共享公平观的转变，是中国养老保障改革、整合的基础。

2. 国家责任转化：从有限到强化

国家—市场二元框架是社会保障或福利国家的主要分析范式，谁是社会福利的主要提供者，国家还是市场？国家应该在多大程度上或范围内干涉福利的建立？国家和市场在福利供给中是协同还是对立的关系？这些都在社会保障发展中引起了广泛讨论，构成社会保障理论的基础性议题。理论往往能为实践的解决提供特定的体系和框架：自由主义理论提倡个人自由、权利的至高无上，认为国家的过多介入是对个人权利的侵犯，对个人权利构成一种"边际约束"，主张"有限型政府"，扩大市场作用。在这种理论盛行的区域，其建构起的养老保障模式往往是"补缺"型的。而凯恩斯理论认为，依靠市场机制不会自动实现社会供给和需求的平衡，只有国家承担起更多的责任，通过累进税的方法让国家集中一部分财富用于再分

---

① 中共中央文献研究室编《习近平总书记重要讲话文章选编》，中央文献出版社、党建读物出版社，2016，第96页。

配，才能刺激有效需求的增加，从而调节经济和社会的平衡。在凯恩斯理论的指导下，养老保障模式往往以"普惠型"为主。当然，养老保障模式的选择非常复杂，国家的作用是有限还是无限，与本国经济发展、政治取向密切相关。在经济繁荣时期，福利会趋向膨胀，在经济滞胀期，福利会趋向紧缩。20世纪70年代后，随着第三条道路理论的兴起，国家—市场的二元范式越来越被"国家、市场+"的福利多元主义范式取代。这一理论强调福利供给主体的多元性：除国家、市场外，还应加上第三方。第三方可以是市民社会，或是家庭和志愿组织，或是非正式组织等。其共同之处在于提倡责任共担。

中国养老保障经历了国家有限保障—国家、市场、个人三方担责—国家责任进一步增强的历程，这一历程与经济社会发展水平密切相关。20世纪50～80年代，是典型的"父爱主义"——通过家长式的单位制实现国家保障，保障的全部费用由单位负责，职工个人不需要缴费，机关事业单位职工养老保险由财政直接拨款，企业则以预留的形式缴费。但受经济所限，国家保障的范围较小，是典型的补缺型模式。1949年新中国成立初期，全国人口5.4亿人，农村人口4.8亿人，农村人口占全国人口的89.36%，国内生产总值仅有2716万元。① 养老保障从城镇开始，虽然城镇人口仅占全国人口的10.64%，在一穷二白基础上建设的养老保障制度，也不能将全部城镇人口纳入保障体系，最初只能将生产经营比较稳定、有长期支付保险费用能力的100人以上的国有企业职工先纳入保障体系，而处于补充地位的集体经济组织具有一定的灵活性，可以尝试不同的途径，占人口绝大多数的农村居民有土地，家庭保障作用很明显，暂时以家庭保障为主。制度成立之初，是在没有经济基础、没有经验下的多面尝试，这也是分割化制度的根源所在。随着制度覆盖面的逐渐扩大，由国家/企业完全负责的保障负担越来越沉重。在传统企业向现代化企业转变过程中，养老和各种福利已经成为企业发展的包袱，达到退休年龄需要领取养老金的职工逐渐增多，企业也越来越无力独自承担职工的养老职责。在这种情况下，养老保障制度开始了改革。这一时期最重大的改革是将养老模式由国家/企业完全负责转变为国家、企业、个人共同分担责任，个人和企业

---

① 《中国统计年鉴2018》，中国统计出版社出版，2018，第31页。

分别缴纳费用，职工退休时用企业和个人缴纳的费用支付养老金，当这两项费用还不够支付时，国家负责托底，最终形成了企业和个人共同缴费、统账结合的部分积累模式，国家责任在此阶段有一定程度的弱化。21 世纪以后，中国经济实力大幅提高，养老保障发展迅速，国家承担的责任再一次强化：2007 年国内生产总值达到 27 万亿元，民政部提出"适度普惠"的福利发展目标；2009 年，国内生产总值达到 35 万亿元，建立起"个人缴费 + 政府补贴"的农村养老保险，当年设立基础养老金 55 元，大批达到领取养老金年龄的农民无须缴费，直接领取养老金。这一阶段虽然碎片增多，但实现了养老保障领域的"适度普惠"。2014 年、2015 年中国国民总收入分别达到 64 亿元和 69 亿元，国力进一步增强，养老保障领域有了强大的经济支撑，制度整合有了长足进展：农村和城市居民养老实现统一，从 2008 年开始各地陆续试点的机关事业单位养老保障改革，终于打破双轨制，全国同步实施并轨，而其中的转制成本，全部由国家负担。可以看出，中国养老保障的分化、整合的过程，是国家经济实力不断变化的过程，是国家在保障中所负责任从有限到强化的过程，是以人民为中心、谋求人民幸福的实践过程。

三　中国养老保障整合尚未结束

经过几十年的整合发展，中国养老保障制度在体系上已形成"企业职工 + 居民"两大体系，结构上三支柱框架初见雏形，参数设计上大体形成全国统一的标准。整合成效显著，但整合远未结束，甚至可以说涉及区域、群体利益的关键性整合刚刚开始，养老保障在区域、群体、行业间的不平衡、不充分是未来制度整合要面临的主要挑战。

1. 群体间的不充分

2018 年末，全国参加基本养老保险的在缴人员 6.66 亿人（包括参加城镇职工基本养老保险的参保职工 30104 万人，参加城乡居民基本养老保险参保的在缴人员 36494 万人），当年全国就业人员 7.76 亿人[①]，也就是

---

① 《2018 年度人力资源和社会保障事业发展统计公报》。

说，全国有1.1亿名从业者并未参保。未参保的从业者可以分为两类群体：一类是年轻人，以新业态就业为主；另一类是"4050"或更大年龄者，以关、停、破产企业职工为主。如果说10年前中国劳动力市场出现了以农民工为主的流动就业人员，给传统养老保障带来挑战，那么10年后的今天，职工队伍和就业状态的改变再次给养老保障带来新的议题：如何适应新就业群体的出现和解决老就业群体的遗留问题。

新业态就业人员的养老问题。所谓新业态就业，指的是"互联网+传统就业"模式下由电子商务催生的就业，包括平台、共享、众包、众筹等经济形态下的就业。电子商务的快速发展有力地带动了就业。据统计，2017年，中国电子商务就业人员多达4250万人；2019年，中国社交电商从业人员规模达4801万人，同比增长58.3%。① 新业态就业在临时性、弹性、不稳定性等方面与传统的灵活就业相同，不同之处在于后者服务于实体，前者服务于平台，平台与传统单位不同，平台与就业者之间没有传统的劳动关系，也没有实质发生的劳动报酬，所以适用于传统的劳动保护与新业态不适应。这一群体因未有与其发生劳动关系的单位而无法加入职工养老保险，虽然可以灵活就业人员身份参加保险，但其工作极不稳定，导致缴费的连续性受到影响。实际上，新业态就业人员养老保险的参保率极低。淘宝和天猫做的调查显示，企业网店中，46%的店主和59%的店员未参加保险；个人网店中，63%的店主和83%的店员未参加保险。② 而新该群体以"80后""90后"年轻人为主，《网络创业就业统计和大学生网络创业就业研究报告》调查数据显示，网店店主中"80后"达到63.5%，"90后"占21.9%。这一群体的流失，直接造成养老保障年龄结构倒挂，基金压力加大。

亏损企业职工的养老问题。受经济结构调整及贸易摩擦等因素的影响，中国经济发展速度放缓，部分行业企业发展困难。比较2015年至2017年的统计数字，全国企业单位减少了1万多个，减少的企业以重工业为主（减少7313个），亏损企业2015~2016年有所减少，但2017年开始增加，2017年比2016年增加了1774个，以小型工业企业为主，2017年平

---

① 《2019中国社交电商行业发展报告》，http://www.360kuai.com/pc/9eee1bf0cc2e14768。
② 李红岚：《浅析提高新业态从业人员参保率的路径》，《中国人力资源社会保障》2018年第7期。

均用工人数比 2015 年减少了 817 万人。① 资源、产能型行业受到的影响较大。在重化工领域产能全面过剩的情况下，2016 年国家实行了去产能政策，仅钢铁、煤炭行业涉及的人员就达到 180 万人，如果加上水泥、玻璃、电解铝等行业，人员能达到 300 万人，再加上与这些行业相关联的上下游产业，造成的失业规模达 300 万～600 万人。② 所涉人员的养老保险怎么办？对此，中央有一系列要求：转岗职工养老保险由职工和新签订的企业协商解决，退养和内部安置的职工养老保险仍由原企业负责，公益性岗位由当地政府负责。虽然思路比较清晰，但在操作过程中，大量职工的养老保险无法接续。一些中小企业在去产能之前就长期拖欠职工养老保险费用，在去产能的过程中一些历史欠债无力解决，导致职工下岗后无法办理接续。而处于半停产状态的企业谈不上经济效益，职工处于放假或轮岗状态，欠缴养老保险费用的情况较为普遍。大企业会采取为已达到领取养老金年龄的职工补缴养老费用的方式，中小企业则连这个能力都没有。资源枯竭和去产能往往并行，所涉职工年龄偏大，多在 50 岁上下，技能单一，对企业依赖大，就地转岗的难度大，多数想要"靠"到退休。此外，还有早年下岗职工，第一批灵活就业人员，年轻时并未参加保险，如今接近退休年龄，想要加入养老保障体系的心情较为迫切。

2. 地区间的不平衡

激励政策不同导致制度吸引力地区间差异显著。这一问题在城乡居民养老保险上体现得格外明显：越是经济发达地区，居民可选择的缴费档次就越高，政府补贴力度也就越大；越是经济欠发达地区，居民可选择的缴费档次就越低，政府补贴力度也就越小。政府补贴加个人缴费构成了最后的养老金，各地区前期的缴费和补助水平不同，导致后期养老金各地差异显著，制度吸引力也就有很大差异。整体看，经济发达地区无论是居民自身还是政府财力都相对较强，城乡居民养老保险养老金可以满足基本生活需要。经济欠发达地区政府补贴力度小，制度保障能力不足，居民收入少，靠居民自身力量提高缴费水平有相当大的困难。在收入有限、政府补

---

① 根据《中国统计年鉴 2018》和国家统计局官网公布的相关数字计算得出。
② 张杰、宋志刚：《供给侧结构性改革中"去产能"面临的困局、风险及对策》，《河北学刊》2016 年第 4 期。

贴少、激励效果不明显的情况下，会有相当多的居民选择较低档次缴费，低缴费水平只能收到较低的养老金，较低的养老金保障不了生活，会进一步降低居民主动参加保险的积极性。

经济发展、人口流动导致地区间养老结构差异显著。各地区经济发展水平不同导致的收入差异在扩大，2017年，北京与黑龙江居民人均可支配收入比已达到2.6∶1。收入差距会影响劳动力的流动、养老保障的收支，导致一系列结构性差异。养老保障地区间差异从20世纪90年代开始出现，近年处于持续加大的态势，尤其体现在东北地区和南方发达地区之间。东北三省已成为最大的人口流出地，流出人口以年轻人为主，从而使本地人口结构老化，养老金当期收不抵支现象较严重。珠三角、长三角成为最大的人口流入地，接收了比较年轻的人口，为本地养老保险注入大量基金，养老保险基金的收入高于支出，抚养压力远低于人口流出地区，从而造成地区间养老负担的不同。2017年，全国平均抚养比为2.7∶1，东北三省为1.4∶1，部分地区已达不到1∶1，广东为8.3∶1，为全国最高（见表1）。东北三省成为全国养老负担最重的区域，当期基金早在2015年就已收不抵支，2017年亏损额度为辽宁343.8亿元，吉林2.9亿元，黑龙江293.7亿元。① 2018年开始实行中央调剂制度，调剂比例为3%，当年调剂基金总规模为2422亿元，起到了较强的再分配作用，尤其是东北三省，"经过调剂金补差后，亏损额减少了1/4左右"②。中央调剂金制度只是减轻了一些地区的亏损程度，并不能从根本上改变收不抵支的状况。事实上，收不抵支的省份在未来10年将不断增加，而基金结余会更进一步向少数省份集中。

四　在整合中实现中国养老保障的高质量、可持续发展

党的十九大提出，"我国经济已由高速增长阶段转向高质量发展阶段"，养老保障领域处于同样的转变阶段，即从扩大覆盖面转向提高质量。从扩面向重质转变的过程，其实质就是"从无到有""从有到好"的转变过程。目标是全面建成"覆盖全民、城乡统筹、权责清晰、保障适度、可

---

① 根据《中国统计年鉴2018》相关数据测算得出。
② 王延中主编《中国社会保障发展报告（2019）》，社会科学文献出版社，2019，第1页。

表 1 2015 年、2017 年部分地区养老负担情况

单位：万人

地区	在职人员 2015 年	在职人员 2017 年	离退休人员 2015 年	离退休人员 2017 年	抚养比 2015 年	抚养比 2017 年
广东	4613.3	4718	473.3	569	9.7	8.3
北京	1187.5	1321.4	236.7	283.1	5.0	4.7
辽宁	1139.7	1195.5	640.5	754.4	1.8	1.6
吉林	420.0	482.3	273.7	332.2	1.5	1.5
黑龙江	646.9	682.2	471.1	523.9	1.4	1.3

资料来源：2016 年、2018 年中国统计年鉴。

持续的多层次社会保障体系"，从而"让改革发展成果更多更公平惠及全体人民，朝着实现全体人民共同富裕不断迈进"，"使人民获得感、幸福感、安全感更加充实、更有保障、更可持续"[1]。目前养老保障领域存在不平衡、不充分的问题，一部分是由于原有整合的不充分，比如管理、运行、服务中的整合还未最终完成，另一部分则是在全面深化改革中出现的新情况、新问题，比如新业态就业对养老制度体系的发展提出的新要求，综合费率全面下调、基金结余增长速度放缓情况下的养老保险基金可持续性问题，等等。因此，养老保障的改革需要直面原来整合不彻底的问题，也要考虑新情况下的整合方向，一些深层次整合必然要提上日程：实现真正的省级统筹，而不是调剂金制度，最终实现基金在全国范围内的统收统支；解决制度转轨过程中的转制成本问题，消化隐形负债；解决机关事业单位和企业职工养老保险合并后两套标准的问题；破解经办层面的小碎片；打破信息化系统的"孤岛"现象；解决制度发展过程中出现的吸引力不够、居民参保意识不强、参保年龄"倒挂"等问题；调整养老保障的接纳性，适应经济社会发展出现的新情况、新问题，最终实现人民在养老保障领域的美好向往。

未来中国养老保障向高质量发展，需要注重两个方向的整合。

1. 方向之一：提高制度运行质量

如果以时间段划分中国养老保障所处的"扩大覆盖面"和"提高质

---

[1] 《党的十九大报告：决胜全面建成小康社会夺取新时代中国特色社会主义伟大胜利》。

量"阶段，那么2011年前中国养老保障制度建设一直处于扩大覆盖面阶段，而2011年城镇居民社会养老保险试点颁布后，中国社会中最大的农民群体和城镇较难保障的居民群体已被制度覆盖，扩大覆盖面的目标基本结束，养老保障进入提高质量阶段。在扩大覆盖面阶段，采取的是不同类型的企业/群体逐步推进的策略：从企业视角看，先是国有企业，之后扩大到集体企业，再到私营企业以至各类企业；从群体视角看，先从企业职工、机关事业单位职工开始，再到农民（"老农保"）、失地农民、农民工、个体工商户、农民（"新农保"）、城镇居民。在提高质量阶段，最初的任务是通过整合，把一个个分散的制度合并或有机衔接。在新型农村养老保险和城镇居民养老保险统一，机关事业单位职工养老保险与城镇企业职工养老保险并轨后，养老保障最初的提高质量的目标——养老保障体系方面的整合任务基本完成，形成了以就业状态划分的企业职工养老保险和居民养老保险两大体系，结束了长期以来按城乡、就业状态等不同标准设立的多种养老保险制度并存的局面，打破了城乡养老保障长期分割的状态，形成了一个比较完整、覆盖面广阔的体系。至此，养老保障的质量提升进入下一个阶段。

建成"逻辑关系清晰、组织管理顺畅"的运行机制将是下一阶段养老保障质量提升的重点。养老保险体系整合完成后，碎片化主要体现在制度运行上，在统筹、管理、信息化等方面都存在大量的地区、行业的碎片。碎片的主要特征是细小化，这也是地区间、行业间养老保险基金不平衡，出现新就业群体无法应对的主因。比如，统筹方面，表面上全国已实现省级统筹，实际上能够真正实现统收统支的只是极少数省区市，大部分省区市只是实现了省级调剂金，意味着基金在更大范围内的调剂作用无法实现；管理方面，条块分割明显，基层管理部门既要接受社保系统的管理，又要对所驻地区政府负责，基金存在安全隐患；网络信息系统由各地自行建设，进度、指标各不相同，为养老保险基金的投资运营带来技术上的阻碍。前一阶段以相似制度合并为主的体系上的整合已告一段落，制度运行上的整合将成为下一阶段以提高质量为目的的主要任务之一。

2. 方向之二：提高结构质量

高质量的养老保障必是层次充分、多级互补的结构。中国养老保障制度多层次养老保障的目标已提出 20 余年,但发展一直很缓慢,目前的结构问题仍然存在:由政府主办的公共养老保险一支独大,年金和商业保险覆盖范围太小,项目单一。2015 年相关数据显示,在养老金总资产中,第一支柱占 69.3%,第二支柱占 16.5%,第三支柱占 14.2%。同样的结构在养老金收入中也有体现:由第一支柱提供的养老金收入达到 96.55%,第二支柱提供 0.6%,第三支柱提供 2.85%。① 2017 年,第二支柱、第三支柱的发展状况并未有明显好转:全国年金的参与率平均为 5.78%,上海最高,达到 9.82%,西藏最低,为 0.74%。年金基金积累额占 GDP 的 1.56%,上海最高,也仅为 2.13%。从反映商业养老保障的人身保险深度来看,全国平均值为 2.88%,多层次的综合指标值仅为 40.93。② 由于公共养老保险过于强大,职工退休后的生活严重依赖这一支柱的养老金,所以地区间的经济发展差异会直接导致养老金发放水平的差异。职工对提高养老金的需求较高,养老保险基金压力大。2019 年《国务院办公厅关于印发降低社会保险费率综合方案的通知》下发后,养老保险费率将由现行的 20% 降至 16%,同时缴费基数的核定由于加入了城镇私营单位就业人员的平均工资而下降,在此情况下,基金的可持续性已成为必须重视的问题。因此,如何整合相关资源,积极发挥市场作用,激发养老保障第二支柱、第三支柱活力,形成真正意义上的三支柱,分散老龄化、长寿、经济危机、出生率下降等方面带来的风险,保证养老保障的可持续性,是我国养老保障制度在未来提高质量方面要面对的重要任务。

---

① 郑秉文主编《中国养老金发展报告 2015》,经济管理出版社,2016,第 3 页。
② 郑秉文主编《中国养老金精算报告(2019~2050)》,中国社会保障出版社,2019,第 133~140 页。

参考文献

专著

郑秉文主编《中国养老金发展报告2013——社保经办服务体系改革》，经济管理出版社，2013。

郑秉文主编《中国养老金发展报告2014——向名义账户制转型》，经济管理出版社，2014。

郑秉文主编《中国养老金发展报告2016——"第二支柱"年金制度全面深化改革》，经济管理出版社，2016。

董克用、姚余栋主编《中国养老金融发展报告（2016）》，社会科学文献出版社，2016。

郑功成主编《中国社会保障改革与发展战略》，人民出版社，2011。

穆怀中、沈毅等：《中国农村养老保险体系框架与适度水平》，社会科学文献出版社，2015。

杨燕绥主编《中国老龄社会与养老保障发展报告（2013）》，清华大学出版社，2014。

鲁全：《转型期中国养老保险制度改革中的中央地方关系研究——以东北三省养老保险改革试点为例》，中国劳动社会保障出版社，2011。

穆怀中：《养老保险统筹层次收入再分配系数研究》，中国劳动社会保障出版社，2013。

穆怀中：《养老金调整指数研究》，中国劳动社会保障出版社，2008。

景天魁：《底线公平：和谐社会的基础》，北京师范大学出版社，2009。

景天魁等：《建设中国特色福利社会》，中国社会科学出版社，2016。

景天魁：《底线公平福利模式》，中国社会科学出版社，2013。

丁建定等：《中国社会保障制度体系完善研究》，人民出版社，2013。

〔丹〕考斯塔·艾斯平－安德森，《福利资本主义的三个世界》，郑秉文译，法律出版社，2003。

郑秉文主编《中国养老金精算报告2019~2050》，中国劳动社会保障出版社，2019。

邓大松、刘昌平等编著《2005~2006年中国社会保障改革与发展报告》，人民出版社，2007。

丁建定：《西方国家社会保障制度史》，高等教育出版社，2010。

国家应对人口老龄化战略研究人口老龄化与养老保障制度可持续发展研究课题组：《人口老龄化与养老保障制度可持续发展研究》，华龄出版社，2014。

郝金磊：《基于区域差异的中国农村养老保障模式研究》，经济科学出版社，2013。

杨燕绥：《中国老龄社会与养老保障发展报告（2014）》，清华大学出版社，2015。

仇雨临编著《加拿大社会保障制度的选择及其对中国的启示》，经济管理出版社，2003。

王延中主编《中国社会保障发展报告（2019）》，社会科学文献出版社，2019。

权彤：《战后日本养老社会保障制度变迁研究》，人民出版社，2017。

丁建定：《英国社会保障制度史》，人民出版社，2015。

宋健敏编著《日本社会保障制度》，上海人民出版社，2012。

姚玲珍编著《德国社会保障制度》，上海人民出版社，2011。

于洪编著《加拿大社会保障制度》，上海人民出版社，2011。

陈红霞编著《社会福利思想》，社会科学文献出版社，2002。

穆怀中主编《社会保障国际比较》，中国劳动社会保障出版社，2002。

〔加〕R·米什拉：《资本主义社会的福利国家》，郑秉文译，法律出版社，2003。

〔美〕威廉姆H.怀特科、罗纳德C.费德里科：《当今世界的社会福利》，解俊杰译，法律出版社，2003。

朱琴芬编著《新制度经济学》，华东师范大学出版社，2006。

〔英〕A. C. 庇古:《福利经济学》,朱泱、张胜纪、吴良健译,商务印书馆,2006。

雷洁琼、王思斌主编《中国社会保障体系的建构》,山西人民出版社,1999。

国家统计局编《中国统计年鉴2018》,中国统计出版社,2018。

国家统计局编《中国统计年鉴2017》,中国统计出版社,2017。

国家统计局编《中国统计年鉴2016》,中国统计出版社,2016。

国家统计局编《中国统计年鉴2015》,中国统计出版社,2015。

国家统计局编《中国统计年鉴2014》,中国统计出版社,2014。

国家统计局编《中国统计年鉴2013》,中国统计出版社,2013。

国家统计局人口和就业统计司、人力资源和社会保障部规划财务司编《中国劳动统计年鉴2018》,中国统计出版社,2018。

杨雪冬、薛晓源主编《"第三条道路"与新的理论》,社会科学文献出版社,2000。

〔美〕特纳:《社会学理论的结构》,邱泽奇等译,华夏出版社,2001。

吕学静编著《日本社会保障制度》,经济管理出版社,2000。

陈建安主编《战后日本社会保障制度研究》,复旦大学出版社,1995。

林毓铭:《转型期社会保障体制大变革》,中国财政经济出版社,1998。

〔日〕一番ケ瀬 康子:《社会福利基础理论》,沈洁、赵军译,华中师范大学出版社,1998。

王梦奎主编《中国社会保障体制改革》,中国发展出版社,2001。

周弘:《福利的解析——来自欧美的启示》,上海远东出版社,1998。

李琮主编《西欧社会保障制度》,中国社会科学出版社,1989。

〔美〕丹尼尔·C. 缪勒:《公共选择理论》,杨春学等译,中国社会科学出版社,1999。

崔乃夫主编《当代中国的民政》,当代中国出版社,1994。

黄黎若莲:《中国社会主义的社会福利——民政福利工作研究》,唐钧等译,中国社会出版社,1995。

金钟范编著《韩国社会保障制度》,上海人民出版社,2011。

孙炳耀、常宗虎:《中国社会福利概论》,中国社会出版社,2002。

世界银行中蒙局环境、人力资源和城市发展业务处编《中国:卫生模式转变中的长远问题与对策》，卫生部国外贷款办等译，中国财政经济出版社，1994。

陈佳贵、王延中主编《中国社会保障发展报告（2007）No. 3——转型中的卫生服务与医疗保障》，社会科学文献出版社，2007。

高书生：《社会保障改革：何去何从》，中国人民大学出版社，2006。

国家统计局人口和就业统计司、人力资源和社会保障部规划财务司编《中国劳动统计年鉴2017》，中国统计出版社，2017。

国家统计局人口和就业统计司、人力资源和社会保障部规划财务司编《中国劳动统计年鉴2016》，中国统计出版社，2016。

国家统计局人口和就业统计司、人力资源和社会保障部规划财务司编《中国劳动统计年鉴2015》，中国统计出版社，2015。

李曜、史丹丹编著《智利社会保障制度》，上海人民出版社，2010。

姚洋：《自由、公正与制度变迁》，河南人民出版社，2002。

程立显：《伦理学与社会公正》，北京大学出版社，2002。

国家统计局人口和就业统计司、人力资源和社会保障部规划财务司编《中国劳动统计年鉴2014》，中国统计出版社，2014。

厉以宁：《经济学的伦理问题》，三联书店，1995。

姚洋：《制度与效率：与诺斯对话》，四川人民出版社，2002。

姚洋主编《转轨中国：审视社会公正和平等》，中国人民大学出版社，2004。

戴文礼：《公平论》，中国社会科学出版社，1997。

施惠玲：《制度伦理研究论纲》，北京师范大学出版社，2003。

〔美〕约翰·罗尔斯，《作为公平的正义——正义新论》，姚大志译，上海三联书店，2001。

〔美〕约翰·罗尔斯：《正义论》，何怀宏、何包钢、廖申白译，中国社会科学出版社，1999。

〔美〕阿瑟·奥肯：《平等与效率》，王奔洲等译，华夏出版社，1999。

〔美〕阿拉斯戴尔·麦金太尔：《谁之正义·何种合理性》，万俊人等译，当代中国出版社，1996。

〔美〕J. 范伯格：《自由、权利和社会正义——现代社会哲学》，戴栩译，贵州人民出版社，1998。

郑功成主编《社会保障研究》，中国劳动社会保障出版社，2007。

粟芳、魏陆等编著《瑞典社会保障制度》，上海人民出版社，2010。

白澎等编著《法国社会保障制度》，上海人民出版社，2012。

邵雷、陈向东编著《中国社会保障制度改革》，经济管理出版社，1991。

刘晓音编著《俄罗斯社会保障制度》，上海人民出版社，2012。

何瑞丰编著《印度社会保障制度》，上海人民出版社，2012。

郑功成：《科学发展与共享和谐——民生视角下的和谐社会》，人民出版社，2006。

杨燕绥、阎中兴等著《政府与社会保障——关于政府社会保障责任的思考》，中国劳动社会保障出版社，2007。

银平均：《社会排斥视角下的中国农村贫困》，知识产权出版社，2008。

钱宁：《社会正义、公民权利和集体主义：论社会福利的政治与道德基础》，社会科学文献出版社，2007。

〔德〕弗兰茨-克萨韦尔·考夫曼：《社会福利国家面临的挑战》，王学东译，商务印书馆，2004。

穆怀中等：《发展中国家社会保障制度的建立和完善》，人民出版社，2008。

任倩、付彩芳编著《国外农村养老保险》，中国社会出版社，2006。

公维才：《中国农民养老保障论》，社会科学文献出版社，2007。

〔英〕保罗·皮尔逊编《福利制度的新政治学》，汪淳波、苗正民译，商务印书馆，2004。

王思斌、唐钧、梁宝霖、莫泰基主编《中国社会福利》，香港：中华书局，1998。

〔英〕安东尼·吉登斯：《第三条道路及其批评》，孙相东译，中共中央党校出版社，2002。

〔英〕安东尼·吉登斯：《第三条道路——社会民主主义的复兴》，郑戈译，北京大学出版社，2000。

〔英〕安东尼·吉登斯：《现代性的后果》，田禾译，译林出版社，2000。

费孝通：《乡土中国 生育制度》，北京大学出版社，1998。

穆光宗：《家庭养老制度的传统与变革——基于东亚和东南亚地区的一项比较研究》，华龄出版社，2002。

杨翠迎、郭光芝编著《澳大利亚社会保障制度》，上海人民出版社，2012。

《吉林统计年鉴2018》，中国统计出版社，2018。

《吉林统计年鉴2017》，中国统计出版社，2017。

《吉林统计年鉴2016》，中国统计出版社，2016。

世界银行：《防止老龄危机：保护老人及促进增长的政策》，劳动部社会保障研究所译，中国财政经济出版社，1996。

《吉林统计年鉴2015》，中国统计出版社，2015。

《吉林统计年鉴2014》，中国统计出版社，2014。

〔印〕阿马蒂亚·森：《贫困与剥夺：论权利与剥夺》，王宇、王文玉译，商务印书馆，2001。

景天魁等：《社会公正理论与政策》，社会科学文献出版社，2004。

景天魁主编《基础整合的社会保障体系》，华夏出版社，2001。

中共中央宣传部编《习近平新时代中国特色社会主义思想学习纲要》，学习出版社、人民出版社，2019。

中共中央党史和文献研究院、中央"不忘初心、牢记使命"主题教育领导小组办公室编《习近平关于"不忘初心、牢记使命"论述摘编》，党建读物出版社、中央文献出版社，2019。

中央组织部编《贯彻落实习近平新时代中国特色社会主义思想在改革发展稳定中攻坚克难案例提要》，党建读物出版社，2019。

《党的十九大报告辅导读本》，人民出版社，2019。

裘援平等：《当代社会民主主义与"第三条道路"》，当代世界出版社，2004。

陈晓律：《英国福利制度的由来与发展》，南京大学出版社，1996。

厉以宁主编《中国社会福利模型》，上海人民出版社，1994。

〔美〕托达罗、史密斯：《发展经济学》，余向华、陈雪娟译，机械工业出版社，2009。

李超民编著《美国社会保障制度》，上海人民出版社，2012。

郑春荣编著《英国社会保障制度》，上海人民出版社，2012。

李迎生：《社会保障与社会结构转型：二元社会保障体系研究》，中国人民大学出版社，2001。

邓大松等著《社会保障理论与实践发展研究》，人民出版社，2007。

贾丽萍：《欠发达地区农村养老保障建设研究——以吉林省为个案》，吉林人民出版社，2011。

期刊、报纸等

郑功成：《多层次社会保障体系建设：现状评估与政策思路》，《社会保障评论》2019 年第 1 期。

丁建定：《作为国家治理手段的中西方社会保障制度比较》，《东岳论丛》2019 年第 4 期。

王绍光：《国企与工业化，1949～2019》，清华大学国情研究院，2019 年 3 月。

郑秉文：《多点试错与顶层设计：中国社保改革的基本取向和原则》，《中国经济报告》2019 年第 2 期。

何文炯：《中国社会保障：从快速扩展到高质量发展》，《中国人口科学》2019 年第 1 期。

王思斌：《当前我国社会保障制度的断裂与弥合》，《江苏社会科学》2004 年第 3 期。

杨燕绥：《小康社会目标与社会保障整合发展》，《中国社会保障》2003 年第 3 期。

陆亚男、宁国玉：《社会保障项目整合研究》，《重庆科技学院学报》（社会科学版）2009 年第 1 期。

何平：《深化社会保障管理体制改革问题解析》，《行政管理改革》2013 年第 2 期。

赵建国、杨燕绥：《中国社会保障体系的整合发展与重构——基于就业方式变革趋势下的分析》，《劳动保障世界》2010 年第 1 期。

郭影帆、高平、郭熙：《统筹城乡背景下社会保障问题研究》，《江西社会科学》2009 年第 8 期。

郑秉文：《第三支柱商业保险顶层设计：税收的作用及深远意义》，《中国人民大学学报》2016 年第 1 期。

刘洪清、明一先、张鑫、艾晖云：《山重水复探新路——湖北省被征地农民养老保险制度变迁启示》，《中国社会保障》2016 年第 10 期。

殷俊、李晓鹤：《中国失地农民养老保障实践模式的公平性探析》，

《经济问题》2009 年第 8 期。

丁建定：《当代西方社会保障制度改革的背景》，《社会保障制度》2006 年第 10 期。

林治芬：《中央和地方养老保险事责划分与财力匹配研究》，《当代财经》2015 年第 10 期。

财政部社会保障司：《加快建立更加公平更可持续发展的社会保障制度》，《经济研究参考》2016 年第 12 期。

郑秉文：《中国社保"碎片化制度"危害与"碎片化冲动"探源》，《甘肃社会科学》2009 年第 3 期。

孟荣芳：《"碎片化"：社会基本养老保障制度发展中的迷思》，《社会科学研究》2014 年第 5 期。

杨斌、丁建定：《从城乡分立到城乡统筹：中国养老保险制度结构体系发展研究》，《社会保障研究》2014 年第 1 期。

安华：《社会分层与养老保险制度整合研究》，《保险研究》2012 年第 3 期。

郑文换：《资源结构与制度叠加：从老农保到新农保》，《云南民族大学学报》（哲学社会科学版）2015 年第 2 期。

唐钧等：《社保走向全国"一盘棋"》，《时事报告》2012 年第 8 期。

程杰、高文书：《"十三五"时期养老保险制度与劳动力市场的适应性》，《改革》2015 年第 8 期。

赵光、李放：《非农就业、社会保障与农户土地转出——基于 30 镇 49 村 476 个农民的实证分析》，《中国人口·资源与环境》2012 年第 10 期。

范辰辰、陈东：《我国农村养老筹资模式的转轨成本及其财政可负担能力研究——基于 2009—2030 年宏观数据的模拟与测算》，《东岳论丛》2015 年第 1 期。

胡秀荣：《养老保险并轨改革：让养老保险向更公平方向迈进—访全国人大常委会委员、中国人民大学教授郑功成》，《中国党政干部论坛》2015 年第 2 期。

高君：《基本养老保障从城乡统筹迈向城乡一体化——基于浙江德清县新农保推广的思考》，《西北农林科技大学学报》（社会科学版）2013 年第 3 期。

叶响裙：《论我国社会保障管理体制的改革与完善》，《中国行政管理》2013年第8期。

张国栋、左停：《福利还是权利：养老保险"重复参保"现象研究》，《社会科学战线》2015年第11期。

张力、范春科：《中国城镇职工基本养老保险流动性分析》，《中国人口科学》2015年第5期。

王延中等：《中国社会保障收入再分配效应研究——以社会保险为例》，《经济研究》2016年第2期。

胡鞍钢、杨竺松、鄢一龙：《"十三五"时期我国社会保障的趋势与任务》，《中共中央党校学报》2015年第1期。

鲁全：《养老保障制度的整合分析框架及其应用》，《中国人民大学学报》2008年第3期。

丁建定：《中国养老保障制度整合与体系完善》，《中国行政管理》2014年第7期。

王春光：《建构一个新的城乡一体化分析框架：机会平等视角》，《北京工业大学学报》2014年第6期。

袁涛、仇雨临：《从城乡统筹到制度融合：中国养老保险实践经验与启示》，《海南大学学报》（人文社会科学版）2016年第5期。

中国社会科学院经济研究所社会保障课题组：《多轨制社会养老保障体系的转型路径》，《经济研究》2013年第12期。

申曙光、魏珍：《老龄化背景下的中国养老保险制度与体系：挑战与抉择》，《教学与研究》2013年第8期。

王婷、李放：《中国养老保险政策变迁的历史逻辑思考》，《江苏社会科学》2016年第3期。

汤兆云、陈岩：《从三支柱到五支柱：中国社会养老模式的未来选择》，《广东社会科学》2015年第4期。

王晓军：《中国基本养老保险的地区差距分析》，《社会保障制度》2006年第4期。

陈元刚、李雪、李万斌：《基本养老保险实现全国统筹的理论支撑与实践操作》，《重庆社会科学》2012年第7期。

王平：《财政补助基本养老保险：成因、风险和机制建设》，《广西大学学报》2012 年第 2 期。

肖严华、左学金:《全国统筹的国民基础养老金框架构建》,《学术月刊》2015 年第 5 期。

穆怀中等:《基于财政支付适度水平的养老保险全国统筹路径选择》,《城市发展研究》2016 年第 12 期。

刘维涛:《社保改革:亟须理性顶层设计——民盟中央调研深化社会保障制度改革》,《人民日报》2013 年 9 月 18 日。

郑秉文:《"新农保"与"城居保"合并实施带来的深层思考》,《紫光阁》2014 年第 3 期。

李连芬、刘德伟:《我国基本养老保险全国统筹的成本——收益分析》,《社会保障研究》2015 年第 5 期。

何文炯、杨一心:《职工基本养老保险:要全国统筹更要制度改革》,《学海》2016 年第 2 期。

楼继伟:《建立更加公平更可持续的社会保障制度》,《预算管理与会计》2016 年第 1 期。

王美桃:《我国城乡居民基本养老保险制度一体化问题探讨》,《中国财政》2014 年第 21 期。

张巍:《养老保险制度激励强度的国际经验与中国改革》,《社会保障研究》2017 年第 6 期。

董克用、张栋:《中国养老金融:现实困境、国际经验与应对策略》,《行政管理改革》2017 年第 8 期。

《2019 全球各国养老发展新趋势》,《观察》2019 年第 2 期。

王梦心、庄晓惠:《从现有养老体制看未来养老困境》,《东南大学学报》(哲学社会科学版)2018 年第 A2 期。

胡丽娜、薛阳:《人口老龄化背景下调低企业职工基本养老保险费率的影响研究》,《山东科技大学学报》(社会科学版)2017 年第 4 期。

杨艳东、车凯丽:《养老保险费率对地方民营经济发展的影响》,《浙江社会科学》2018 年第 2 期。

国家统计局:《2018 年农民工监测调查报告》,《建筑》2019 年第 11 期。

曹耳东、过剑飞、傅红岩:《城市化进程中的城乡社会保障一体化——浦东新区案例》,《人口与经济》2005年第1期。

刘洪波:《中国农村养老保障制度建设的阶段性》,《华中科技大学学报》(社会科学版)2005年第1期。

程启军:《博弈与理性:农村养老方式的选择》,《华南农业大学学报》(社会科学版)2005年第1期。

潘剑锋、张玉芬:《弘扬孝文化是农村养老的现实选择改革与战略》,《精神文明导刊》2005年第5期。

陈志国:《发展中国家农村养老保障构架与我国农村养老保险模式选择》,《改革》2005年第1期。

苏中兴:《基本养老保险费率:国际比较、现实困境与改革方向》,《中国人民大学学报》2016年第1期。

武玲玲、周凤珍:《供给侧改革背景下企业降低养老保险费率的可行性分析》,《河北经贸大学学报》(综合版)2018年第4期。

王国辉、李荣彬:《中国企业养老保险缴费压力及其影响因素研究——基于不同企业类型的研究》,《社会保障研究》2016年第2期。

郑秉文:《五大改革看养老保障》,《人民政协报》2019年3月9日。

刘凌舍:《吉林省民营经济发展研究》,《合作经济与科技》2018年第2期。

王国军:《中国农村社会保障制度的变迁》,《浙江社会科学》2004年第1期。

郑功成:《中国改革开放40年的基本经验》,《人民论坛》2018年第12期。

郑功成:《改革开放40年与社会保障制度变革》,《教学与研究》2018年第11期。

丁建定、王伟:《改革开放以来党对中国特色社会保障制度目标的认识》,《社会保障研究》2019年第3期。

郑春荣:《德国农村养老保险体制分析》,《德国研究》2002年第4期。

郑功成:《中国社会变革40年:成就、经验与展望》,《社会治理》2019年第2期。

丁建定:《改革开放以来党对社会保障制度重大理论认识的发展》,《社会保障评论》2018年第4期。

刘万玲：《改革开放 40 年：经济体制的转型和成功经验》，《企业家日报》2018 年 9 月 10 日。

丁建定：《论中国养老保障制度与服务整合——基于"四力协调"的分析框架》，《西北大学学报》（哲学社会科学版）2019 年第 2 期。

王增文：《新型城镇化背景下城乡养老保险制度及服务整合路径研究》，《华中科技大学学报》（社会科学版）2019 年第 2 期。

毕天云：《我国社会保障体系普遍整合的制约因素》，《学术探索》2015 年第 9 期。

许秀文：《社会养老保障何以走向"整合化"》，《社会治理》2018 年第 10 期。

黄冠：《养老保障制度的设计逻辑——与李军教授商榷》，《社会科学文摘》2019 年第 7 期。

梅哲：《20 世纪 70 年代以来福利国家的评析及对我国战略机遇期社会保障问题的思考》，《湖北社会科学》2003 年第 12 期。

徐冰：《破除机制障碍 为新经济促就业提供持续动力》，《中国青年报》2019 年 6 月 13 日。

李红岚：《浅析提高新业态从业人员参保率的路径》，《中国人力资源社会保障》2018 年第 7 期。

孟续铎：《新业态发展中劳动关系面临的问题及对策》，《中国人力资源社会保障》2018 年第 4 期。

曹佳：《经济新业态下劳动用工和社会保障制度相关问题研究》，《中国劳动》2018 年第 6 期。

同春芬、张越：《福利多元主义理论研究综述》，《社会福利》（理论版）2018 年第 5 期。

蒙克：《从福利国家到福利体系：对中国社会政策创新的启示》，《广东社会科学》2018 年第 4 期。

杨敏、郑杭生：《西方社会福利制度的演变与启示》，《华中师范大学学报》（人文社会科学版）2013 年第 6 期。

宗彩娥、杜玉华：《新自由主义对北欧福利国家的批判与当代省思》，《社会福利》（理论版）2018 年第 1 期。

卞振：《新自由主义社会福利思想评述——以哈耶克弱势群体生存保

障思想为例》,《才智》2018 年第 10 期。

彭华民:《中国政府社会福利责任:理论范式演变与制度转型创新》,《天津社会科学》2012 年第 6 期。

沈汐:《资本主义多样性视角下的福利国家改革:制度互补、结构生成和环境适应》,《国外理论动态》2018 年第 2 期。

〔英〕约翰·哈德森:《从福利国家到竞争国家? 英国社会保障与经济关系的演变》,《社会保障评论》2018 年第 1 期。

冯维、王雄军:《福利国家的理论源流及对中国福利体系建设的启示》,《治理研究》2018 年第 1 期。

李迎生:《论世界城市化模式演变的一般趋势》,《国外社会学》1988 年第 3 期。

杨琳琳:《福利国家延迟退休的模式与镜鉴》,《四川理工学院学报》(社会科学版) 2017 年第 6 期。

姚进忠:《福利研究新视角:可行能力的理论起点、内涵与演进》,《国外社会科学》2018 年第 2 期。

刘继同:《国家、社会与市场关系:欧美国家福利理论建构与核心争论议题》,《社会科学研究》2018 年第 4 期。

柳玉臻:《加拿大家庭福利政策历史变迁及其发展逻辑》,《社会政策研究》2017 年第 6 期。

左停、赵梦媛、金菁:《路径、机理与创新:社会保障促进精准扶贫的政策分析》,《华中农业大学学报》(社会科学版) 2002 年第 1 期。

李春玲:《新社会阶层的规模和构成特征——基于体制内外新中产的比较》,《中央社会主义学院学报》2017 年第 4 期。

文件

《人力资源社会保障部关于实施"全民参保登记计划"的通知》(人社部发〔2014〕40 号)。

《人力资源社会保障部办公厅关于全面实施全民参保登记工作的通知》(人社厅发〔2017〕28 号)。

《人力资源社会保障部国家发展改革委等五部门关于做好 2017 年化解

钢铁煤炭行业过剩产能中职工安置工作的通知》（人社部发〔2017〕24号）以及各地下发的相关文件。

《国务院关于进一步做好新形势下就业创业工作的意见》（国发〔2015〕23号）。

《国务院关于做好促进就业工作的通知》（国发〔2008〕5号）。

《柳州市生活困难灵活就业人员享受政府贴息助保贷款暂行办法》（柳政办〔2015〕145号）。

《长春市生活困难人员接续养老保险关系政府贴息贷款暂行办法》。

《国务院办公厅关于印发地质勘查队伍管理体制改革方案的通知》（国办发〔1999〕37号）。

《国务院办公厅转发建设部等部门关于工程勘察设计单位体制改革的若干意见的通知》（国办发〔1999〕101号）。

《国务院办公厅转发科技部等部门关于深化科研机构管理体制改革实施意见的通知》（国办发〔2000〕38号）。

《财政部 劳动部 中国人民银行 国家税务总局关于印发〈企业职工基本养老保险基金实行收支两条线管理暂行规定〉的通知》（财社字〔1998〕6号）。

《财政部、国家劳动总局关于城镇集体所有制企业的工资福利标准和列支问题的通知》（〔80〕财字17号）。

《国务院关于颁发〈关于城镇集体所有制经济若干政策问题的暂行规定〉的通知》（国发〔1983〕67号）。

《国务院关于工人、职员退休处理的暂行规定实施细则》，1957年11月16日全国人民代表大会常务委员会第八十五次会议通过。

《国务院关于颁发国家机关工作人员退休、退职、病假期间待遇等暂行办法和计算工作年限暂行规定的命令》，1955。

《国务院关于企业职工养老保险制度改革的决定》（国发〔1991〕33号）。

《中共中央关于建立社会主义市场经济体制若干问题的决定》，1993。

《人事部关于机关、事业单位养老保险制度改革有关问题的通知》（人退发〔1992〕2号）。

《关于城镇和农村社会养老保险分工的通知》（民办发〔1991〕9号）。

《民政部关于印发〈县级农村社会养老保险基本方案（试行）〉的通知》（民办发〔1992〕2号）。

《劳动和社会保障部、财政部、人民银行关于农村信用社参加基本养老保险社会统筹有关问题的通知》（劳社部发〔2001〕3号）。

《关于农垦企业参加企业职工基本养老保险有关问题的通知》（劳社部发〔2003〕15号）。

《关于监狱企业工人参加企业职工基本养老保险有关问题的通知》（劳社部发〔2005〕25号）。

《劳动和社会保障部、民政部关于社会组织专职工作人员参加养老保险有关问题的通知》（劳社部发〔2008〕11号）。

《国务院关于解决农民工问题的若干意见》（国发〔2006〕5号）。

《关于解决未参保集体企业退休人员基本养老保障等遗留问题的意见》（人社部发〔2010〕107号）。

《国务院关于印发事业单位工作人员养老保险制度改革试点方案的通知》（国发〔2008〕10号）。

《关于职工在机关事业单位与企业之间流动时社会保险关系处理意见的通知》（劳社部发印〔2001〕13号）。

《国务院关于机关事业单位工作人员养老保险制度改革的决定》（国发〔2015〕2号）。

《被征地农民基本养老保险指导意见》，2005。

《国务院关于建立统一的城乡居民基本养老保险制度的意见》（国发〔2014〕8号）。

《国务院关于钢铁行业化解过剩产能实现脱困发展的意见》（国发〔2016〕6号）。

《中共中央　国务院关于促进农民增加收入若干政策的意见》（中发〔2004〕1号）。

《国务院办公厅转发劳动保障部关于做好被征地农民就业培训和社会保障工作指导意见的通知》（国办发〔2006〕29号）。

《国务院关于加强土地调控有关问题的通知》（国发〔2006〕31号）。

《关于切实做好被征地农民社会保障工作有关问题的通知》（劳社部发〔2007〕14号）。

《市人民政府办公厅转发市劳动保障局关于做好我市被征地农民基本生活保障工作意见的通知》（武政办〔2006〕113号）。

《武汉市人民政府办公厅转发市人力资源和社会保障局关于做好被征地农民社会保障和就业培训工作意见的通知》（武政办〔2009〕139号）。

《市人民政府办公厅转发市人力资源社会保障局关于对参加城乡居民社会养老保险的被征地农民增加补助养老金意见的通知》（武政办〔2012〕147号）。

《关于印发武汉市被征地农民参加基本养老保险实施办法的通知》（武政规〔2015〕13号）。

《国务院办公厅转发人力资源社会保障财政部关于调整机关事业单位工作人员基本工资标准和增加机关事业单位离退休人员离退休费三个实施方案的通知》（国办发〔2015〕3号）。

《中共中央　国务院关于分类推进事业单位改革的指导意见》（中发〔2011〕5号）。

《国务院办公厅关于印发地质勘查队伍管理体制改革方案的通知》（国办发〔1999〕37号）。

《关于贯彻落实〈国务院关于机关事业单位工作人员养老保险制度改革的决定〉的通知》（人社部发〔2015〕28号）。

《全国社会保障资金审计结果》2012年第34号公告。

《关于完善城镇职工基本养老保险政策有关问题的通知》（劳社部发〔2001〕20号）。

《人力资源社会保障部关于城镇企业职工基本养老保险关系转移接续若干问题的通知》（人社部规〔2016〕5号）。

《国务院关于建立统一的企业职工基本养老保险制度的决定》（国发〔1997〕26号）。

《吉林省人民政府关于印发〈吉林省统一企业职工基本养老保险制度实施办法〉的通知》（吉政发〔1998〕22号）。

《国务院关于印发降低实体经济企业成本工作方案的通知》（国发〔2016〕48号）。

《国务院办公厅关于印发降低社会保险费率综合方案的通知》（国办发〔2019〕13号）。

《吉林省人民政府办公厅关于印发吉林省落实降低社会保险费率实施方案的通知》（吉政办发〔2019〕26号）。

《国务院关于建立企业职工基本养老保险基金中央调剂制度的通知》（国发〔2018〕18号）。

英文文献

Department of Labor, "Employee Benefits Security Administration, Private Pension Plan Bulletin Abstract of 2011 Form 5500 Annual Reports," http：//greenbook.waysandmeans.house.gov/sites/greenbook.waysandmeans.house.gov/files/R43305_gb_1.pdf.

"Pension Benefit Guaranty Corporation：A Primer," http：//greenbook.waysandmeans.house.gov/sites/greenbook.waysandmeans.house.gov/files.

Pensions at a Glance 2015, *OECD and G20 Indicators* (Paris：OECD Publishing, 2015).

Pensions at a Glance 2016, *OECD and G20 Indicators* (Paris：OECD Publishing, 2016).

Norman Barry, *Welfare* (Bukingham：Open University Press, 1990).

Word Bank, *Averting the Old Age Crisis* (Oxford University Press, 1994).

H. Penelope, *The Social Service of Modern England* (London, 1952).

R. Harris, *Choice in Welfare* (London, 1971).

F. A. Hayek, *The Road to Serfdom* (London, 1944).

Anthony Ford, Terry Caslin, Geoffrey Ponton, Sandra Walklate, *Theories of Welfare* (England：St. Edmundsburry Press, 1984).

Robert Pinker, *The Idea of Welfare* (London：Heinemannn Educational Books Ltd., 1979).

Timms and Watson, *Talking about Welfare* (London：Routledge & Kegan Paul, 1976).

T. H. Marshall, "The Rights to Welfare," in Noel Timms and David Watson, eds., *Talking about Welfare：Readings in Philosophy and Social Policyedited*, (London：Routledge & Kegan Paul, 1976).

Aldrich Brian, *Housing the Urban Poor Policy and Practice in Developing Countries (London: Zed Books, 1995).

R. A. Hays, *Ownership, Control, and the Future of Housing Policy* (London: Greenwood, 1993).

Malpezzi Stephen, "Rental Housing in Developing Countries: Issues and Constraints," in *Rental Housing: Proceedings of the Expert Group Meeting*, UNCHS, Nairobi, 1990.

Mulkh Raj and Peter Nientied, *Housing and Income in Third Worl Urban Development* (Oxford & IBH Publishing Co. Pvt. Ltd., 1990).

Maipezzi Stephen, K. Mayo and David J. Gross, "Housing Demand in Developing Countries," World Bank Staff Paper No. 733, World Bank, (Washington D. C.: 1985).

E. Burgess, "The Growth of the City" in R. E. Park and E. Burgess, eds., *The City* (Chicago, Illinois: University of Chicago Press, 1925.)

Richard J. Arnott and Ralph M. Braid, "A Filtering Model with Steady-StateHousing," *Regional Science and Urban Economics* 27 (1997).

R. M. Braid, "Residential Spatial Growth with Perfect Foresight and Multipleincome Groups," *Journal of Urban Economics* 30 (1991).

J. Weicher, and Thibodeau, "Filtering and Housing Market," *Journaof UrbanEconomics* 23 (1988).

Arnott. R. Rent Control: "The International Experience," *Journa of Real Estate Finance and Economics* 1 (1988).

R. M. Braid, "Uniform Spatial Growth with Perfect Foresight and Durablehousing," *Journal of Urban Economics* 23 (1988).

James C. Ohls, "Public Policy toward Low-Income Housing and Filtering inHousing Markets," *Journal of Urban Economics* 2 (1975).

J. L. Sweeney, "Quality, Commodity Hierarchies and Housing Markets," *Econometrica* 49 (1974).

后 记

本书以整合为线索，客观评价70多年来中国养老保障体系、结构、参数等不断发展整合的规律，尝试展现中国养老改革全貌，探讨党的十九大后中国养老保障中亟待整合的问题及障碍性因素，突出当前改革难点。中国的养老保障改革并非孤立进行，全球的大环境、改革的大背景都会对其产生影响，因此，作者查阅了大量英文资料，结合世界范围内养老改革趋势和经验教训，进行了横向比较。

中国养老保障的每一次重大改革，都是时代提出的新要求，也是养老保障制度改革的基础和可能。在经济社会转型中，在不断试错和多重试点中，在体系和结构的反复整合中，中国养老保障制度离高质量发展的目标越来越近。

中国养老保障整合是个很大的课题，现实感很强，我在写作的过程，深感难以把握，唯有不断提升、修改、完善，书稿即将付梓之时，仍感到有很大不足，疏漏和不足之处还请专家和同仁批评帮助。

本书能够得以出版，凝结着社会科学文献出版社各位编辑的细致工作。感谢杨雪编辑的耐心沟通、认真负责，感谢刘燕编辑的细心校对，尤其是对著作中数据、表格、注释等内容不厌其烦的核对，为著作的精准性增色不少。

感谢家人的理解和支持。

贾丽萍
2020年7月

图书在版编目(CIP)数据

中国养老保障整合：历程与挑战 / 贾丽萍著. --北京：社会科学文献出版社，2020.9
ISBN 978-7-5201-6367-5

Ⅰ.①中… Ⅱ.①贾… Ⅲ.①养老保险制度-研究-中国 Ⅳ.①F842.612

中国版本图书馆 CIP 数据核字（2020）第 038856 号

中国养老保障整合：历程与挑战

著　　者 / 贾丽萍

出 版 人 / 谢寿光
组稿编辑 / 任文武
责任编辑 / 杨　雪

出　　版 / 社会科学文献出版社·城市和绿色发展分社（010）59367143
　　　　　　地址：北京市北三环中路甲29号院华龙大厦　邮编：100029
　　　　　　网址：www.ssap.com.cn

发　　行 / 市场营销中心（010）59367081　59367083
印　　装 / 三河市龙林印务有限公司

规　　格 / 开　本：787mm × 1092mm　1/16
　　　　　　印　张：19.25　字　数：316千字

版　　次 / 2020年9月第1版　2020年9月第1次印刷

书　　号 / ISBN 978-7-5201-6367-5

定　　价 / 88.00元

本书如有印装质量问题，请与读者服务中心（010-59367028）联系

版权所有 翻印必究